UNIÃO DOS HOMENS DE COR (UHC)
REDE DO MOVIMENTO SOCIAL NEGRO, APÓS O ESTADO NOVO

Editora Appris Ltda.
1.ª Edição - Copyright© 2024 da autora
Direitos de Edição Reservados à Editora Appris Ltda.

Nenhuma parte desta obra poderá ser utilizada indevidamente, sem estar de acordo com a Lei nº 9.610/98. Se incorreções forem encontradas, serão de exclusiva responsabilidade de seus organizadores. Foi realizado o Depósito Legal na Fundação Biblioteca Nacional, de acordo com as Leis nos 10.994, de 14/12/2004, e 12.192, de 14/01/2010.

Catalogação na Fonte
Elaborado por: Josefina A. S. Guedes
Bibliotecária CRB 9/870

S586u 2024	Silva, Joselina da União dos Homens de Cor (UHC): rede do movimento social negro, após o Estado Novo / Joselina da Silva. – 1. ed. – Curitiba: Appris, 2024. 214 p. ; 23 cm. – (Ciências sociais). Inclui referências. ISBN 978-65-250-5701-9 1. Negros – Movimentos sociais. 2. Brasil – História. I. Título. II. Série. CDD – 305.896

Livro de acordo com a normalização técnica da ABNT

Appris editora

Editora e Livraria Appris Ltda.
Av. Manoel Ribas, 2265 – Mercês
Curitiba/PR – CEP: 80810-002
Tel. (41) 3156 - 4731
www.editoraappris.com.br

Printed in Brazil
Impresso no Brasil

Joselina da Silva

UNIÃO DOS HOMENS DE COR (UHC)
REDE DO MOVIMENTO SOCIAL NEGRO, APÓS O ESTADO NOVO

FICHA TÉCNICA

EDITORIAL	Augusto Coelho
	Sara C. de Andrade Coelho
COMITÊ EDITORIAL	Marli Caetano
	Andréa Barbosa Gouveia - UFPR
	Edmeire C. Pereira - UFPR
	Iraneide da Silva - UFC
	Jacques de Lima Ferreira - UP
SUPERVISOR DA PRODUÇÃO	Renata Cristina Lopes Miccelli
ASSESSORIA EDITORIAL	Nicolas Alves
REVISÃO	Bruna Fernanda Martins
PRODUÇÃO EDITORIAL	Sabrina Costa
DIAGRAMAÇÃO	Jhonny Alves dos Reis
CAPA	Lívia Weyl
REVISÃO DE PROVA	William Rodrigues

COMITÊ CIENTÍFICO DA COLEÇÃO CIÊNCIAS SOCIAIS

DIREÇÃO CIENTÍFICA	Fabiano Santos (UERJ-IESP)
CONSULTORES	Alícia Ferreira Gonçalves (UFPB)
	Artur Perrusi (UFPB)
	Carlos Xavier de Azevedo Netto (UFPB)
	Charles Pessanha (UFRJ)
	Flávio Munhoz Sofiati (UFG)
	Elisandro Pires Frigo (UFPR-Palotina)
	Gabriel Augusto Miranda Setti (UnB)
	Helcimara de Souza Telles (UFMG)
	Iraneide Soares da Silva (UFC-UFPI)
	João Feres Junior (Uerj)
	Jordão Horta Nunes (UFG)
	José Henrique Artigas de Godoy (UFPB)
	Josilene Pinheiro Mariz (UFCG)
	Leticia Andrade (UEMS)
	Luiz Gonzaga Teixeira (USP)
	Marcelo Almeida Peloggio (UFC)
	Maurício Novaes Souza (IF Sudeste-MG)
	Michelle Sato Frigo (UFPR-Palotina)
	Revalino Freitas (UFG)
	Simone Wolff (UEL)

Aos meus pais:
Seu Manoel Baiano e
Dona Dorva.
Aos meus Orixás.

AGRADECIMENTOS

Inicio agradecendo a cada membro do movimento social negro deste país. A participação neste processo organizativo – primeiro como espectadora e mais tarde como organizadora – fez de mim uma pessoa voltada a analisar a sociedade brasileira no seu aspecto referente à racialidade. Aprendizado adquirido nos diversos debates, fóruns, conferências, palestras, seminários, encontros, passeatas e atos públicos acontecidos nos últimos mais de 40 anos, em diferentes partes do território nacional.

Meus especiais agradecimentos às mulheres e aos homens do movimento social negro brasileiro, com os quais tive oportunidade de compartilhar ao longo dos anos de ativismo, estudo e produção deste trabalho, durante o meu doutoramento. Todos, sempre acaloradamente se mostraram favoráveis à esta pesquisa. Inúmeras vezes fui convidada a ministrar cursos e palestras em diferentes cidades, apenas como estratégia para ter pagas as passagens e estadias. A partir daí, tornava-se possível visitar cartórios, bibliotecas, arquivos e pessoas à procura da União dos Homens de Cor. Essa mesma rede informal de apoio à pesquisa escrevia cartas de recomendação com o intuito de facilitar meu acesso a setores oficiais das cidades por onde passei.

As dificuldades que poderiam ter impedido tantos deslocamentos à procura da UHC foram superadas pelo apoio daqueles grupos, nas cinco regiões do país. Solidariedades que se traduziram em ações tais como oferecer a própria casa para que eu me hospedasse, por exemplo. Houve também almoços e reuniões organizados para que eu pudesse, numa única ocasião, encontrar um maior número de possíveis informantes. Essas iniciativas abreviavam minha estada e se encaixavam no meu baixo orçamento. Diversas organizações foram preponderantes para a realização deste trabalho. Vi-me no século XXI, fazendo uso de uma rede de contatos e articulações que direta ou indiretamente se constituiu a partir daquela que eu buscava pesquisar (a UHC). A todos(as) meus profundos agradecimentos e minhas escusas, caso não tenha conseguido reproduzir, nesta obra, suas expectativas e sonhos.

Minha gratidão às companheiras ativistas e amigas pessoais, de longa data, membros da Associação Cultural de Mulheres Negras (ACMUN) sediada em Porto Alegre e em Passo Fundo (RS). Nesta última cidade, o suporte direto de Francisca Izabel da Silva Bueno (Chica, de Passo Fundo) foi primordial.

Suas colaborações foram cruciais para a realização do trabalho. Meus reconhecimentos pelo aconchego e ambiente familiar com o qual pude contar todas as vezes em que lá estive.

As pesquisas relativas ao estado de Santa Catarina não teriam se concretizado sem a colaboração direta de Jeruse Romão. Quando cheguei a Florianópolis, aquela ativista, pesquisadora, estudante e professora já havia feito uma série de contatos, com pessoas e instituições às quais deveria me dirigir. Dessa forma, apesar da exiguidade de tempo e recursos, foi-me possível auferir resultados mais aprofundados. Entre eles, descobrir a atuação de Avandié de Souza, em Blumenau, só para citar um exemplo.

À professora doutora Myrian Sepulveda dos Santos, pela atenção e responsabilidade na leitura das inúmeras versões deste trabalho. Sua condução – como orientadora, no doutorado – pelos caminhos do trilhar acadêmico deu-me a segurança necessária para transformar esta pesquisa numa realidade palpável.

Agradeço à Eliza Larkin Nascimento e ao professor Antonio Sérgio Guimarães, pela iniciativa de transformarem em edição fac-símile os exemplares do jornal *Quilombo*, originalmente publicado pelo Teatro Experimental do Negro entre 1948 e 1950.

Nesse sentido, reitero o reconhecimento à Eliza Larkin Nascimento, que antes da referida publicação disponibilizava os originais, para que eu pudesse pesquisá-los, na sala de sua casa. Continua gravada em minha memória a emoção que senti ao tocar naqueles históricos documentos pela primeira vez. Eu apenas os conhecia por meio dos poucos exemplares colocados à disposição, nas máquinas de leitura de microfilmes da Biblioteca Nacional, do Rio de Janeiro.

Os originais do *Jornal Alvorada* me foram facilitados pela disponibilidade da coleção pessoal do professor Amauri Mendes Pereira, meu colega do PPCIS e companheiro de militância, com quem dividi muitas das reflexões apresentadas aqui.

Agradeço aos professores – notadamente doutor Jean Muteba Rahier e Michael Hanchard – e aos colegas do *Interrogating the African Diáspora Seminar* da Florida International University (2004), com quem pude compartilhar significativas reflexões sobre este trabalho. Suas atentas e críticas leituras me fizeram acrescentar reflexões e bibliografias referenciais.

À professora Giralda Seyferth (*in memoriam*) em cujas aulas, no Museu Nacional, tive os primeiros contatos acadêmicos com os teóricos do Projeto Unesco.

Ao professor Lívio Sansone, inicialmente, como professor no PPCIS/UERJ e posteriormente como coordenador no Centro de Estudos Afro-Asiáticos (depois Afro- Brasileiros) da Universidade Candido Mendes.

Aos colegas do Centro de Estudos Afro-Brasileiros da Universidade Candido Mendes, pelos ouvidos atentos, cúmplices e analíticos diante de meus entusiasmados e longos relatos após cada material encontrado, entrevista realizada ou bibliografia estudada.

A pesquisa relativa ao Rio de Janeiro esteve associada ao projeto desenvolvido, com o apoio do CNPQ, no âmbito do Centro de Estudos Afro-Brasileiros, intitulado *Afro-Rio Século XXI: Modernidade, agência afro-descendente e anti-racista no Rio de Janeiro*. O que tornou viável a ajuda do estudante de graduação de História André Guimarães (UERJ). Sua inestimável colaboração e seu espírito de iniciativa permitiram que pudéssemos percorrer dez anos de três jornais diários, do antigo Distrito Federal, entre 1945 e 1955.

Aos professores do PPCIS/UERJ pelas oportunidades de estudos, leituras e debates em sala de aula, que muito acrescentaram aos meus saberes crítico e analítico.

Á Christiane Raphael da Silva e à Simone Ribeiro da Conceição, secretárias do PPCIS/UERJ, pelas inúmeras informações sobre a estrutura e as normas do curso do doutorado em Ciências Sociais.

À doutora Célia Moraes Pabst (*in memoriam*) minha terapeuta, pelas luzes lançadas no meu interior.

À Magalys Pedroso, pelo carinho, estímulo, apoio, cumplicidade e, acima de tudo, pela paciência em conviver com os percalços de alguém sobejamente devotada à escrita de uma tese.

A todos os entrevistados que compartilharam comigo momentos especiais de suas vidas.

E certamente a todos os meu Orixás.

"Our struggle is also a struggle of memory against forgetting"[1].

---

[1] "Nossa luta é também uma luta pela memória, contra o esquecimento" (HOOKS, Bell. A call for militant resistance. *Yearning*: race, gender and cultural politics. Toronto: Between the Lines, 1990. p. 185, tradução livre).

PREFÁCIO I

O livro de Joselina da Silva, intitulado *União dos Homens de Cor (UHC): rede do movimento social negro após o Estado Novo,* **é o resultado de uma tese de doutorado defendida no programa de Ciências Sociais da Universidade Estadual do Rio de Janeiro em 2005.** Ele chega no momento em que o debate sobre o racismo, e consequentemente o antirracismo, reaparece como um divisor de águas sobre o futuro da humanidade.

As mudanças que tiveram lugar no mundo desde a defesa da tese são inúmeras. No caso brasileiro, o otimismo do período estava relacionado aos desdobramentos do texto constitucional que reconhecerá a contribuição do legado afro-brasileiro como patrimônio imaterial de nossa sociedade, o que resultou em espaços institucionais de organização de demandas históricas do movimento social negro, como, por exemplo, a Secretaria de Políticas de Promoção da Igualdade Racial (Seppir) e a Secretaria de Educação Continuada Alfabetização e Diversidade (Secad). Ambas instituídas no primeiro mandato do governo Lula em 2003, a primeira com status de ministério e a segunda no âmbito do Ministério da Educação (MEC); com singelos, mas importantes, avanços expressos nos reconhecimentos das terras de comunidades quilombos e na contribuição de negras e negros para a formação social brasileira, conquistados por meio da alteração da Lei de Diretrizes e Bases da Educação (LDB), e da aprovação da Lei n.º 12711 de 2012, conhecida como lei de cotas, já no governo Dilma Roussef.

O otimismo se ampliou com a eleição de Barack Obama e seus dois mandatos entre 2008 e 2016, com o discurso/metáfora na primeira vitória: *"Yes We Can!"*. A partir daí, especificamente em relação ao tema da inclusão, vamos observar uma reação do campo conservador, que passa a questionar transnacionalmente os parcos avanços da chamada agenda inclusiva.

No plano político, por um lado, o avanço conservador passou a desenvolver estratégias discursivas criticando o custo econômico da inclusão social (leiam racial), e, por outro lado, materializou uma prática de combate à corrupção, de questionamento ao predomínio do bem público em relação à iniciativa privada com forte apelo ao egoísmo individualista com ênfase no mercado. Com um uso inovador das tecnologias informacionais, passou-se a espalhar um discurso moralista tanto em relação à orientação sexual quanto à defesa da família tradicional em contraposição ao que consideram os desvios dos desígnios divinos. Exemplos de sucesso dessa estratégia adaptada a contextos socioculturais distintos são os EUA, a Inglaterra e o Brasil.

Embora seja possível identificar o componente racista em cada um dos Estados nacionais supramencionados, o golpe parlamentar no Brasil em 2016 e a eleição de Donald Trump no mesmo ano são importantes para compreender a forma como o racismo pode se expressar contemporaneamente sem mencionar a diferença racial. Dito de outra forma, nós entramos em um outro momento do processo de racialização no continente americano, no qual o identitarismo branco conservador tem sido alimentado com uma variedade de discursos que, ao estimularem o ódio às diferenças, transformam-nas em tema moral, e os corpos nos quais elas se expressam em corpos abjetos, estimulando a sua eliminação.

No que todas as questões mencionadas se relacionam com o livro de Joselina Silva?

Em primeiro lugar, o livro nos situa historicamente em relação às formas de organização do passado que nos permitiram entender os esforços que outras gerações de ativistas e intelectuais negros desenvolveram para diminuir, por um lado, o impacto do racismo sobre as novas gerações; por outro lado, ele nos relembra a importância da reação política organizada na forma de agência coletiva para a preservação da vida da população negra.

Em segundo lugar, o livro, ao criticar a ausência na literatura sobre movimentos sociais urbanos dos movimentos sociais negros, na primeira metade do século XX, proporciona-nos uma possibilidade de reconstrução das formas de organização negras. Constituindo-se em um texto fundamental, tanto para suprir o "esquecimento" quanto para se tornar parte de um processo de reescrita da história da agência coletiva negra no Brasil que está em curso.

Finalmente, o esforço de Joselina Silva nos ensina sobre a maneira como o termo "colored people", usado principalmente nos Estados Unidos como um descritor geral de identificação de qualquer pessoa não branca, ganhou uma tradução específica no contexto brasileiro. Em outros tempos, alguém poderia considerar tal processo como "imitação" contemporaneamente na reescrita da história da mobilização negra, orientada pela perspectiva da diáspora africana. Trata-se de pesquisar, como fez a autora, como antes de existir o conceito de redes, na forma como as ciências sociais o utilizam, a União dos Homens de Cor (UHC) pode ser um bom exemplo de como as ações do ativismo negro sempre estiveram à frente dos conceitos que nem sempre reconhecem sua importância ou mesmo tentam "apagar" seus significados.

Valter Silvério
Doutor em Ciências Sociais pela Universidade Estadual de Campinas (1999), pós doutor pelo Instituto Internacional de Sociologia Jurídica de Oñati, País Basco (2006) e pelo Goldsmith College da University of London (2017). Professor titular do Departamento e Programa de Pós-Graduação em Sociologia, da Universidade Federal de São Carlos.

PREFÁCIO II

Na carreira acadêmica, a parceria entre orientador e orientando é uma das atividades mais profícuas em produção de conhecimento. O encontro com Joselina da Silva marcou minha trajetória profissional e de vida. A pesquisa realizada teve por objeto a União dos Homens de Cor (UHC), grupo fundado em Porto Alegre, em 1943, e que em cinco anos se ramificou por dez estados da Federação. A investigação foi capaz de mostrar dinâmicas inerentes às idas e às vindas daquele grupo, bem caracterizado como parte do movimento negro. Para além da competência acadêmica, Joselina, como me ensinou uma outra orientanda, tem uma escrita preta; sua sensibilidade e subjetividade lhe abrem caminhos que não estão dados a qualquer pesquisador. A escolha da União dos Homens de Cor como objeto de investigação já faz parte de um novo olhar, capaz de perceber a sociedade brasileira a partir de quem não só vivenciou as diversas formas de racismo, mas optou por desafiá-las. Nesse caminho, encontrou solidariedade e apoio de grupos que compreendiam sua jornada, e foi capaz de desvendar estratégias empregadas pelo movimento social negro da época.

No trabalho desenvolvido por Joselina da Silva, passado e presente se encontram, não há o distanciamento temporal e linear, mas sim a procura de sentido de estratégias de vida que se encontram com as lutas do presente. O estudo das organizações negras de ontem e de hoje tem como propósitos perceber os obstáculos que se colocam no enfrentamento do racismo e defender a pluralidade inerente às lutas identitárias, que embora tenham a etnicidade como base de construção, nem por isso se resumem a uma única forma de expressão. A partir de seu olhar, Joselina recolhe do limbo saberes, conceitos e atitudes que se voltam para a transformação de condições concretas de existência.

A costura entre elementos teóricos e políticos não abandona o rigor exigido pela academia. A autora passeia pelas diversas análises já consagradas sobre movimentos negros, pontuando acertos e tropeços de intelectuais como Florestan Fernandes, Costa Pinto e Thales de Azevedo. Na melhor tradição analítica, mapeia as organizações negras surgidas após o Estado Novo, expandindo o olhar para além do eixo Rio, São Paulo e Salvador. Situa a UHC em seu contexto local/nacional. Visita o Teatro Experimental do Negro, associações culturais diversas e imprensa. Poucos elementos escapam das lentes da autora.

A grande contribuição da pesquisa é a de dar vida à UHC, trazê-la para o tempo presente, desde seu nascimento, passando por ações implementadas, articulações políticas e suas filiações. A UHC se torna um novo paradigma para pensarmos o que são os movimentos sociais, como se constituem, e qual seu alcance. O novo olhar que aqui se apresenta desafia definições que foram cegas e incapazes de perceber as lutas daqueles que se diziam homens de cor. A experiência de rede para os afro-brasileiros tem sido comumente datada nos anos 30, referenciada pela Frente Negra Brasileira, e retomada, posteriormente, apenas com o MNU nos anos 70. A pesquisa sobre a UHC traz elementos que desestabilizam as análises que desqualificam "aquele que é visto *apenas* como um preto" e nos mostra que a sólida articulação de organizações negras nas décadas de 40 e 50 não pode ser desprezada.

O leitor deste livro encontrará o exercício analítico que busca sentido na construção de uma identidade racial negra no Brasil após o Estado Novo, tendo como estudo de caso a União dos Homens de Cor (UHC). Não há aqui a reificação da subjetividade do colonizado, mas sim o resgate de uma memória coletiva que estava invisibilizada, a memória dos negros organizados no país. Preconizando novas abordagens ao tema do racismo, encontramos no texto a afirmação de que não há um modelo verdadeiro e autêntico do que seja um movimento, uma luta, ou um confronto, na melhor tradição dos estudos pós-coloniais e da diáspora.

Myrian Santos
Professora titular da Universidade do Estado do Rio de Janeiro. Doutora em Sociologia, pela New School for Social Research; Pós doutora pelo Centro de Estudos Latino-Americanos (University of Cambridge); pelo Centro de Pesquisa sobre Relações Sociais (Université de Paris V); pelo no Centro de Estudos Sociais (Universidade de Coimbra) e pela Faculdade de Filosofia, Letras e Ciências Humanas, da Universidade de São Paulo (USP).

SUMÁRIO

INTRODUÇÃO 19

CAPÍTULO 1
O MOVIMENTO SOCIAL NEGRO NA VISÃO DE BASTIDE, FERNANDES, COSTA PINTO E AZEVEDO 27

CAPÍTULO 2
MOVIMENTO SOCIAL NEGRO APÓS O ESTADO NOVO: UM SOBREVOO POR ALGUMAS CIDADES 77

CAPÍTULO 3
UNIÃO DOS HOMENS DE COR: ASPECTOS DE UMA REDE NACIONAL 139

CAPÍTULO 4
NOVOS E VELHOS MOVIMENTOS SOCIAIS: CATEGORIAS CAMBIANTES 175

PENSARES CONCLUSIVOS 193

REFERÊNCIAS 199

INTRODUÇÃO

> *As organizações dos negros são necessárias porque não adianta pensar que o direito é concedido. O direito é tomado e fruto de uma luta*[2].
>
> *Falar do movimento negro implica no tratamento de um tema cuja complexidade, dada a multiplicidade de suas variantes, não permite uma visão unitária. Afinal, nós negros não constituímos um bloco monolítico, de características rígidas e imutáveis*[3].

As pesquisas para a dissertação de mestrado[4] levaram-me a utilizar, além da bibliografia pertinente, algumas revistas e jornais das décadas de 40 e 50. Encontrei também documentos constituintes de arquivos pessoais, tais como fotos e prospectos de divulgação, entre outros. Interessava-me apreender qual o grau de repercussão do tema sobre as relações raciais na mídia em geral e na imprensa produzida pelos afro-brasileiros. Nesse processo, deparei-me com exemplares do jornal *Quilombo*, publicado pelo TEN (Teatro Experimental do Negro), que circularam entre dezembro de 1948 e julho de 1950, no Rio de Janeiro. Uma das principais características daquele periódico era o fato de referir-se não apenas aos acontecimentos contemporâneos, como também a realizações acontecidas anos antes. O Quilombo atuava também como uma câmera atentamente ligada sobre o país, por meio da qual se podia observar eventos e realizações de outros grupos organizados, para além do eixo Rio/São Paulo. Além disso, era possível encontrar, em suas páginas, referências a inúmeros grupos do movimento social negro sediados em diversas cidades do país.

Ainda nas primeiras descobertas, durante a pesquisa para o mestrado, avançando um pouco mais na bibliografia, pude perceber com mais nitidez que havia uma ebulição em torno do processo organizativo dos afro-brasileiros naquelas décadas. Talvez se pudesse parafrasear alguns militantes da época, que diziam estar havendo uma *"nova abolição"*. Desse modo, tomei conhecimento das inúmeras atividades realizadas pelo grupo fundado por Abdias do Nascimento (TEN) e sua repercussão nacional. Todas aquelas

---

[2] NASCIMENTO, 1999, p. 54.
[3] GONZÁLES, 1982, p. 18.
[4] Intitulada: *Renascença: lugar de negros no plural. Construções identitárias num clube social de negros no Rio de Janeiro*, tendo como orientadora a professora Myrian Sepúlveda dos Santos e defendida em dezembro de 2000, no âmbito do PPCIS/Uerj.

atividades sob a rubrica do TEN, além de outras, ali repercutidas, fizeram-me ver que só uma articulação cuja amplitude ultrapassasse os limites e o campo de performance do TEN – ele mesmo atuante no eixo Rio de Janeiro e São Paulo – teria permitido todo aquele movimento e que dava suporte a eventos tão abrangentes. Ao mesmo tempo, ao me aproximar da literatura acadêmica sobre o assunto, percebi um silêncio. O que eu testemunhava – por meio da literatura produzida pelos movimentos – e os achados de alguns trabalhos acadêmicos, notadamente aqueles resultantes do Projeto Unesco, não eram concordantes. Foi ao tomar contato com aquele mundo, ainda pouco explorado pelas Ciências Sociais, que surgiu este trabalho. Daquele encontro nasceu o interesse por estudar a União dos Homens de Cor (UHC).

Inúmeras são as maneiras que podemos empregar aqui para definir a UHC. Teremos um capítulo todo dedicado a essa organização, mais à frente. Por ora acredito que o destaque deva ser dado às razões que me conduziram a um estudo com uma lupa acentuada sobre o grupo. Inicialmente, o fato de ser uma rede de mulheres e homens negros com uma coordenação central. Outro ponto a realçar o seu protagonismo é a visibilidade que a rede emprestava às lideranças negras locais, em cidades de portes variados, ajudando-as a serem vistas e ouvidas em lugares que ultrapassavam os limites de suas regiões geográficas. Chama atenção, também, o momento sócio-histórico em que se dá o seu maior crescimento, que é aquele imediatamente após o final do Estado Novo.

Pensar a UHC é refletir que, embora as cidades do Rio de Janeiro e São Paulo tenham sido as mais estudadas até o momento, houve organizações negras estruturadas e atuantes nas cinco regiões do país, no período pós-II Guerra Mundial. Numa década como a de 40, pontuada por tantas ações concernentes ao antirracismo e pela luta contra a discriminação e a segregação raciais – nos Estados Unidos, na África do Sul e no Brasil –, a UHC demonstrava seu dinamismo em inúmeras participações, nas mais recônditas regiões do país. Sua presença era marcada pela constituição de sedes, promoção de debates na imprensa local, fundação de jornais próprios, caravanas de doação de roupas e alimentos, serviços de saúde, aulas de alfabetização, ações de voluntariado e participação em campanhas eleitorais, só para citar algumas de suas atividades mais notórias.

A segunda metade dos anos 40 testemunhou a presença da União dos Homens de Cor em dez estados da Federação, representada em inúmeros municípios no interior e nas capitais. A nos embasar pela lista nominal apresentada por um de seus periódicos, o quantitativo de membros em cargos diretivos – excluídos aqui os demais participantes – representava um total de 90 pessoas liderando capítulos da rede, de norte a sul do país. Cada capital possuía uma diretoria executiva com cerca de nove representantes. Tal estrutura era fortificada, principalmente pela interlocução constante entre os participantes, por meio de correspondências e trocas de visitas. O ponto fulcral para a preservação da rede era a reunião anual, no dia 13 de maio de cada ano, em Porto Alegre.

A União dos Homens de Cor, no entanto, em que pese sua abrangência e atuação, tem tido presença restrita nos trabalhos sobre movimentos sociais brasileiros. Um dos poucos estudos já realizados sobre a UHC foi feito por Costa Pinto[5] a respeito da sucursal do Rio de Janeiro, que era inicialmente dirigida por Joviano Severino de Melo e posteriormente por José Bernardo da Silva. A comparação direta com o TEN (Teatro Experimental do Negro – RJ) levou o autor a interpretá-la muito mais como uma das associações intermediárias[6] do que aquelas que proporiam uma mudança de parâmetros na sociedade brasileira. Estas últimas foram intituladas por ele como organizações de *Novo Tipo*.

Costa Pinto analisa a União dos Homens de Cor comparando-a permanentemente com o TEN (Teatro Experimental do Negro), reproduzindo em diversos pontos a fala nativa de um grupo em crítica ao outro. Ambos são apresentados como grupos em constante posição antagônica. A UHC, na visão de Costa Pinto, estaria prioritariamente mais atenta às *"reivindicações mais imediatas"*[7] da população. Dessa forma, teria propiciado atrair para seus quadros um grupo de membros de uma classe social distinta daquela que se aglutinara ao TEN, que era de intelectuais e *"negros evoluídos".* Este livro procurou seguir um caminho que permitiu ressaltar a UHC a partir de um olhar que evitou a comparação entre as duas organizações. Vista de *per si,* a UHC toma contornos que a distanciam daquelas conclusões de Costa Pinto, como apontarei mais adiante.

Os estudos Unesco foram os primeiros a pesquisar as organizações negras nas regiões onde aquela pesquisa foi realizada, isto é, no perímetro urbano de Rio de Janeiro, São Paulo e Salvador. A UHC esteve presente nessas cidades. Ainda assim, pouco de sua trajetória foi registrado naqueles

---

[5] PINTO, L. A. Costa. *O negro no Rio de Janeiro.* São Paulo: Nacional, 1952.
[6] Costa Pinto divide as organizações negras em *Tradicionais* e de *Novo Tipo* (PINTO, 1952).
[7] PINTO, 1952, p. 261.

estudos. Em outras palavras, os olhares acadêmicos, para os movimentos sociais negros, têm sido mais direcionados para aqueles grupos ou regiões, inicialmente analisados por Florestan Fernandes, Roger Bastide, Costa Pinto e Thales de Azevedo. Por essa razão, apresento como hipótese que os grupos que não foram considerados como significativos – para o movimento – por aqueles teóricos acabaram por ter sua história social silenciada para a historiografia sobre os movimentos sociais no Brasil. A União dos Homens de Cor figura como um desses exemplos.

Neste estudo – que se propõe a ser apenas o instaurador do debate – vemos que a União do Homens de Cor (UHC) pode ser utilizada como um novo paradigma diante daquele já cristalizado na literatura sobre o tema. Refiro-me à crença de que a experiência de rede para os afro-brasileiros tem sido comumente datada nos anos 30 por meio da Frente Negra Brasileira e retomada posteriormente, apenas com o MNU nos anos 70. A UHC então corrobora para destituir essa visão. Ou seja, havia uma sólida articulação de organizações negras nas décadas de 40 e 50.

Outra hipótese é que por não estarem em conformidade com os pressupostos teóricos que definem movimentos sociais, a União dos Homens de Cor e suas diversas subsidiárias, de avaliada extensão numérica, não foram vistas como movimentos sociais na sua constituição. Tal fato, a meu ver, ocorre porque os referidos grupos fogem ao modelo de movimentos sociais urbanos teoricamente idealizados por aqueles que procuram sistematizar as bases apropriadas para nos permitir compreender a natureza, formação e motivos dos movimentos sociais. Elaborarei sobre esse tema no capítulo quatro deste estudo.

Dessa forma, meu objetivo final neste livro, ao estudar a UHC, é fazer um mapeamento de algumas das organizações negras surgidas após o Estado Novo, expandindo o olhar para além do eixo Rio, São Paulo e Salvador. Procuro observar as dinâmicas, as construções e as supostas rupturas havidas naquele momento pulsante da organização dos(as) negros(as) brasileiros(as) à medida que investigo as identidades negras forjadas no país, a partir de concepções inerentes ao período estudado. Meu intento é, portanto, evidenciar relatos e tornar públicas realizações e alianças de diferentes grupos de afro-brasileiros. Pretendo contribuir com o resgate de mais uma parte da memória coletiva dos negros organizados no país, que pode ser expressa por meio da trajetória da União dos Homens Cor.

O estudo das organizações negras nos auxilia a perceber a realização de identidades que embora tenham a etnicidade como base de construção, nem por isso são unitárias ou cristalizadas numa única forma de expressão. Suas memórias dão a possibilidade de tornar públicas as tessituras da vida de diversos grupos que contribuíram para a formação do que hoje denominamos de movimento social negro. Nessa direção, o trabalho de campo consistiu em entrevistas e estórias de vida, em visitas aos arquivos pessoais e das organizações pesquisadas, guardados nas casas dos diversos ativistas e seus descendentes, dispersos em diferentes cidades do país. A Biblioteca do Centro de Estudos Afro-Brasileiros da Universidade Candido Mendes (RJ), a Biblioteca Nacional (RJ), o Centro da Pesquisa e História Social da Cultura (IFCH/Unicamp), a Rádio MEC (RJ), a Biblioteca Pública (Porto Alegre), o Museu Hipólito José da Costa (Porto Alegre), o Arquivo Histórico do Rio Grande do Sul, Cartório de Registro Civil de Pessoas Jurídicas (Porto Alegre), a Biblioteca Pública (Florianópolis), o Cartório do Segundo Registro de Títulos e Documentos (Salvador), o Cartório do Registro Civil Público (Salvador), a Escola Central da UFBA, a Fundação Clemente Mariani (Salvador), a Biblioteca da Faculdade de Filosofia (UFBA), a Biblioteca da Uneb, Biblioteca do Ceao (UFBA) e o Dops (Curitiba) constituíram-se em importantes sítios onde a vida dessas organizações, bem como as relações sociopolíticas engendradas por elas, puderam ser estudadas.

Tendo em mente a importância do Projeto Unesco para o entendimento das relações raciais no Brasil, inicio fazendo uma breve contextualização daqueles estudos. Note-se que eles ocorreram durante o ápice expansionista da UHC e período de abrangência desta pesquisa. Objetivo verificar como os teóricos do Projeto Unesco, diante da emergência de um movimento social constituído a partir de uma identidade étnico-racial, analisaram aquelas organizações sociais nas décadas de 40 e 50. Interessa-me observar o lugar ocupado pela UHC e outras organizações, na análise daqueles autores. Nesse sentido, detive-me nas obras de Costa Pinto, Florestan Fernandes e Thales de Azevedo, que, dentre os estudiosos participantes da pesquisa, fizeram análises sobre o movimento social negro. Movimento que estava em franco desenvolvimento quando da redemocratização do país, após a ditadura do Estado Novo. Logo adiante, passo a referir-me aos autores aqui abordados – respectivamente nas cidades de Rio de Janeiro, São Paulo e Salvador –, tendo dividido cada análise em quatro tópicos principais. Nesses autores observaremos sua aproximação ou distanciamento para com a União dos Homens de Cor (UHC).

O capítulo "Movimento social negro após o Estado Novo: um sobrevoo por algumas cidades" realçará a presença de uma agitação organizativa que foi capaz de propiciar o florescimento de uma imprensa praticada por e para os afro-brasileiros, utilizada como função denunciativa e reflexiva, a respeito de sua realidade político-social. Três conferências nacionais, ações concertadas por grupos em várias cidades, uma constante presença na imprensa regular, além de periódicos específicos ajudavam a constituir o quadro das ações antirracistas no Brasil. Por iniciativa do movimento social negro – inserido num quadro de notada articulação dos movimentos sociais no país – todas essas iniciativas e muitas outras foram praticadas: O testemunho de filhos, amigos de líderes da época e os próprios atores dão conta do nível de adesão de lideranças que de forma individual ou coletiva se debatiam contra a tese da democracia racial brasileira. É nessa ambiência da constituição de debates antirracistas que a UHC se torna uma realidade possível. Ou seja, afirmo que a UHC valeu-se de um candente momento de discussão, reflexões e ações dos afro-brasileiros para conseguir se estruturar de forma tão célere, num período de cinco anos.

No capítulo seguinte, serão apresentadas algumas reflexões elaboradas sobre a União dos Homens de Cor. A leitura de alguns de seus documentos nos fornece pistas para pensar que a construção de uma mentalidade antirracista, no Brasil, muito se deve ao seu concurso. Ao mesmo tempo, o processo de desvendamento da trajetória da UHC vai deixando à mostra vários pontos de insurgência que demonstram a capacidade reativa dos negros diante do alijamento imposto por setores da sociedade. Naquele capítulo teremos oportunidade de apresentar não apenas a UHC, mas alguns outros grupos que dela derivaram, os quais chamamos de *os filhos da UHC*.

O Capítulo 4, intitulado "Novos e velhos movimentos sociais: categorias cambiantes", será um diálogo com uma parte da bibliografia sobre movimentos sociais urbanos procurando cotejá-la com alguns dos autores que têm estudado os movimentos sociais negros, principalmente aqueles localizados no período pós-Estado Novo. Como veremos, há poucos momentos de contato entre esses dois grupos de estudos. Dito de outra forma: os estudiosos sobre movimentos sociais, no Brasil, têm se mantido, em grande escala, silentes diante da consideração das organizações negras como partícipes de um movimento social mais amplo. Por sua vez, muitos dos estudos dedicados aos grupos negros não têm constituído uma práxis acadêmica no sentido de incorporar os clássicos da bibliografia de movimentos sociais em suas análises. Um dos importantes momentos desse capítulo será o diálogo com os autores sobre suas periodizações e definições sobre o movimento social dos negros. Seus textos nem sempre incluíam as organizações negras do Rio de Janeiro, Belo Horizonte, Duque de Caxias (RJ) e Blumenau – por exemplo – estudadas neste trabalho. Esses autores também me ampararam no entendimento de algumas das razões que explicariam a insistente ausência da UHC na literatura mais consagrada aos estudos dos movimentos sociais negros no país. Incluem-se, nesse caso, os estudos Unesco.

Sabemos que na abrangência do período e dos estados aos quais estou tentando cobrir (RJ, SP, MG, RS, PR e SC) tensões e dissensões devem ter havido entre os grupos. Deixo de trazê-las à baila e procuro privilegiar a oportunidade de registrar sua existência. Ou seja, diante da constatação de um ainda ínfimo número de pesquisas sobre grande parte das organizações apresentadas neste trabalho, segui então uma espécie de *"survey"* histórico daqueles grupos. Embora em sua vasta maioria não mais existam materialmente, aquelas organizações conservam-se na memória de seus criadores ou dos descendentes políticos ou consanguíneos daquelas lideranças.

Não se constitui uma informação nova o estabelecimento de organizações negras no período pós-45. Nos diferentes livros resultantes do Projeto Unesco e nas obras de diversas autores, encontram-se citações sobre aqueles grupos e seus líderes. Se indicações e estudos são vários, não foram realizadas até o momento análises que busquem de forma ampla demonstrar os sentidos e os diálogos estabelecidos por aqueles grupos. Esta obra, portanto, objetiva retomar algumas daquelas menções já feitas, aduzir outras tantas e contrastá-las com um conjunto maior de interfaces tocadas por aqueles grupos, no período que estamos estudando. É do meu interesse, então, lançar luz sobre entidades que, embora marcantes no seu tempo, têm hoje sua história repousada em arquivos pessoais ou familiares, nos jornais da imprensa negra ou nas notas de rodapé de importantes pesquisas, como nas do Projeto Unesco. Percorreremos, portanto, alguns meandros obscurecidos, no sentido de fornecer subsídios para o estabelecimento de um debate mais alentado.

CAPÍTULO 1

O MOVIMENTO SOCIAL NEGRO NA VISÃO DE BASTIDE, FERNANDES, COSTA PINTO E AZEVEDO

O Projeto Unesco trouxe, pela primeira vez, para o campo acadêmico, algumas análises sobre os movimentos sociais negros. A magnitude do Projeto Unesco e sua representatividade para o campo das ciências sociais, e dentro deste os estudos das relações raciais, levam-me a iniciar este livro por um diálogo com alguns de seus autores. O principal objetivo que delineia este capítulo é investigar como os teóricos do Projeto Unesco consideraram aquelas organizações. Ressalto que as referidas pesquisas ocorreram no início dos anos 50, quando diversas atividades demarcadoras da instituição do movimento social negro estavam sendo formatadas no país, como discutirei nos Capítulos 2 e 3. A União dos Homens de Cor naquele momento já era uma rede estruturada e com um intenso diálogo com os poderes constituídos em diferentes instâncias do país. Nesse caso, a UHC, pela extensão de seu alcance, pode ser considerada como um paradigma. O intento aqui é avaliar o tratamento dispensado naqueles estudos à participação das organizações negras nas regiões abrangidas

Teria a UHC – com seus tentáculos nas cidades por onde passou o Projeto Unesco – sido interpretada por Fernandes, Bastide, Costa Pinto e Azevedo? Em caso negativo – e este quase sempre foi o ocorrido –, que estruturas analíticas teriam contribuído para essas conclusões? De posse dessas observações poderemos, mais ao final do livro, estar em condições de perceber as aproximações e distanciamentos entre nossos olhares e os daqueles autores, no que se refere ao movimento social negro brasileiro, levado a cabo no período pós-Estado Novo, em que a União dos Homens de Cor deixou suas contribuições.

A avenida que tornou viáveis estes estudos sobre os movimentos sociais negros reside no fato de que os autores – cada um com metodologias de pesquisa diversificadas – debruçam-se sobre a dinâmica de raça e classe e suas intrínsecas relações nas sociedades, por eles analisadas. Dentre os trabalhos resultantes do projeto, apenas os três abordados aqui (*O Negro no Rio de Janeiro, Negros e Brancos em São Paulo*, bem como *As Elites de Cor na Bahia*) tiveram as organizações negras como um fenômeno social a ser considerado em suas apreciações, embora chegando a conclusões diferentes entre si.

Doravante, farei primeiramente uma breve contextualização dos estudos do Projeto Unesco no Brasil. Logo adiante, com base nas informações da obra, observaremos a metodologia da pesquisa empregada por cada um dos autores, objetivando com isso propiciar um melhor entendimento das conclusões a que chegaram individualmente. Elencarei as características sociais e raciais das cidades onde se deram as pesquisas, fundamentados nas informações da obra. O objetivo *é* perceber o meio ambiente retratado pelo autor e como este refletiu nas relações raciais e suas influências nos grupos do movimento social negro examinados pelos autores. O tópico denominado "Democracia racial" tem como objetivo perceber o posicionamento do autor diante dessa categoria, que a meu ver irá influenciar diretamente na sua abordagem a respeito das organizações sociais dos negros na sociedade pesquisada. Optei por esse caminho devido ao entendimento de que foi esse paradigma que contribuiu para a escolha do Brasil como um campo a ser estudado como padrão das relações raciais, num mundo ainda sob o choque da II Guerra Mundial.

Procurarei observar o tratamento dado pelos estudiosos partícipes dos estudos Unesco, a essa questão crucial para as relações raciais no Brasil e motor da realização das referidas pesquisas. Num novo tópico, procuro observar as críticas e conclusões dos autores estudados, com denotada atenção sobre os capítulos em que eles refletem sobre os movimentos sociais organizados pelos negros.

Os estudos Unesco[8]

> *O objetivo do estudo... era conhecer, através da análise de uma situação nacional, os diversos fatores – econômico psicológicos, políticos, culturais – que influem no sentido da harmonia ou desarmonia nas relações de raça*[9].

Visando pesquisar o fenômeno e a dinâmica de uma sociedade tida como um paraíso racial é que o Departamento de Ciências Sociais da Unesco,

---

[8] Unesco – United Nations Educational Scientific and Cultural Organization.
[9] PINTO, 1952, p. 9.

atendendo a um pedido da Secretaria Geral da ONU, encomendou os estudos sobre a situação racial no Brasil[10]. A tão propalada democracia racial brasileira chamava atenção dos estudiosos, no pós-guerra – em que a racialização do mundo voltava a ser alvo de estudos e preocupação da humanidade –, estimulando a criação de um projeto de pesquisa em que esta pudesse ser mais bem observada. Vale ressaltar que o que subjaz a escolha do Brasil como país a ser pesquisado é a crença de que pudesse vir a ser um grande paradigma de paz racial para o mundo, especialmente para os Estados Unidos e a África do Sul.

Ainda no relatório de sua segunda viagem ao Brasil, no final dos anos 40, cuja meta principal era criar condições para a pesquisa, Alfred Metraux[11] apresentava a Bahia como sendo aquela que poderia oferecer um quadro exemplar da imagem de harmonia. A terra das chamadas *"sobrevivências africanas"* era considerada como um espelho racial do país[12]. Nos primórdios da elaboração do projeto, pensava-se que a pesquisa deveria ser desenvolvida apenas na Bahia[13]. Após contatos com pesquisadores nacionais, Metraux passa a acreditar que, pelo fato de São Paulo e Rio de Janeiro estarem em franca urbanização e industrialização, haveria nesses estados uma oportunidade mais diversificada de estudar as experiências das relações entre brancos e negros.

Essas variantes sociais e econômicas, diversas daquelas encontradas na Bahia, deveriam ser levadas em consideração, num estudo que pretendesse fazer uma radiografia das questões relativas à raça no Brasil. Mesmo com a expansão para São Paulo e Rio de Janeiro, a crença da harmonia entre brancos e negros permeava as opiniões dos pesquisadores. A introdução do trabalho de Wagley, por exemplo, demonstra uma certa tendência dos teóricos diante do que iriam encontrar. Ou seja, não havia muita dúvida de que éramos o lugar da paz racial: *"Brasil is renowed in the world for its racial democracy. Throughout its enormous area of half continent race prejudice and discrimination are subdued as compared to the situation in many countries"*[14].

---

[10] HASENBALG, 1996; GUIMARÃES, 1999; WINNANT, 1994.

[11] À época, chefe do Departamento de Relações Raciais da Unesco.

[12] Tal fato é destacado por Freyre: "Lendo o artigo que o mestre Alfred Métraux publica no último número do boletim da UNESCO de Paris, sobre as relações de raças no Brasil... descobri então, para regalo e vaidade minha que são observações as de Mestre Alfred Metraux que coincidem com idéias minhas já antigas sobre o assunto [...] Que reconhece mestre Metraux? Que no Brasil não existe hoje o problema de raças. Que o preconceito não chega a criar aqui as crises e agitações que cria em outros países Que existe entre nós uma democracia social baseada na quase ausência daquele preconceito" (FREYRE, Gilberto. Mestre Métraux confirma. *O Cruzeiro*, ano XXIV, n. 23, 1952).

[13] MAIO, 1997.

[14] "O Brasil é reconhecido no mundo por sua democracia racial. Em toda a sua área, de metade do continente, o preconceito de raça e a discriminação são restritos se comparados com a situação em muitos países" (WAGLEY,

Como podemos observar, o paraíso racial, já internacionalmente conhecido[15], era alvo das pesquisas por parte desses teóricos, que também acreditavam nele. Maio[16] discorda e acredita que a razão das pesquisas é muito mais complexa que apenas estudar as relações harmônicas de raça. A escolha do Brasil era ocasionada pela experiência negativa dos EUA, no campo das relações raciais. Ainda assim, Maio, como outros autores, credita ao Projeto Unesco o reiterar – ao final, dos diferentes estudos – da singularidade brasileira. Nesse sentido, o paradigma da democracia racial era o foco irradiador, a partir do qual uma pesquisa daquela monta pudesse ser concebida como um exemplar de paz racial para o mundo, especialmente para os EUA. Assim sendo, aquelas pesquisas guardavam em sua proposição um projeto político que se inspirava na construção da racialidade brasileira delineada já a partir do século XIX[17]. Era, portanto, um discurso proveniente do âmbito oficial[18].

O Projeto Unesco ocorre no momento em que as teorias sociais no Brasil emergiam de uma longa tradição de pesquisa, na qual a presença do negro em diferentes regiões do país – sobretudo na Bahia – vinha sendo estudada numa abordagem histórica, ressaltando sua condição de escravizado. Outra importante vertente era a dos estudos etnográficos, em que as manifestações culturais – sobretudo as religiosas – recebiam maior proeminência. A mudança de paradigmas, e de abordagem teórica proposta pelos estudos Unesco, permitiu ver as relações raciais no país, a partir de um viés notadamente sociológico. Abdicou-se, em alguma medida, da vertente culturalista predominante até ali, em que os trabalhos de Arthur Ramos e Gilberto Freyre tinham grande alcance. Essa nova abordagem estava influenciada por uma forma de fazer científico que era recém-instalada no Brasil, com o surgimento das escolas sociológicas e das ciências sociais[19].

Assim, embora no projeto original não estivesse prevista a inclusão de uma análise das relações raciais como tema de pesquisa, estas acaba-

---

Charles. *Race and Class in Rural Brazil*. 2. ed. Paris: UNESCO, 1963. p. 7, tradução livre).

[15] "In the absence of race and color caste, the Negro and mixed blood have come to occupy a place in Brazilian society that accords with their economic and social development or the degree and processes of assimilation of Brazilian culture... There is some color prejudice against those of black complexion but such prejudice is a personal matter and is not legalized or institutionalized... The whites on their part do not fear the competition of the Negro not do they feel insecure in their social position" (FRAZIER. *Brazil has no race problem*. Helwig, 1992. p. 123-124).

[16] MAIO, 1997.

[17] Sobre a construção da democracia racial brasileira, ver: GUIMARÃES, 1999; ANDREWS, 1991; HASENBALG, 1996; CARVALHO, 1998; SEYFERTH, 1996; HANCHARD, 1988; WINNANT, 1994).

[18] GUIMARÃES, Antonio Sérgio Alfredo. Raça e os estudos de relações raciais no Brasil. *Novos Estudos Cebrap*, n. 54, jul. 1999.

[19] MAIO, 1997.

ram sendo incluídas por influência do trabalho de Wagley, anteriormente desenvolvido na Bahia, e pelo conhecimento acumulado sobre o Brasil, na Universidade de Columbia, ao longo de diversos cursos[20]. Concorreu também para essa inclusão a visita de Alfred Metraux à Bahia durante o período de realização dos seminários preparatórios. Interessava àquele cientista analisar a ascensão social dos homens de cor. Foi essa expectativa que levou a que Thales de Azevedo passasse a coordenar a pesquisa intitulada *Ascensão Social da gente de cor na Bahia*[21].

Foram escolhidos como ideais para o desenvolvimento das pesquisas: os estados de São Paulo, Bahia, Rio de Janeiro e Pernambuco. Em São Paulo, os pesquisadores responsáveis foram Roger Bastide e Florestan Fernandes, e como resultado foi publicado o livro *Relações Raciais entre Brancos e Negros em São Paulo* (1955). No Rio de Janeiro, tivemos L. A. Costa Pinto, com o livro *O negro no Rio de Janeiro* (1952). Na Bahia, publicado primeiramente em francês, houve *As Elites de Cor na Bahia*, de Thales de Azevedo, e *Race and Class in Rural Brasil* (1952), organizado por Charles Wagley, incluindo artigos de outros autores. No Recife, coube a René Ribeiro escrever *Religião e Relações Raciais* (1956).

Florestan Fernandes e Roger Bastide: a metodologia da pesquisa em *Negros e brancos em São Paulo*

A metodologia, em São Paulo, foi desenvolvida por meio de reuniões que pretendiam a apresentação, discussão e avaliação de diversos grupos temáticos denominados de comissões. Grupos esses divididos em três núcleos principais compostos: um por pesquisadores das questões raciais e representantes negros; outro por intelectuais negros; e um terceiro por mulheres que se propunham a *"estudar as questões de gênero, de raça e da infância"*. Cada uma dessas comissões se reunia com regularidade, a cada quinzena e em locais diferentes entre si, na seguinte ordem: o primeiro na Faculdade de Filosofia, Ciências e Letras de São Paulo, o segundo nas salas da Associação José do Patrocínio e o terceiro na própria Universidade.

A pesquisa foi complementada por um estudo dos bairros populares cuja maioria era constituída de residentes negros; pela aplicação de questionários a pessoas negras, entre elas lideranças da comunidade; e por

---

[20] *Ibidem.*
[21] *Ibidem.*

entrevistas ocasionais e entrevistas formais com negros, brancos, imigrantes e ex-donos de escravizados. Foram adicionadas também as pesquisas no setor fabril, a fim de detectar as tensões raciais no mercado de trabalho, além de levantamento biográfico e de histórias de vida de pessoas de diferentes grupos raciais. À pesquisa sociológica somou-se um trabalho de investigação psicológica, realizado por Ariela Ginsberg e Virgínia Bicudo, cujo objetivo era observar a discriminação racial entre crianças.

Diversas organizações negras participaram dos grupos de estudos. Entre elas estavam a Associação José do Patrocínio, de São Paulo (há outras organizações com o mesmo nome a nível nacional), em cujas salas eram realizadas as reuniões visando as pesquisas. Somaram-se a ela a Irmandade de N. S. do Rosário dos Homens Pretos e a Legião Negra de São Paulo. Distintas lideranças do movimento negro participaram dos grupos de estudos e debates, tais como:

> Edgar Santana, Arlindo Veiga dos Santos, Raul Joviano do Amaral, Francisco Lucrécio, Geraldo de Paula, Ângelo Abaitaguara, José Correia Leite, Geraldo Campos de Oliveira, Francisco Morais, Luis Lobato, Afonso Dias, Vicente de Paula Custódio, Paulo Luz, Vitalino B. Silva, Mário Vaz Costa, Carlos Assunção, Romeu Oliveira Pinto[22].

Outras 20 lideranças negras também integraram o quadro permanente daqueles que acompanhavam a pesquisa. Fernandes relata que entre estes últimos e aqueles que apareciam esporadicamente tratou-se de mais de cem negros, que de alguma forma integraram os debates. Os subsídios à discussão deram-se em forma de troca de experiências, adição de ideias e reflexões, além de estudos individuais, resultantes de pesquisas independentes. Estes últimos não foram agregados à publicação final, como informa Fernandes, por exiguidade seja de espaço ou de tempo.

São Paulo vista por Fernandes e Bastide

São Paulo era uma cidade em rápido processo de mudança, que em 50 anos transformara-se num dos maiores centros urbanos e industriais da América Latina. A celeridade do processo teria tido, como resultado, a permanência de atributos próprios de uma sociedade escravagista. Estes, por sua vez, conviviam em consonância com aqueles surgidos por efeito da modernidade capitalista. Entre os velhos e os novos fatores estariam

---

[22] BASTIDE, Roger; FERNANDES, F. *Brancos e Negros em São Paulo*. 3. ed. São Paulo: Nacional, 1971. p. 8.

as relações sociais para com os negros na cidade. Herdado do período pré-abolição, o preconceito de cor que se explicava por meio do trabalho imposto aos escravizados, na nova São Paulo, usava como justificativa *"uma sociedade de classes"*.

Em 1940 o percentual de pretos e pardos na cidade de São Paulo perfazia um total de 12,01% da população, de acordo com os estudos de Fernandes. Nas atividades domésticas e nas tarefas de menor exigência de habilidade técnica (como *"manuais e braçais"*) estava o maior contingente de negros. Ainda assim, Fernandes aponta ter havido um efeito direto, sobre a população negra, do crescente surto de urbanização e industrialização pelo qual passava a cidade. Embora, de forma lenta – e a ser sentida apenas nos setores menos graduados da escala profissional –, a ascensão socioeconômica de negros e pardos, na passagem do sistema escravista para o trabalho livre, possa ser sentida.

São Paulo foi apresentada como um lugar onde quanto menos escura a cor da pele de uma pessoa, maior seria a aceitação pela sociedade. Tratava-se, portanto, de uma relação direta do embranquecimento com as relações sociais na cidade. Os negros como um grupo social em franca ascensão, devido à industrialização e às maiores oportunidades educacionais, iriam fazer o branco se sentir *"ameaçado nos seus postos de direção e de mando"*[23]. As visões tradicionais em que os negros deveriam ter uma resposta de servitude ou subserviência – fruto da história escravocrata do país – já não tinham um lugar privilegiado nas relações entre negros e brancos em São Paulo, de acordo com as análises de Fernandes e Bastide.

Os autores chamam atenção para o fato de que paralelamente à mudança da cidade também mudara o negro que nela habitava. De africano, sinônimo de escravo ou recém-liberto, tornou-se cidadão urbano inserido, ou tentando inserir-se, numa sociedade de classes. O novo negro encontrado em São Paulo tem sua *"mentalidade"* mudada, como influência das transformações da cidade. Fomentava-se no grupo perspectivas de *"ascensão econômica na vida em geral"*[24] por meio da valorização da alfabetização e do interesse pelo aprendizado de novas profissões. Outro importante fator observado pelo autor foi o crescente aumento da disposição de competição direta com os brancos, por melhores colocações no mercado de trabalho da época. Ao mesmo tempo, os brancos não teriam incorporado a mudança sofrida por essa nova população negra e se mantinham numa posição de ceticismo.

---

[23] *Ibidem*, p. 168.
[24] *Ibidem*, p. 57.

Fernandes cita a quase inexistência de negros nas zonas urbanas de São Paulo no dia 13 de maio de 1888. Desse modo, o êxodo rural provocado com o final da escravidão teria propiciado a criação de um contingente de negros desajustados social e economicamente, que estariam despreparados para o trabalho urbano, enfrentando dificuldades na competição com o imigrante europeu. Isso teria possibilitado, de acordo com esse estudo, uma declarada discriminação contra o negro no mercado de trabalho. Ambos os autores concluem que no mundo do trabalho, dessa sociedade em mudança, também muitos brancos nacionais não estavam preparados para as novas profissões. No entanto, eram ainda assim absorvidos pelo mercado, valendo-se de uma rede de apadrinhamento vigente.

Para Bastide, diferentemente do que ocorreria em outras regiões do país, em São Paulo, a industrialização, em primeiro lugar, e a grande dimensão geográfica da cidade permitiriam uma maior ascensão dos negros. Por outro lado, há uma reação imediata dos brancos a essa ascensão, seja educacional ou social. Criara-se uma espécie de solidariedade em que as elites brancas – constituídas por imigrantes, famílias tradicionais e estrangeiros – dificultavam uma maior inclusão social dos não brancos. A outra razão para o alijamento do negro do mercado de trabalho é o que os autores chamam de *"herança escravocrata"*, referindo-se à ausência de pecúlio e de bens com que o negro é deixado após o fim do trabalho servil.

A São Paulo dos dois autores apresentava-se como uma cidade onde a linha de cor era estabelecida apenas a partir de um determinado patamar social. Assim, os extremamente pobres – aqueles que moravam em cortiços – não apresentariam qualquer resquício de discriminação de cor, pois *"a mistura é tal que tal preconceito seria ridículo"*[25]. Só a partir desse nível social é que a raça se manifestaria independentemente da classe.

A democracia racial em *Negros e Brancos em São Paulo*

> *Em certos setores e sob certas formas faz-se o preconceito de cor – um preconceito que nem sempre ousa dizer o seu nome*[26].

Bastide surpreende uma tensão nas respostas dos seus entrevistados sobre a existência de preconceito de cor na cidade de São Paulo. Às afirmativas e às negativas sobre o tema – presentes com a mesma frequência e

---

[25] *Ibidem*, p. 163.
[26] *Ibidem*, p. 189.

intensidade – Bastide atribui a convivência de estruturas modernas e desenvolvidas, ao lado da representação da tradicional sociedade pré-capitalista. O hábito da convivência com negros, garantido desde séculos anteriores, e *"uma certa displicência"*[27] dos brasileiros reuniriam os ingredientes restantes para inexistência de racismo em São Paulo. Bastide dirige sua análise no sentido de tentar discernir as manifestações de preconceitos contra as pessoas negras. Seus fundamentos residiriam numa visão classista e se baseariam numa diferença racial. Apesar da ausência de uma legislação claramente segregacionista, de acordo com o autor, ainda assim na relação pessoa a pessoa os preconceitos se manifestariam, sendo, no entanto, de fundo social e não racial[28].

Essa constatação leva o autor a afirmar que *"O dinheiro ou o talento diminuem o preconceito"*[29]. Nesse ambiente, de ausência de estereótipos raciais – constatados pelo autor –, ele opta por dar voz ao reclamar ou daquilo que *"se queixam"*[30] os negros. Fazem crítica à ausência de políticas públicas de modo a avançar a ascensão social *"do homem de cor".* Bastide cria, então, a categoria *"seleção",* que é distinta de *"preconceito".* Dito de outra forma, a primeira servirá para explicar as barreiras de acesso a determinados lugares públicos, impostas à população *"de cor".* A tradição de relações harmoniosas entre os diferentes grupos raciais, segundo o autor, não impedia o cerceamento da ascensão dos não brancos. Explicado por se manifestar de forma amena e sem conflitos diretos. Um bom exemplo nesse caso se dava na busca no mercado de trabalho. Nesse campo, expressões que demonstravam o adiamento da sessão de oportunidades eram costumeiras.

Fernandes reconhece e emprega a categoria *"preconceito de cor"* colocando-a como um sentimento manifestado pela população que se esforça em negar sua existência. Sua observação, em ambientes como escolas e lazer, uniões conjugais e aqueles em que as profissões eram realizadas, deu ao autor a certeza da existência de preconceito de cor contra os negros. Embora fosse verbalmente negado diante deles. Mascarado numa atitude de polidez, o preconceito passa a ser visto, pela população, como algo praticado pelos outros (os americanos nos EUA ou os imigrantes estrangeiros no Brasil). Ou seja, os brasileiros, por sua educação e índole, não

---

[27] *Ibidem,* p. 124.
[28] Estes mesmos argumentos são utilizados pelos ativistas do movimento social negro, como demonstrações irrefutáveis da existência de racismo, como veremos mais adiante.
[29] BASTIDE; FERNANDES, 1971, p. 135.
[30] *Ibidem,* p. 124.

discriminariam racialmente. Nesse sentido, o preconceito de cor é classificado como uma *"dimensão incômoda no sistema social – cultural brasileiro"*[31]. Bastide complementa afirmando que tanto negros quanto brancos podem negar ou afirmar a existência do preconceito de cor. Em outras palavras, não é característica específica de um grupo racial advogar a inexistência dessa forma de discriminação baseada na raça. Até mesmo entre os negros, supostas vítimas do preconceito, haveria vozes que se colocavam em defesa de uma alardeada democracia racial no Brasil.

O chamado *"preconceito sutil"* ou *"preconceito encoberto"* ocorre devido a vários fatores, segundo Bastide. Entre eles estariam *"certa bondade natural do brasileiro"*, ou ainda *"o hábito de convivência com negros"*, ou mesmo uma certa displicência[32]. Embora não afirme a sua existência como tal, Bastide refere-se ao ideal de democracia e atribui a ele a inexistência de manifestações mais exacerbadas e explícitas de racismo na nossa sociedade. Ou seja, embora não houvesse uma democracia racial, já que havia preconceito de cor, a sua mera existência no plano do abstrato impedia manifestações reais de racismo, se comparadas à realidade norte-americana.

As organizações negras na São Paulo do Projeto Unesco[33]

> *São movimentos que procuram libertar os negros de uma herança social incômoda e aniquiladora, a qual dificulta e impede a sua incorporação ao regime de trabalho livre e ao sistema de classes sociais novos, coerentes com a configuração emergente da vida social urbana*[34]

As experiências vividas de preconceito nos diferentes ambientes, fruto da reação contra a entrada do negro na sociedade capitalista, vão provocar nesse grupo uma série de *"efeitos"*, de acordo com Bastide. Dentre eles, a indecisão entre *"a miscigenação e o racismo"*[35]. As reações dos negros paulistas são explicadas pelo autor dividindo o grupo em classes sociais diferentes. Assim, os de classe econômica menos favorecida tomariam uma atitude

---

[31] Ibidem, p. 192.
[32] Ibidem, p. 148.
[33] Vimos anteriormente que essa obra foi resultado do trabalho de dois autores, Bastide e Fernandes. O capítulo dedicado ao movimento negro, intitulado "A luta contra o preconceito de cor", ficou a cargo de Florestan Fernandes, embora ao longo da obra se possa perceber alusões ao movimento negro, constantes das análises de ambos os autores. Peixoto (2000) lembra em seu trabalho que nem sempre os dois acadêmicos compartilhavam as mesmas conclusões a respeito de seus achados.
[34] BASTIDE; FERNANDES, 1971, p. 204.
[35] Ibidem, p. 159.

diante do preconceito de cor e os de *"classe média"* se posicionariam de maneira diversa do primeiro. Nas pesquisas de Bastide, os negros de *"classe baixa"* concluem que as discriminações das quais são alvo se abatem de igual maneira sobre os brancos em situação social semelhante. O que, segundo eles, comprovaria a ausência de preconceito com base racial e patentearia aquele em que a classe é a referência. A resposta a essa conclusão seria então desestimularem-se diante de qualquer iniciativa no sentido de mudança ascendente de classe social.

Os negros de *classe baixa* procurariam conformar-se, segundo Bastide, com o possível apadrinhamento de um branco, de maneira a conseguir colocações nos estratos mais baixos do mercado de trabalho. Acabam também por desestimular sua prole a almejar qualquer elevação social. Seria, portanto, uma *"aceitação passiva"*[36], no dizer de Bastide. Dentro desse grupo de *"classe baixa"*, há um subgrupo que também acredita na ausência de preconceito de cor, mas reage diferentemente do primeiro. Procuram inserir-se no novo mercado, fruto da industrialização da cidade, não em postos altos na escala profissional, mas no ramo de serviços, que se distancia dos trabalhos domésticos tradicionais, mas que também não são desejados pelos brancos. Essa atitude Bastide classifica de *"aceitação ativa"*[37].

Tanto os negros de *"classe média"* quanto os de *"classe baixa"* buscam evitar atitudes de confrontação com os brancos, de acordo com as conclusões do autor. Reagem às discriminações que sofrem usando *"em vez da força, a paciência e a ironia"*[38]. O isolamento é a atitude mais comum detectada por Bastide no grupo de negros de classe média. Isto é, afastam-se dos brancos por medo de rejeição. Também temem que lhes sejam atribuídas as mesmas adjetivações negativas, geralmente imputadas aos negros de classe econômica inferior. Por consequência, distanciam-se dos mais pobres. Ambas as classes apresentam momentos de *"revolta"* diante dos preconceitos. Porém, nos mais pobres esses sentimentos são mais passageiros, tendendo a permanecer por mais tempo entre os de classe média.

Ao usar o termo *"revolta"* Bastide encaminha para a área psicológica sua análise sobre as atitudes dos negros para com os brancos, em São Paulo. Passa a falar de estudos feitos sobre os sonhos dos negros da cidade em que atos de violência contra os brancos são frequentes. O costumeiro compor-

---

[36] *Ibidem*, p. 159.
[37] *Ibidem*, p. 161.
[38] *Ibidem*, p. 163.

tamento de urbanidade dos negros em relação aos brancos se transformaria em insultos verbais, após a ingestão de bebidas alcoólicas. Trata-se, em ambos os casos (de sonho ou embriaguez), de *"uma cicatriz secreta"*[39] por parte da classe média negra que vem à tona e que se manifesta de quando em vez, na opinião de Bastide.

Assim como entre os pobres, Bastide detectou duas reações diferentes, uma *"ativa"* e outra *"passiva"*, o mesmo se deu em relação àqueles intitulados pelo autor de *"negros de classe média"*. Se uma parte desse grupo se manifesta por meio da revolta psicológica – no reino dos sonhos ou orientada por um *"pileque"* como suporte – o grupo dos intelectuais negros se manifesta como uma *"organização de classe"*. Essa organização Bastide define como caracterizando-se pela "ausência de uma ideologia coerente, multiplicidade dos pontos de vista que manifesta a não existência de um sentimento racial comum, mas ao contrário a importância das diferenças de personalidades"[40].

Nesse grupo, ainda analisando os seus líderes mais pelo perfil psicológico do que o político social, Bastide encontrou aqueles que teriam *"obsessão pelo tratamento diferencial"*[41]. Apresentariam uma visão imprecisa sobre a causa dos insucessos encontrados ao longo da vida, atribuindo-lhes sempre causas raciais. Negam também as de origem e as ocorridas em relação às suas próprias deficiências individuais. Nesse grupo encontram-se alguns mulatos – assim denominados pelo autor – que se identificam como negros. É a partir desse perfil psicológico estabelecido para as lideranças negras que Bastide inicia sua análise sobre os movimentos sociais negros em São Paulo.

O ato de reconhecer-se como negro – na São Paulo de Bastide – é datado. Inicia-se após o fim da I Guerra Mundial (1918). O primeiro jornal negro apontado pelo autor foi o *Getulino* de 1924 publicado em Campinas, e posteriormente o *Clarim da Alvorada*[42]. O exame de Bastide nessa obra dedica-se mais ao período da organização dos negros antecedente ao Estado Novo. Vemos então que ficou a cargo de Florestan Fernandes a tarefa de estudar os períodos posteriores. Para Fernandes, a organização social dos negros tem início em 1915 e se dá a partir da criação de clubes sociais, que não teriam, na sua visão, objetivos mais além daqueles ligados à cultura e às atividades

---

[39] *Ibidem*, p. 164.
[40] *Ibidem*, p. 165.
[41] *Ibidem*, p. 168.
[42] Vemos então que o próprio Bastide vai posteriormente mudar essa periodização e colocar no *Menelick 1915*, o jornal inaugurador daquela imprensa, como apontaremos no capítulo intitulado "Movimento Social Negro após o Estado Novo: um sobrevoo por algumas cidades".

"*beneficentes*". Esse tipo de organização solidifica-se em termos numéricos e em discursos nos dez anos subsequentes. A Frente Negra é detidamente estudada pelo autor ao se referir aos anos 30. Ele observa o seu desenvolvimento bem como as cisões em seu interior até o fechamento pela ditadura varguista. Durante todo esse período a imprensa negra é também alvo do seu olhar.

Se em Bastide temos as razões psicossociais que motivaram o surgimento dos movimentos sociais negros, em Fernandes a análise se detém sobre sua *"função social"*[43]. Para o autor esta se circunscreveria à inclusão dos negros na sociedade de classes. Fernandes compara as atitudes de negros e brancos em relação às consequências do preconceito de cor: os negros, segundo ele, tendem a se manifestar contra este, de forma coletiva. O branco, por sua vez, posiciona-se antagonicamente. Sua reação não seria pautada pelo preconceito de cor, já que este – em sua maioria – não reconhece a existência do problema. A discordância dos brancos recairia sobre a coletivização da luta, uma vez que, não havendo preconceito, não existiria razão para o protesto dos negros. Ilustrativo disso é a fala de um informante transcrita por Bastide: "Nos Estados Unidos são os brancos que lincham os negros; aqui o que se começa a ver é o negro atacando o branco sem o menor motivo, impelido apenas pelo ódio de um preconceito que começa a se arraigar entre os de cor"[44]. Por conseguinte, as organizações não deveriam ser criadas, já que "o negro não tem nenhuma reivindicação a fazer"[45].

O autor afirma que o negro só se organizou de forma a protestar contra a sua condição na escala social a partir da guerra de 1918 e, mesmo assim, de maneira muito lenta. A vida nas fazendas, durante o período escravocrata, e as relações de opressão senhorial teriam impedido qualquer mostra coletiva de insatisfação diante da exclusão. As manifestações havidas antes da Abolição teriam se dado apenas como deserção individual provocando o "alcoolismo, isolamento, evitação de pessoas brancas, suicídio, assassinato dos proprietários"[46]. Em outras palavras, um fator social presente na ordem social vigente, representado pela perseguição aos negros, e outro de ordem individual, expresso em sua incapacidade pessoal, teriam barrado qualquer iniciativa organizada de insurgência por parte dos escravizados. Fica-nos, portanto, a percepção de que Fernandes não considera, em sua análise, os quilombos e suas lutas.

---

[43] BASTIDE; FERNANDES, 1971, p. 203.
[44] *Ibidem*, p. 200.
[45] *Ibidem*, p. 197.
[46] *Ibidem*, p. 197.

> Não há dúvida em que a possibilidade de agrupamento e os estímulos que conduziram à intensificação da vida social dos negros ente si representam um passo muito importante na formação das condições que iriam determinar a eclosão dos movimentos sociais no 'meio negro'[47].

A existência das organizações sociais no meio negro foi possibilitada pela mudança de atitudes dos brancos, de acordo com Fernandes. Ou seja, o movimento social dos negros poderia ser atribuído à dificuldade de inclusão imposta ao grupo na sociedade urbana estratificada. Fernandes divide em dois os momentos de organização. Inicialmente teriam surgido os clubes sociais (1915) – que foram vistos pelo autor como tendo funções meramente recreativas. Neles a socialização – inspirada nos moldes comportamentais vigentes – era destacada pelos líderes. Posteriormente, surgem os grupos que tinham por objetivo "a defesa dos negros e seus direitos"[48].

Quatro grandes fatores teriam alavancado essa tomada de posição: o primeiro é a diminuição do acossamento físico aos negros, principalmente na cidade de São Paulo. Até os primeiros 15 anos do século XX, a polícia fazia perseguição baseada na cor. Os negros eram enfrentados como criminosos potenciais. O arrefecimento das atitudes racistas por parte da polícia teria levado à diminuição do medo, estimulando a ocorrência de reuniões, em lugares privados e públicos. Devido ao maior acesso às áreas públicas e à menor manifestação dos estereótipos raciais, foi possível, aos negros, congregarem-se com menos dificuldade. Essa decisão permitiu a demonstração de comportamentos sociais diversos daqueles aguardados pelos brancos, que seriam os de demonstração de uma incapacidade sociocomportamental.

O segundo fato propulsor da organização social dos negros, a partir dos estudos de Fernandes, teria sido a propaganda dos partidos comunista e socialista, dirigida especificamente à classe proletária negra. O terceiro deve-se à influência do movimento modernista que resgatou a *"estética africana e contribuiu assim para que o negro se sentisse orgulhoso de suas origens"*[49]. Em quarto lugar – ainda à luz das conclusões de Fernandes – estaria a desilusão sofrida pelos negros mediante o não cumprimento das promessas da revolução de 30, no sentido da redução do desemprego.

Duas são, portanto, as bases apontadas pelos autores sobre as quais se edifica o surgimento das organizações negras. Uma de fundo psicossocial,

---

[47] *Ibidem*, p. 199.
[48] *Ibidem*, p. 201.
[49] *Ibidem*, p. 196.

em que o ressentimento diante de um passado escravo e as discriminações do presente seriam responsáveis pela reação dos negros levando-os a se organizarem. Para Fernandes, o processo organizativo do negro – em franca expansão em São Paulo na década de 50 – reflete uma *"irritação contida no negro como resultado da escravidão, como o fenômeno da bola de neve que vai se avolumando à medida que rola"*[50].

O outro pilar de sustentação, sobre a qual residiria a criação dos movimentos sociais dos negros, seria a função social dessas organizações. Ou seja, por sua mera existência provocaram diversas mudanças de atitudes entre os negros e mulatos, ainda que não aquelas de fundo estrutural, lembra o autor. Como, por exemplo, os jornais da imprensa negra que iniciaram sendo um órgão de divulgação de obras e trabalhos literários, transformando-se, logo depois, em veículos de protesto e de educação. Toda a visibilidade dada ao negro pelas diversas organizações negras e por sua imprensa teria contribuído para formar negros e mulatos mais cônscios do fato de que não teriam que temer uma inferioridade em relação aos brancos. Dito de outra forma, foram esses movimentos sociais que apressaram o término do sentimento de inferioridade do negro e por conseguinte uma maior consciência coletiva entre os membros do grupo. As organizações negras são classificadas por Fernandes como *"reações espontâneas"* ao preconceito de cor, que, uma vez transformadas em movimentos sociais, vão produzir as entidades negras organizadas. Longe estão, portanto, de serem meras imitações dos brancos no que se refere aos valores e à genealogia.

Assim, é o negro (negros e mulatos) livre, urbano e participante de uma nova ordem socioeconômica que inicia uma organização coletiva. Criada no sentido de reivindicar sua inserção naquele novo modelo de sociedade, informa Fernandes. Esse movimento – fruto de uma reação coletivizada –, no entanto, não se fazia de forma linear. Há tensões presentes no interior e no entorno das organizações. O que leva o autor a reproduzir a seguinte fala atribuída a um morador de um cortiço. Esse era o local de residência de uma maioria negra. *"Preto que funda sociedades só pensa em se aproveitar de nós, para ter dinheiro ou para fazer nome, entrar na política e depois conseguir um bom lugar. Mas assim que obtém o que quer ele nos abandona"*[51]. Dessa forma, Fernandes apresenta a ausência de homogeneidade de visões entre os negros.

---

[50] *Ibidem*, p. 201.
[51] *Ibidem*, p. 191.

O grupo de cor é formado por uma maioria de classe baixa, mas haveria um outro em ascensão, sobretudo com profissionais liberais (*médicos, advogados e professores*), denominados, pelos autores, de classe média. Por outro lado, esse grupo emergente recusava-se a participar de movimentos negros por recear *"ter mais a perder que a ganhar dando sua adesão aos movimentos de cor"*[52]. Sendo a maioria de mulatos, eles tenderiam a *"esquecer"* a raça. Procuram buscar nos padrões socioeconômicos e nos valores religiosos e comportamentais, da classe dominante, o modelo a ser seguido como perfil de vida.

Essa atitude seria – explica Fernandes – resultante, muitas vezes, do fato de que na passagem da condição de escravo para o trabalho livre alguns negros continuaram trabalhando para antigos donos, ou com determinado tipo de contato. Brancos esses que procuravam demovê-los da iniciativa de participar de qualquer movimento coletivo. Alegavam, então, que não havia diferenças raciais entre as pessoas. Logo, no entendimento desse grupo, desnecessário se faria qualquer iniciativa voltada para agregar os negros. Essa visão dicotômica diante da estratégia organizativa seria, a partir de Fernandes, resultante das disposições constitucionais. Ou seja, ao se referir à igualdade de direitos e deveres para brancos e negros, colocam na esfera da ilegalidade toda e qualquer iniciativa demarcada de um grupo racial em relação a outro. Assim sendo, fácil é a ocorrência de acusação de racismo feita às organizações negras.

Entre os que se decidiam por um viés organizativo, havia um sentimento de desagrado não apenas em relação à ausência de solidariedade dos brancos, como também contra aqueles que, sendo negros, não demonstravam insurgência diante da discriminação presente na sociedade. Citado por Fernandes, afirma Lobato, no *Jornal Alvorada*: *"É preciso que os negros se organizem, sem contudo cair no isolacionismo que geraria o racismo"*[53]. Essa seria a razão para que, diferentemente de outros grupos organizados, em vários países, os negros pesquisados em São Paulo optassem pela reivindicação relativa à inclusão social na sociedade de classes, abandonando possíveis separações baseadas na raça[54].

Embora estudando grupos diferentes em momentos sócio-históricos diversos – um que se inicia em 1930, com sete anos de duração, e o outro

---

[52] *Ibidem*, p. 195.
[53] *Ibidem*, p. 196.
[54] O olhar comparativo de Fernandes o conduz a considerar apenas uma das vertentes dos movimentos sociais estadunidenses. Fredrickson (1995) aponta diferentes manifestações daqueles movimentos no período abordado por Fernandes.

surgido imediatamente no pós-Estado Novo –, a análise de Fernandes em diversos momentos é a mesma para os dois grupos. Ou seja, os objetivos da fundação e a reação da sociedade não são muito diferenciados para as duas organizações, ao olhar do autor. Referindo-se à motivação para o surgimento dos grupos, assim se expressa: *"o fundo social que os engendrou não sofreu alterações até o presente, e continua a gerar os mesmos sentimentos de insatisfação e inconformismo no ânimo dos negros e mulatos"*[55].

Fernandes está analisando, primeiramente, os 30 anos iniciais do século passado. Dessa forma, volta-se para os primeiros jornais negros e para as duas organizações mais expressivas após a Abolição. Embora pesquisando no início da década de 50, Fernandes analisa a atuação direta da Frente Negra Brasileira, dos anos 30, e a Associação do Negro Brasileiro[56] fundada em 1945. Ao mesmo tempo que estava dialogando com organizações vivas e atuantes, que constituíam os grupos de estudos, era no passado que repousava seu olhar. Sua análise pouco toma em consideração a ocorrência de um corte histórico naquela efervescência organizativa, com o advento do Estado Novo e o fechamento da Frente Negra Brasileira.

Luiz Aguiar da Costa Pinto: a metodologia da pesquisa em *O Negro no Rio de Janeiro*

Os estudos Unesco têm lugar num país em que está presente uma tensão no meio acadêmico nacional. A sociologia, como ciência, tentava se estabelecer, como campo de estudos. No caso do Rio de Janeiro, Costa Pinto – por meio de articulações dentro e fora do território nacional – via na realização das pesquisas do referente projeto a oportunidade de afirmação daquele campo[57]. Deve-se ao empenho de Costa Pinto a extensão das pesquisas sobre relações raciais no Brasil – sobre o patrocínio da Unesco – até o Rio de Janeiro. O sociólogo argumentava sobre a importância de se ampliar os estudos que inicialmente visavam apenas a Bahia e sua tradicional representação sobre raça. O autor apresenta o Rio de Janeiro como **"uma sociedade em franco processo de industrialização"**[58]. Nesse sentido, ele deixa evidente – na metodologia de pesquisa e nos pressupostos teóricos – uma crítica ferrenha

---

[55] BASTIDE; FERNANDES, 1971, p. 210.
[56] A Associação do Negro Brasileiro (ANB) foi fundada por José Correia Leite, um dos fundadores da Frente Negra Brasileira e um dos informantes de Bastide (*JORNAL ALVORADA*, 1946; NASCIMENTO, 1999).
[57] MAIO, 1997.
[58] *Ibidem*, p. 27.

aos estudos sobre o negro que haviam antecipado o seu trabalho. Estudos que são classificados por ele como *"monografias folclóricas e ensaios de literatura histórica"*[59]. Trabalhos que segundo o autor se debruçariam sobre o *"processo de integração do africano ao Brasil, especialmente sobre o que há de bizarro, de exótico, anedótico e diferente nesse processo"*[60]. E, como tal, incompatíveis com a excelência de uma pesquisa como a que solicitara a Unesco. Era a apreciação dura do sociólogo sobre os estudos afro-brasileiros.

Já na introdução, o autor critica a ênfase dada pelos estudos étnicos às diferenças raciais nas sociedades, como se fosse esse o único fator que as distinguisse. Para ele, analisar as relações raciais significava ir além delas mesmas e contextualizá-las no tempo e espaço. Nesse trabalho, que não possuía um caráter conclusivo, o autor se propôs a fazer *"uma reviravolta completa"*[61]. Essa revisão o levou a uma mudança de paradigmas baseando-se numa abordagem sociológica. Os estudos etnográficos de Edison Carneiro – sobre a macumba e as escolas de samba da cidade – auxiliaram Costa Pinto no capítulo voltado ao movimento social. Os diferentes estágios de mudança social experienciados pelos negros brasileiros seriam pela primeira vez alvo de um estudo científico. Costa Pinto procura analisá-los considerando que foram trazidos ao Brasil na condição de mercadorias, passando por um processo de proletarização. Por ocasião da pesquisa, haveria, portanto, alguns afro-brasileiros partícipes de uma classe média. Costa Pinto arvorava para si essa tarefa já que antes, segundo ele, apenas os aspectos religiosos, musicais e folclóricos haviam sido objeto de exame, daqueles que se dedicaram a estudar os negros brasileiros.

O autor colocava dúvida sobre a seriedade daqueles estudos por priorizarem as feições histórica, antropológica e etnográfica. Portanto, deixavam ao largo o aspecto sociológico da integração do negro à sociedade brasileira e viam-no apenas como *"espetáculo"*. Isso seria resultante da influência da escravidão, que introduziu o negro no cenário nacional como objeto e propriedade do branco e, por conseguinte, coisificado. Mesmo as análises teóricas que sobre ele eram feitas até aquele momento seriam

---

[59] COSTA PINTO, 1952, p. 57.
[60] Ibidem, p. 57.
[61] Dessa forma, Costa Pinto se coloca na posição de crítico aos estudos de cunho antropológico ou histórico referentes aos negros brasileiros, herdeiros de uma longa trajetória acadêmica em que Nina Rodrigues era um dos pais fundadores, seguido por Silvio Romero, Oliveira Viana e Gilberto Freyre, para ficarmos apenas nos nacionais. A esse respeito ver: VIANA, 1932; STEPHAN, 1991; SKIDMORE, 1976; SCHWARTZ, 1996; SCHWARTZ, 1993; SEYFERT, 1996; ROMERO, 1949; ORTIZ, 1985; MONTIEL, 1992.

contaminadas por essa visão[62]. Outra razão, apontada pelo autor, para esse estranhamento diante do negro é a influência direta sofrida a partir dos estudos elaborados na Europa, do século anterior. Ali, os povos eram classificados como primitivos e civilizados, sendo os negros posicionados entre os primeiros. Para Costa Pinto os estudiosos não atentavam para o grupo de negros inseridos numa sociedade em ascensão.

Costa Pinto analisou as teses do Primeiro Congresso Brasileiro do Negro, realizado no Rio de Janeiro, em 1950, pelo Teatro Experimental do Negro, de Abdias Nascimento[63]. Clubes, escolas, repartições e outros lugares de predominância branca também foram alvo de sua observação. Nesse caso, as relações sociais entre brancos e negros e o funcionamento dessas instituições foram estudados pelo autor. Alguns dados estatísticos do IBGE foram apreciados na obra[64]. O uso das informações sobre o censo populacional é justificado pelo autor como a *"única"* forma de se fazer uma *"verdadeira"* análise sobre a mobilidade dos grupos de cor. O que evitaria que se construíssem *"falsas e apressadas opiniões sobre o estado verdadeiro da situação racial neste país"*[65].

Grande parte das entrevistas – de acordo com o autor – feitas com negros de diferentes camadas sociais foram realizadas sem informação prévia aos entrevistados, no que se refere ao uso daquelas informações. Às lideranças e aos negros de maior formação foi dado a conhecer os objetivos do inquérito e da indagação. A imprensa negra e os jornais diários da cidade também ajudaram a complementar o exame. O perfil dos entrevistadores variou em relação às categorias profissionais diversas, à formação educacional, à faixa etária e ao gênero. No campo das religiosidades e cultura afro-brasileira praticada na cidade do Rio de Janeiro, Costa Pinto contou com a colaboração de Edison Carneiro. Embora de posse de amplo material etnográfico, informa-nos Costa Pinto que este apenas foi utilizado como

---

[62] "Os estudos sobre o negro brasileiro, nos seus diversos aspectos, têm sido mediados por preconceitos acadêmicos, de um lado, comprometidos com uma pretensa imparcialidade científica, e, de outro, por uma ideologia racionalizada, que representa os resíduos da superestrutura escravista, e ao mesmo tempo, sua continuação, na dinâmica ideológica da sociedade competitiva que a sucedeu" (MOURA, 1988, p. 17).

[63] Das teses apresentadas no congresso e referidas pelo autor – como tendo sido analisadas e relacionadas na bibliografia – temos as que foram assinadas por Agnaldo Camargo, João Conceição, Onofre Francisco Eva, Abdias do Nascimento, Teotônio Edgar Santana, Egberto Santos, José Bernardo da Silva, Aníbal Pinto de Souza, Rosa Gomes de Araújo e Souza, Roberto S. Tavares, Jorge Prado Teixeira, Rubem da Silva Gordo e Domingos Vieira Filho.

[64] Quando da realização da pesquisa, os dados mais recentes ainda não se encontravam disponíveis. Dessa forma, o autor fez uso dos números referentes a 1940, logo, dez anos antes.

[65] COSTA PINTO, 1952, p. 99.

*"fontes de documentação"*⁶⁶, não tendo sido inserido na íntegra. É com esse pano de fundo que Costa Pinto passa a pesquisar a literatura que aborda a questão do negro no Brasil, denominada *"bibliografia afro-brasileira"*.

Com esse parâmetro o autor propõe um novo paradigma e refuta os anteriormente estabelecidos nas ciências sociais. Chamando-os de **"caso inglês, o exemplo americano ou o modelo francês"**⁶⁷ o autor acredita no estabelecimento de categorias analíticas que ajudariam a estabelecer novos "campos de pesquisa". Nesse particular, o Brasil seria um laboratório ideal, já que "o material empírico existe em abundância"⁶⁸. Para Costa Pinto o estudo da "situação racial brasileira" deveria ser iniciado com uma "análise científica" sobre a estratificação social, já que esta última é o cerne da primeira.

O Rio de Janeiro de Costa Pinto

A cidade vista por Costa Pinto está localizada num país em transição. Teríamos um Brasil em franco desenvolvimento e um outro renitentemente tradicional. No último, o atraso representado pela sociedade agrária convivia em consonância com o moderno. Diante dessa realidade, em que esses *"dois mundos"* coexistiam com força equilibrada, sem avanços de um ou retrocesso do outro, é que se dava a análise do sociólogo. Um Distrito Federal em pleno estado de urbanização e industrialização que, por essa característica, estimulava para si uma larga corrente migratória proveniente da zona rural do estado ou de estados vizinhos como o estado do Rio de Janeiro, Minas Gerais e Espírito Santo. Devido à proximidade geográfica, mais mulheres que homens vinham desses estados para o DF.

A condição de capital do país empresta à cidade uma feição cosmopolita resultante das diversas repartições, órgãos públicos e privados, que atraíam uma população diversificada social e etnicamente. Diferentemente dos demais estados do Sul, o D.F. tinha, de acordo com Costa Pinto, em sua composição, a maioria de pessoas de cor. Há um número maior de mulheres em meio à população denominada pelo autor de *"grupos de cor"* (entendidos como pretos e pardos). A mortalidade masculina, em maior grau que a feminina, e a maior quantidade de mulheres que migravam de

---

⁶⁶ *Ibidem*, p. 66.
⁶⁷ *Ibidem*, p. 55.
⁶⁸ *Ibidem*, p. 55.

uma para outra região do país eram fatores diretamente influenciadores de desigualdade em termos de contingente populacional, no que se refere ao gênero[69]. A tendência de branqueamento da população registrada em alguns outros estados (Santa Catarina, Rio Grande do Sul, Paraná, São Paulo, Espírito Santo, Minas Gerais, Rio de Janeiro, Mato Grosso, Pará e Bahia) também no DF era verificada.

Três são as causas apontadas para a ocorrência do branqueamento: a alta taxa de mortalidade dos negros, a imigração europeia e a mestiçagem. Do total da população do Rio de Janeiro, 27% eram "de cor", de acordo com Costa Pinto. Embora, devido à grande imigração e à fluidez com que as categorias raciais se realizam no Brasil, pessoas que em seus estados se identificariam como negras, chegando à capital tenderiam a branquear-se. Tal fato poderia influir para mascarar os números relativos ao percentual dos não brancos no DF. Outro fator, que influenciaria no embranquecimento – via declaração de cor, por parte dos não brancos – seria a ascensão educacional.

A população negra, localizada nos extratos mais baixos da sociedade, tinha as mulheres representadas, em sua maioria, nos serviços domésticos seguidos das ocupações do setor têxtil. O DF de Costa Pinto apresentava uma segregação racial/espacial em que a discriminação espacial era facilmente praticada quando eram levados em conta os fatores sociais. Ou seja, aos pobres – na maioria negros – eram vedados alguns espaços territoriais da cidade. *"De cada cem favelados, setenta e um são 'de cor'"*[70], e residindo, portanto, a maioria nas áreas favelizadas do DF. O autor observa que sua pesquisa deixa de incluir um contingente de maioria negra e pobre, que são os habitantes em inúmeros cortiços, porões e *"cabeças de porco"* da região.

As novas indústrias, nas áreas urbanas do país – Rio e São Paulo –, teriam estimulado um êxodo rural. Tal fator constituiria, nessa recente população citadina, uma identidade proletária. No caso dos negros, a esta última foi agregada uma identidade racial em que estes passaram a ser vistos de forma discriminatória pelos seus iguais, os proletários brancos. Consequentemente, logo ocorreram atitudes racistas no mercado de trabalho. Situações essas presentes nas relações entre operários, mas também, e principalmente, na seleção de pessoal e na ascensão profissional. Esse tipo de

---

[69] Embora podendo determinar o gênero das pessoas que migram para o Rio de Janeiro, a partir dos dados censitários, o autor acusa uma dificuldade metodológica em definir as características raciais dos que chegavam, devido à ausência de informações dessa ordem.

[70] COSTA PINTO, 1952, p. 137.

discriminação espraiou-se para a dificuldade de inserção desses proletários negros na classe média urbana, operando-se assim uma estratificação social.

O fenômeno da classe, segundo o autor, é mutável e não é permanente. Ocorrerá ao sabor da "transformação histórica da produção". Assim, para Costa Pinto as classes sociais são definidas a partir do seu lugar referente à forma como se dá a *"organização social da produção"*[71], e por estratificação social. O autor aponta um Rio de Janeiro com um alto grau de estratificação social em que os fatores raça e classe constituíam uma mesma base. Para isso, contribuía a proletarização e a *"integração nas condições da vida urbana"*[72] das pessoas de cor da cidade. Ele observa uma mudança pouco significativa de papéis entre brancos e negros nas ocupações de mando comparadas aos períodos pré-abolição. Dito de outra forma, o branco que antes era senhor no sistema escravista se transformou em patrão, no novo sistema. Do ponto de vista da força de trabalho, permanecia a posição subalterna dos pretos e pardos.

A Democracia racial para Costa Pinto

O autor situa historicamente o preconceito racial e afirma que, no período pré-abolição, este não era um fator presente na sociedade brasileira, já que os papéis estavam demarcados. O branco era o senhor e o negro o escravizado. Esse estado sofreria pouca mudança até o pós-guerra, com a transformação das relações econômicas do negro e sua maior participação na economia nacional. Dois processos ocorridos no país foram responsáveis pelas mudanças das relações raciais no Brasil, sendo mais presentes em determinadas regiões que em outras: a urbanização e a industrialização. Ambas influenciaram diretamente no estilo de vida dos negros – condição econômica e de moradia – que se urbanizaram em consequência disso. Influenciaram também *"na mentalidade e no estilo de comportamento"*[73]. Todos resultantes de um novo momento socioeconômico do país, distante daquele em que os negros eram a massa servil da sociedade escravocrata. Surge então *"o novo negro"*, distante do africano. De tal modo, os casos de preconceitos seriam mais sentidos por aqueles que estivessem exercendo profissões não subalternas. O racismo, segundo o autor, manifesta-se *"quando o negro sai do seu lugar"*.

---

[71] *Ibidem*, p. 90.
[72] *Ibidem*, p. 65.
[73] *Ibidem*, p. 61.

Registravam-se atitudes e estereótipos raciais que provocavam uma dicotomia entre o dito e o manifesto, na sociedade brasileira. Ou seja, falava-se da inexistência de preconceito de cor, mas ele era expresso em diferentes ocasiões da vida social. Essa revelação era feita por negros e brancos, com mais ênfase no segundo grupo. Para Costa Pinto, essa constante negação da ocorrência de atitudes racializadas, no país, deve-se, em muito, aos *"ensaios de literatura histórica, escrito por brasileiros e estrangeiros"*[74]. Ao comparar as situações dramáticas de contenda racial registradas na Alemanha nazista e nos EUA, concluem que no Brasil o paraíso racial seria uma realidade. Estudos esses que seriam reflexo da visão preconcebida em relação aos afro-brasileiros, de acordo com a ácida análise de Costa Pinto. Nesse sentido, aqueles autores mesclariam concepções pessoais de distanciamento e discriminação para com os afro-brasileiros e os resultados de seus estudos.

Igualmente, por persistirem em não perceber a entrada do negro numa sociedade em mudança, mantinham suas análises sobre um negro ainda na *"sociedade tradicional"*, para usar uma categoria do autor. Esses estudos, anteriores aos dele, seriam, nesse sentido, um reflexo da luta de classes, em que uma elite branca dirigente olha para o negro como um *"grupo estranho"*. Portanto, *"medo"*, *"piedade"* e *"curiosidade"* se somariam a um olhar desenvolvimentista para com os negros, a partir de sua chegada aqui. Todos esses elementos terminariam por produzir a argamassa para os estudos de exotização do negro, classificado pelo autor de *"o negro como espetáculo"*, e que se transformaram nos *"estudos afro-brasileiros"*. Essas teorias aliadas aos casos relatados pela mídia provocariam uma predisposição nos negros de virem a ser discriminados, embora nunca o houvessem sido. De tal sorte, a discriminação passa a rondar os negros, como um fantasma iminente, ao seu redor *"por toda a sua vida"*. Dessa maneira, Costa Pinto, acaba por psicologizar o racismo no país e deposita sobre o negro a responsabilidade pelo quadro quase patológico em que este se encontrava.

Organizações negras no Rio de Janeiro de Costa Pinto

Antes de analisar as organizações negras, o autor detém-se numa breve explicação sobre a categoria movimentos sociais. Para Costa Pinto, estes seriam resultado direto das transformações por que passam as sociedades e da *"tomada de consciência"* de um ou mais grupos da necessidade de mudança

---

[74] *Ibidem*, p. 326.

social. Ou seja, sua origem estaria na insatisfação – ou o seu contrário – de alguns grupos perante tais mudanças. A discordância entre conservadores e transformadores geraria os movimentos sociais. Ambos disputariam entre si, funcionando como uma espécie de causa e efeito – numa tensão constante – como forças centrífugas. Entre esses dois grupos, no entanto, outros menos definitivos – em termos de nível de satisfação ou insatisfação – também completam toda uma gama de ações, reivindicações e defesas. Todas elas manifestas de formas díspares e nem sempre com objetivos comuns. *"Assim, um problema não resolvido, está no fundo de todo o movimento social"*[75].

As organizações negras, no Rio de Janeiro, no geral, são assim definidas por Costa Pinto: *"A tomada de consciência mais ou menos nítida, mais ou menos deformada, da irresolução dos problemas relativos aos seus interesses materiais, seu status, seus valores, suas aspirações e suas perspectivas"*[76]. Os grupos representavam o início de uma problematização constituída por um grupo ainda inapto para desenvolvê-la. A análise crítica daqueles movimentos ainda era *"mais ou menos nítida"*. Embora posteriormente faça uma divisão entre os diferentes níveis em que essa organização se faz realizar, a definição dada pelo autor, de que haveria uma conscientização *"mais ou menos deformada"*, deixa atrás de si uma interpretação de incongruência e incapacidade organizativa para os grupos negros.

A generalização tipológica inicialmente apresentada é explicada pelo autor como consequência da efemeridade e inconsistência das organizações negras no Rio de Janeiro. O próprio autor as aponta como iniciadas no século XVIII. A grande pluralidade das organizações, que, segundo ele, não apresentavam uma consistência homogênea, estava diretamente ligada ao *"perfil sociopsicológico do negro brasileiro"*[77]. Seguindo nessa linha explicativa, essa multiplicidade deve-se também às *"fases diversas do seu [do negro] desenvolvimento"*[78]. Assim, à luz das reflexões de Costa Pinto, haveria etapas a serem vencidas pelos negros para conseguirem ter suas organizações complemente evoluídas no sentido pleno de um movimento social.

É dentro desse quadro interpretativo que Costa Pinto insere as organizações negras, dividindo-as em *tradicionais* e de *novo tipo*. A diferença entre essas duas modalidades é atribuída pelo autor a dois aspectos primordiais: em primeiro lugar ele considera os fatores históricos presentes nas intera-

---

[75] *Ibidem*, p. 214.
[76] *Ibidem*, p. 215.
[77] *Ibidem*, p. 216.
[78] *Ibidem*, p. 216.

ções entre brancos e negros no país. Em segundo, as diferentes recepções e análises por parte dos negros quanto às relações raciais. Dito de outro modo, as opiniões e os julgamentos diversos – e às vezes divergentes – entre os negros a respeito da presença do racismo e da discriminação racial na sociedade. Por último, a heterogeneidade da população negra. Nesse particular, Costa Pinto reconhece a interferência de aspectos tais como: classe social, faixa etária, influência ideológica e formação educacional, como perturbadores de uma possível unificação dos movimentos sociais. Ao fazer essa abordagem, o autor anuncia a existência – e justifica – de visões dicotômicas entre as várias organizações e mesmo no seu interior.

"Organizações Tradicionais"

Ao dividir as organizações negras em *tradicionais* e *de novo tipo* Costa Pinto descreve as primeiras como: *"uma tomada de consciência prática, primária, imediata e espontânea da inferioridade social do negro e das limitações que, em conseqüência disso, sofre sua capacidade de plenamente participar da vida social"*[79]. As *associações tradicionais* são aquelas de fundo religioso, ou culturais. As primeiras se dividem em católicas (as Irmandades de N.S. do Rosário e de S. Benedito dos Homens Pretos) e as de origem africana (*macumba*). As culturais são as congadas, as escolas de samba, a capoeira e os grupos recreativos. Ao referir-se às tradicionais, Costa Pinto detém-se nas católicas e na *macumba*, não se atendo muito às culturais. Quanto às católicas classifica-as como tendo funções recreativas além de religiosas. Estas seriam responsáveis por reproduzir simbólica e culturalmente o papel do negro na sociedade escravista, no sentido de ser um lugar onde os negros podiam realizar suas festas. Tornando-se assim um espaço de liberdade vigiada para os escravos e os recém-libertos.

"Macumba" é um nome genérico empregado pelo autor para definir duas formas diversas de expressão de religiosidade. Aquelas de influência católica, indígena e africana, que seriam a umbanda, e uma outra denominada de *"Tendas, centros e cabanas"*[80]. Do ponto de vista social e racial, nas primeiras estavam os negros e os pobres, e no segundo tipo a classe média branca. A distribuição espacial desses dois tipos também se dá de forma diferenciada. Na primeira, pela natureza de sua manifestação, os tambores eram utilizados. Tal prática provocou a sua proibição dentro do perímetro

---
[79] *Ibidem*, p. 233.
[80] *Ibidem*, p. 224.

urbano do antigo D.F. A Baixada Fluminense (região periférica da capital) passou a abrigá-las, depois disso.

Costa Pinto observa um crescimento, em número de participantes da Macumba, notadamente com elementos das camadas economicamente superiores e não negras da sociedade. Tal fato é explicado de duas formas: uma deve-se ao modismo que essa expressão de religiosidade teria adquirido naquele período – com extensas reportagens na imprensa –, e outro à insatisfação desses grupos com a religião oficial. Ambos provocariam, no entender do autor, um maior fluxo de seguidores à procura das religiões africanas, que no caso do Rio de Janeiro era a umbanda. Por outro lado, a grande presença da macumba dever-se-ia à ausência de formação educacional, por parte de seus adeptos. Outro ponto que a faz tornar-se um lugar de grande afluência é o fato de ter-se transformado num local onde se podia ir à procura de solução dos problemas de saúde. Era também um lugar de associativismo e lazer.

Surge, então, uma liderança que seria o *"curandeiro"*, nome dado pelo autor ao líder espiritual das casas de umbanda[81]. As principais características dessa liderança se deve ao papel exercido junto aos seus seguidores no aconselhamento espiritual ou *"magia"*, nas palavras de Costa Pinto. Era também o responsável pelas prescrições de chás, receitas e ervas, denominadas no livro de *"curandeirismo"*. A função social desse líder ultrapassava os muros do templo, onde sua fé era professada. Em muitos casos, essa pessoa era convidada a organizar sessões religiosas nas residências dos seus adeptos. Sua influência lhe permitia ter relacionamentos sociais com autoridades políticas locais e membros de classes sociais superiores. Ao mesmo tempo, ajudava seus seguidores menos afortunados. Costa Pinto refere-se apenas no masculino quando analisa aquelas lideranças. Do ponto de vista profissional, esses líderes são apresentados pelo autor como quem *"vive da macumba"*, por produzir ou vender os materiais e produtos empregados no culto.

---

[81] Note-se nesse particular que Costa Pinto afirma que esse foi um dos capítulos em que ele contou, mais de perto, com o apoio de Edison Carneiro. Cabe lembrar aqui que Edison tem sua trajetória pessoal e de pesquisador estritamente ligada ao candomblé da Bahia (LANDES, 2002). Assim, aos olhos daquele ogã de uma tradicional casa de origem nagô, a umbanda ou o seu líder espiritual não poderiam ser mais que um *"curandeiro"*. Outro dado a ser ressaltado nesse sentido é a ausência da menção a Joãozinho da Goméia, no trabalho. A essa altura Joãozinho já era reconhecido pela comunidade religiosa do Rio de Janeiro, pois assinava desde 1949 uma coluna diária num importante jornal do D.F., respondendo às cartas dos consulentes. Em Landes (2002) Edison apresenta o mesmo João, à época um jovem pai, como mero representante da comunidade homossexual que fazia do candomblé uma via de ascensão social (SILVA, 2003). Agravava esse quadro o fato de aquele pai de santo ser um seguidor do candomblé de Angola, também incluso nas análises de Carneiro, como de *"menor"* hierarquia religiosa. E nesse quadro Costa Pinto refere-se à umbanda e a seus líderes como aqueles que muito frequentemente envolviam-se em ocorrências policiais por *"exercer a medicina e o curandeirismo"* (COSTA PINTO, 1952, p. 223).

As organizações mais caracteristicamente negras, tradicionais e populares na cidade do Rio de Janeiro, segundo o autor, eram as escolas de samba. Embora elas aglutinassem em torno de si uma grande massa de pessoas negras, era o carnaval que as atraía para as agremiações. O baixo investimento econômico exigido naquele período para participar do desfile atrairia, portanto, uma população pobre à procura de lazer. O fato de a maioria dos pobres ser negra levava as escolas a serem uma coletividade de negros e não uma suposta militância. Dito de outra forma, as escolas de samba possuiriam, em seu contingente, uma massa negra, muito mais por serem pobres do que por serem negros.

"Associações de Novo Tipo"

A categoria *"elite negra"* empregada por Costa Pinto refere-se a um grupo que em termos numéricos é *"uma fração insignificante embora crescente do grupo a que pertence"*[82]. São resultado de uma ascensão, fruto de iniciativas individuais para sobrepujar obstáculos. *"Cada um por si"*[83], procurando assimilar valores de grupos, racial e socialmente, tidos como superiores. Esse grupo é visto pelo autor como uma grande novidade, do ponto de vista sociológico, pois representa a estratificação social no interior do próprio grupo de negros. Nesse sentido, Costa Pinto volta a ressaltar a inexistência de homogeneidade socioeconômica e comportamental no seio da população negra. Da mesma forma que são percebidas duas classes sociais entre os negros, também em meio aos poucos que tiveram sucesso numa escalada ascendente se pode verificar uma estratificação.

Há os que se identificam com um grupo diverso do seu, havendo ao mesmo tempo aqueles que se transformaram em lideranças em prol de uma causa *"destinados a desempenhar um papel de extraordinária significação"*[84]. Estes últimos serão aqueles que vão compor o grupo que se dedica à militância nas organizações negras de *"Novo tipo"*. Diferem em sua postura e ideologia de alguns negros ilustres do passado que se sobressaíam pela excepcionalidade, numa sociedade eminentemente branca. O branqueamento e o desejo de *"confundir-se"* com o branco não os atraem. *"É o porta-voz natural das angústias e das aspirações de seu grupo étnico, enquanto grupo social"*[85]. É nesse ambiente

---

[82] COSTA PINTO, 1952, p. 236.
[83] *Ibidem*, p. 273.
[84] *Ibidem*, p. 237.
[85] *Ibidem*, p. 242.

que surgem esses novos grupos. O negro das organizações de *"Novo tipo"* também é *"novo"*, uma vez que se orgulha de ser negro, almeja galgar posições sociais e deseja atrair consigo outros negros nessa trajetória.

Desse modo, à mudança das relações entre negros e brancos, segundo Costa Pinto, pode ser atribuída a possibilidade da criação das *"associações de novo tipo"*. Estas seriam uma consequência direta da complexificação da sociedade. Nesse ponto, o autor relaciona com o momento nacional de mudanças estruturais – em termos econômicos e aquelas referentes às raças – o aparecimento de formas organizativas diversas daquelas, chamadas por ele de *tradicionais*. É ao novo negro – não mais aquele escravo e *"dependente do branco"*, e sim aquele intelectual e urbano – que se deve creditar a existência dessas associações. São provocadas por uma nova consciência. Na atualidade da pesquisa, ele detecta um grupo de negros numa ligeira ascensão social, produto da urbanização e da integração do negro na economia industrial e de classe. Todos esses fatores promoveriam no país uma massa negra menos uniforme, múltipla e mais preparada para organizar as *"associações de novo tipo"*, de acordo com Costa Pinto.

As associações de *novo tipo*, por sua vez, seriam uma das soluções encontradas pelo proletariado negro para ecoar suas insatisfações contra a sociedade discriminatória. Esse proletariado, segundo o autor, constituiria uma elite negra, que, por seu turno, diferenciar-se-ia da maioria da população, intitulada *"negro massa"*. Esse grupo toma para si a responsabilidade de dirigir os demais negros mediante a criação de uma identidade étnico-racial. Constituída do *"novo negro"* – ou uma *"elite negra"* – as associações de *"novo tipo"* vão inserir na vida social um corpo de reivindicações não testemunhadas até ali. No entanto, essa tentativa de constituição de uma identidade racial, a ser difundida entre a maioria da população, teria tido dificuldade de fortalecer-se. Esse obstáculo se explicaria pela existência, em seu meio, de uma identidade mais fortemente enraizada, que seria aquela de classe. Ou seja, o maior contingente da população negra estava mais identificado com o proletariado no geral, composto em sua esmagadora maioria por brancos. Um proletariado que reivindicaria para si a questão racial acima daquela de classe estaria em segundo plano.

O surgimento das organizações negras de *novo tipo* é datado pelo autor, que estabelece seu início a partir dos anos 30, numa alusão clara à Frente Negra (São Paulo), embora não a cite nominalmente. Rio e São Paulo são apresentados, no texto, como os locais detentores de condições

– econômicas, políticas e sociais – ideais para o estabelecimento desses novos grupos. Não passa despercebido ao autor – embora brevemente mencionado – o momento de abertura política no âmbito nacional e o final da Segunda Guerra como sendo constituintes de um caldo de cultura capaz de encorajar a luta antirracista. Seu nascimento é contextualizado com o restabelecimento da democracia no país, com o final da II Guerra Mundial e o quadro de luta contra o racismo que marcou o seu término. Assim, para o autor, não foram apenas a ascensão social e econômica ou a entrada na sociedade de classes os fatores impulsionadores do surgimento daqueles grupos. Um momento de organização da sociedade civil brasileira paralelo a uma outra de âmbito internacional teria frutificado a sua implantação.

A divisão das entidades negras em *tradicionais* e de *novo tipo* leva-o a considerar como vínculo de transformação apenas as organizações que desafiam o *status quo*. Ou seja, a atenção do autor volta-se para estudar aqueles grupos que, de forma direta e propositiva, enfrentariam a questão do racismo no país[86]. Assim, Costa Pinto dedica-se a pesquisar o TEN (Teatro Experimental do Negro) e a União Cultural dos Homens de Cor. Ao mesmo tempo, o autor observa sobre a necessidade de que fossem feitos estudos de caso a respeito de cada uma das organizações negras. Só assim, aduz o autor, poder-se-ia perceber o quanto daqueles fatores diferenciáveis teria sido assimilado por cada uma. Seu trabalho, portanto, é visualizar as organizações enquanto um grupo e dividi-las em dois tipos distintos, sem, contudo, fazer uma etnografia de cada organização, seja esta integrante do grupo denominado *tradicionais* ou de *novo tipo*.

O autor marca o ano de 1944 como aquele em que surgem as organizações negras de *"novo tipo"*, no Rio de Janeiro. O TEN (Teatro Experimental do Negro) é aludido como a primeira iniciativa daquele formato estabelecida no DF. Ao dedicar-se ao TEN, o autor atribui-lhe uma centralidade tal que acredita que este seria mais que um simples grupo, e sim um movimento, devido à sua amplitude. Teria sido o primeiro a estabelecer moldes organizativos e estruturais para organizações daquele tipo, tornando-se um paradigma fartamente copiado. Assim, o TEN é adjetivado como *"a mais legítima expressão ideológica da pequena burguesia intelectualizada e segmentada no Rio de Janeiro e, sem dúvida no país"*[87]. Embora visto como um grande momento

---

[86] Lembremos que muito das análises do autor sobre as chamadas agremiações negras tradicionais (sejam culturais ou religiosas) está largamente apoiado em estudos anteriores feitos por Edson Carneiro, segundo informações do próprio autor.

[87] .COSTA PINTO, 1952, p. 278.

organizativo, o TEN é para Costa Pinto um movimento de curta duração. Pesquisando em 1952, o teórico refere-se ao final do TEN como algo ocorrido dois anos antes. Tal final estaria diretamente ligado à irrealização do sonho de eleição de Abdias do Nascimento para a Câmara de Vereadores do DF[88]. Trataremos em outro capítulo do Teatro Experimental do Negro, incluindo-o no painel das organizações negras que floresceram naquele período. Aqui, estamos apenas procurando perceber como Costa Pinto o viu.

Na análise sobre a União dos Homens de Cor (a *Uagacê*) o autor acredita que em termos de objetivos não houvesse uma diferença substancial entre o TEN e a UHC. Embora ele tenha percebido uma rivalidade intelectual entre as lideranças de ambas as organizações, sua origem estaria na forma como cada uma delas elaborava suas ações para a obtenção de objetivos, que, em última análise, eram comuns. No Capítulo 3, em que analisarei a UHC, apresentando-a como uma rede de âmbito nacional, regressaremos aos estudos de Costa Pinto sobre o grupo.

Thales de Azevedo: a metodologia da pesquisa em *As elites de cor na Bahia*

O trabalho de Azevedo tem como um dos objetivos compreender a dinâmica da ascensão social das *pessoas de cor* e indicar quais canais foram usados para atingir essa ascensão. A metodologia foi desenvolvida por meio de entrevistas com descendentes de africanos, mestiços de africanos, portugueses e elites locais. O estudo abrange também jornais, revistas, anúncios e comentários editoriais que, segundo o autor, refletem parte dos estereótipos sobre o tema. A pesquisa buscou avaliar a visão de brancos e negros a respeito do aumento de status e de prestígio por parte dos negros baianos. Foram analisados, também, os diferentes aspectos de mobilidade vertical das pessoas inseridas nas camadas mais altas da população.

A observação participativa em lugares de grande afluência de público, como nas festas religiosas, desfiles cívicos, estádios de futebol, clubes sociais, encontros acadêmicos e festas familiares também foi privilegiada. Locais de menor monta, mas com presença de público, tais como lojas e escritórios, foram visitados por Costa Pinto e seus assistentes. O exame fotográfico foi mais uma das metodologias empregadas pela equipe. Fichas de identificação na polícia estadual civil, fichas de inscrição e livros de registro nas escolas

---

[88] A literatura sobre o TEN expande sua existência para mais de 20 anos (NASCIMENTO, 1999; HANCHARD, 1988; MENDES, 1993).

secundárias, na Universidade da Bahia, nas Irmandades religiosas, em clubes sociais e em entidades de classe, ajudaram a compor o estudo.

O objetivo das análises nas fichas era perceber, por meio das fotos, a cor dos participantes. Esse trabalho, no entanto, foi prejudicado, em algumas ocasiões, devido à ausência de fotografias. A estratégia utilizada aí foi entrevistar indivíduos que pelo nome pudessem reconhecer a pessoa em questão e se referir à sua cor. Foram entrevistadas um total de 128 pessoas, das quais 56 eram pretas e mestiças. Segundo o autor, dos temas abordadas nessas entrevistas, três eram destacados: relações raciais, preconceito de cor e ascensão social. A pesquisa foi desenvolvida entre fevereiro e outubro de 1952. Dados constantes de estudos anteriores também foram incorporados.

Thales observa a ausência de fluidez para versar sobre o tema, mesmo por parte das pessoas com maior nível de formação. Duas são as explicações possíveis encontradas pelo autor para definir esse comportamento: a primeira seria uma *"reação defensiva"*[89], a segunda, a falta de hábito de reflexão sobre aqueles tópicos. Algumas entrevistas foram marcadas com a devida antecedência, sendo o entrevistado informado sobre a realização da pesquisa. Outras, no entanto, desenvolveram-se sem esse prévio acerto. Alguns grupos de pessoas que demoraram a aquiescer diante do convite para serem entrevistados. Houve, no entanto, aqueles que deram a impressão de "ter encontrado na entrevista uma oportunidade há muito desejada para expansão de suas queixas e de outros pontos de vista"[90].

O autor lembra que a proeminência dos estudos de abordagem histórica, antropométrica ou que enfatizavam as *sobrevivências africanas*, em detrimento daqueles de cunho sociológico e/ou antropológico, contribuiu para dificultar a plena realização de sua análise. À exceção das pesquisas de Pierson, havia uma defasagem, segundo Azevedo, em relação aos estudos sobre relações raciais na Bahia que seguissem o que ele denominou de *"modernos estudos sociológicos"*[91]. Seguindo em sua crítica, Azevedo refere-se à ausência de estudos anteriores de Psicologia Social que pudessem dar suporte à sua análise[92].

---

[89] AZEVEDO, Thales. *As Elites de Cor:* Um estudo de ascensão social. **São Paulo: Nacional, 1955.** p. 27.

[90] *Ibidem*, p. 27.

[91] Uma crítica no mesmo tom é feita por Costa Pinto, em relação aos estudos desenvolvidos no Rio de Janeiro (AZEVEDO, 1955, p. 28).

[92] Como referimos anteriormente, havia uma solicitação da Unesco no sentido de que estudos dessa ordem fossem inseridos na pesquisa.

A Bahia de Thales[93]

Costa Pinto reafirma em seu livro que a Bahia era originalmente a única realidade a ser pesquisada para o Projeto Unesco. Mas, diante de suas instâncias junto a Alfred Matraux, o Rio de Janeiro passou a ser incluído nos estudos. Reportando longamente o processo desde a chegada de Arthur Ramos na Unesco, sua morte e vários outros encontros concernentes, Costa Pinto explana que no seu entendimento a Bahia e o Rio de Janeiro guardavam exemplos visíveis dos *"dois mundos"* em que se encontrava o Brasil. Na Capital Federal e em São Paulo, as mudanças sociais e econômicas que se desenvolviam eram o exemplo do Brasil em processo de modernização. Tal situação influía diretamente nas relações raciais. Na Bahia, no entanto, permaneciam as estruturas mais tradicionais em diferentes setores da sociedade, concluía o autor. Num momento em que o país procurava entrar numa modernização tecnológica e comercial (notadamente no Rio e em São Paulo), Azevedo ufaniza a Bahia por se conservar como *"uma das ilhas demográficas e culturais"*. Isso a fazia manter-se, por tradição, como uma Europa nos trópicos. O livro de Azevedo apresenta a Bahia – quando, na verdade, refere-se à cidade de Salvador – como um lugar sem conflitos raciais. Pesquisando numa sociedade urbana, assim se expressa Azevedo no *addendum* à introdução:

> Creio mesmo que seja necessário que a sociedade baiana, ou pelo menos os orientadores da educação, da política, das relações humanas em todos os setores de atividade e particularmente os antropólogos e sociólogos, que estudam a sua cultura, conheçam bem como o problema das relações inter-raciais que se processa na Bahia e no resto do Brasil para que possam colaborar para que a nossa terra possa sempre ser apontada como uma daquelas raras, em todo o mundo hodierno, em que pessoas de origens étnicas diferentes convivem de modo bastante satisfatório sem embargo da diversidade e até do contraste entre seus tipos físicos[94].

A obra fala de Salvador olhando para o Brasil. Traça, portanto, algumas interpretações de âmbito nacional. A cidade atua como um microcosmo a partir do qual se pode analisar as relações raciais no país. O texto versa a respeito de uma Bahia mestiça e quase branca, realçada em suas qualidades

---

[93] *"According to him class conflict was replacing racial conflict in Bahia"* (WINANT, 1994, p. 132).
[94] AZEVEDO, 1966, p. 32.

pela arquitetura que a transforma na *"cidade mais européia do Brasil"*. Essa caracterização da Bahia como um monumento nacional à antiga civilização europeia já teria, de acordo com Guimarães, surgido em outros trabalhos de Azevedo[95]. O autor fala de um *"cristol de raças"* e de um grande *"melting pot"*. A Bahia seria, portanto, o cerne e a semente da civilização mestiça nas Américas. Assim, reconfirma-se a visão de mestiçagem preservada, mesmo antes do início da pesquisa. É nesse ambiente de *"certeza"* sobre uma especificidade baiana inserida numa especificidade brasileira que Azevedo está produzindo seu trabalho.

A ideia de preservação e quase congelamento cultural está fortemente representada em Azevedo quando se refere à composição étnica da Bahia. Deve-se esse perfil, de acordo com suas conclusões, à ausência de um fluxo imigratório europeu – tão comum nos estados do sul e sudeste. Posteriormente, o autor volta a classificá-la como *"o mais importante caldeirão étnico euro-africano do Brasil"*. Para desenvolver a ideia de *melting pot*, ele transforma em categorias raciais as denominações referentes aos diversos gradientes de cor empregados pelo senso comum: branco, preto, mulato, moreno, pardo e caboclo. Todos, segundo o autor, têm que ser entendidos dentro de um quadro socialmente construído. Ou seja, serão mutáveis a partir da condição econômico-social de seu detentor. Assim, alguém que seja negro numa situação será clareado, concomitantemente à sua mudança socioeconômica ascendente.

Naquela atualidade, Azevedo informa que *"mais de 50 por cento dos pretos e mais de 60 por cento dos pardos, acima de 5 anos de idade"*[96] eram alfabetizados. A mutação da atribuição de cor a uma determinada pessoa se dará a depender de sua mudança de status econômico. Poderia ocorrer, também, de acordo com o classificador. Ou seja, a mesma pessoa será denominada popularmente de uma forma, e no âmbito oficial de outra.

Paralelamente, Azevedo emprega as seguintes categorias raciais e de cor: brancos, brancos sociais, pretos (acentuadamente negros), negro, crioulo, pardo, mestiço, mulato, sarará, mulatinha. Nesse ponto, o autor incorpora uma divisão de gênero à sua análise. Isto é, algumas categorias aplicam-se, segundo ele, somente às mulheres: morena cor de canela, mulatinha, morena pálida, morena cor de jambo. Termos usados com referência valorativa da mulher negra, no mercado sexual. Nesse particular atua também, de

---

[95] GUIMARÃES, 1999.
[96] AZEVEDO, 1955, p. 165.

acordo com Thales, uma divisão social, em conjunto com a racial. Ou seja, se a categoria morena é aplicada a mulheres de maior poder aquisitivo, aquelas com a mesma complexão física, embora mais empobrecidas, serão cognominadas de mulatas.

Os brancos são divididos em brancos raciais e brancos sociais. Os primeiros são os que a aparência física não deixa dúvida de sua ascendência ariana. O segundo grupo é constituído por pessoas que teriam ascendido socialmente. Os brancos sociais, então, são aqueles que conseguiram ultrapassar a barreira de cor por meio da mudança de condição econômica e, por conseguinte, lograram ascender racialmente. O dinheiro seria o grande libertador da categoria de atavismo racial, permitindo um peneiramento. Assim, os de pele mais escura, quando com dinheiro ou status social, passariam a mulatos, estes a morenos e assim por diante. Todos numa escala cada vez mais próxima do tipo ideal, que seria o branco racial. Dos 400 mil habitantes da cidade 47% seriam mestiços, dos quais o maior número era de mulatos. No grupo de raça negra também se registra uma divisão. Haveria os pretos (fenotipicamente negros) e a categoria negros seria vista como ofensiva e difamatória. Esta última podendo ser empregada apenas numa situação de intimidade familiar e de carinho.

O traço de personalidade mais ressaltado a respeito dos negros baianos é a *"bondade natural, a doçura, a resignação com que os mesmos enriqueceram a psicologia do povo"*[97]. Há um latente sentimento de inferioridade, entre os negros, sobretudo nas mulheres da Bahia, na visão de Azevedo. Esse sentimento se reduz, no entanto, quando na condição de operários os negros passam a adquirir *"consciência de seus direitos civis e políticos"*. Nesse momento, o comportamento subalterno, detectado por Azevedo, reduz-se de forma evidente. Ou seja, a organização coletiva e o fato de estarem entre iguais os conduziriam a uma autoidentificação positiva.

A democracia racial adicionada à baianidade[98]

Democracia racial[99] é um tema sobre o qual Azevedo se dedicou algumas vezes em sua obra. Além de avaliá-lo para os estudos Unesco nos

---

[97] Ibidem, p. 55.
[98] Sobre uma crítica ao paradigma da baianidade, ver *Revista Brasileira de Ciências Sociais* (PINHO, Osmundo de Araújo. Corações e Mentes do Movimento Negro Brasileiro. *Revista Estudos Afro-Asiáticos*, Rio de Janeiro, v. 24, n. 2, 2002).
[99] Toda uma discussão foi estabelecida posteriormente, em relação ao trabalho de Thales (ver BRANDÃO, na introdução de *As elites de cor*; e GUIMARÃES, 1999). Haveria uma suposição sobre o fato de o autor ser mesmo

anos 50, retorna a ele duas décadas depois, com uma publicação intitulada *Democracia racial: ideologia e realidade*[100]. Meu objetivo aqui é abordar o tratamento do autor a respeito do assunto, nos anos 50. Procurarei fazer um breve elo entre suas conclusões, mais ao final do texto. O autor apoia-se na mestiçagem para explicar a decantada harmonia racial no Brasil. Nesse caso, mestiçagem e branqueamento se mesclam, enquanto crença da realidade, para *"provar"* que no Brasil não haveria racismo. Na experiência baiana, a democracia racial recebe mais um componente – o da cultura – e se transforma em baianidade. Como forma de melhor entender a Bahia que Azevedo nos introduz, acreditamos na importância de se atentar a essa categoria que permeia diferentes pontos dos seus estudos incluídos no livro *As Elites de Cor na Bahia* (1955).

A noção de baianidade se marca por três elementos principais que se resumem na mestiçagem, no misticismo e no mercado[101]. Se o primeiro já se encontra na própria ideologização da democracia racial, também podemos observá-lo como sendo o grande ingrediente que produz a "certeza" de ausência de discriminação racial na Bahia. A baianidade seria construída a partir da agregação dos fundamentos da democracia racial – que se refere ao território nacional brasileiro – adicionados às características que só no *território baiano seriam encontráveis*. Nesse sentido, a Bahia contribuiria com o seu glamour de terra das *"sobrevivências cultuais africanas"* tão decantadas por Herskovits, Verger, Bastide e a literatura de Amado, entre outros.

Esses ingredientes se reuniriam às também sobreviventes culturas europeias, presentes nas arquiteturas de inúmeras construções coloniais, principalmente as mais de três centenas de igrejas católicas. Concomitantemente e em "paz" coabitariam as casas de candomblé, com sua "pureza" que se acredita remanescente de uma África também "pura". A baianidade de Azevedo não está isolada. Ela dialoga afirmativamente com Pierson e se apoia em Freyre.

Azevedo afirma a existência de uma democracia racial em Salvador. Ele não demonstra, no transcorrer da obra, dúvidas sobre a ausência de conflitos raciais de qualquer natureza no país. Ufaniza o Brasil diante da

---

um crítico à ideologia da democracia racial, mas teria sido compelido a enfatizá-la sob pena de destituir a Bahia – o berço brasileiro – de sua imagem mais bem construída, de ser o cerne da mestiçagem melhor realizada, daí o melhor exemplo de convivência pacífica entre as raças. Foge da esfera de minhas preocupações neste estudo aprofundar-me nesse debate. No entanto, a sua mera ocorrência é sintomática do nível de importância dada a essa discussão, no campo de uma agência internacional como a Unesco (MAIO, 1997).

[100] AZEVEDO, 1975.
[101] PINHO, 2002.

sua capacidade de convivência com a diversidade étnica encontrada aqui. O autor vê nas relações sexuais entre os antigos senhores coloniais e as mulheres negras escravizadas – e posteriormente as relações de concubinato entre os descendentes de portugueses e as descendentes de africanos – a razão para o alto grau de mestiçagem na cidade de Salvador. Essas mesmas características históricas e sociais contribuiriam para a inexistência de tensões raciais.

A tese da demografia, em que a "escassez" de mulheres brancas teria provocado nos colonizadores portugueses a busca por mulheres negras escravizadas, é reeditada por Azevedo. Outro senso comum acadêmico adotado é o que se refere ao tratamento *"brando e humano que os proprietários dispensavam a seus escravos"*[102]. Azevedo acredita na harmonia entre os grupos raciais. Ressalta, dessa forma, a diversidade e emprega-a como prova irrefutável de ausência de base racial discriminatória.

O casamento inter-racial, fruto da preferência dos mulatos pelos mais claros, seria responsável pela mestiçagem. Os homens das camadas sociais inferiores, que teriam logrado ascender, seriam os que procurariam casar-se com mulheres mais claras. As mulheres negras mais pobres também evitariam o casamento com homens negros de pele escura, chegando mesmo a preferir brancos estrangeiros. Nesse sentido, negros médios e pobres procuram se assimilar por meio da ascensão social via casamento. Embora não defenda claramente o branqueamento, Azevedo acaba por referir-se a ele no momento em que o vê como base para a constituição de uma população mestiça. Tal como em Freyre, para Azevedo a miscigenação não é transitória, é parte do ser brasileiro, embora aumente significativamente a caminho do branqueamento.

> Por efeito da mestiçagem e de outros fatores sócio -biológicos o grupo mais escuro, de fenótipo preto, vem sendo absorvido gradativamente no caldeamento étnico; os brancos aumentam em ritmo um pouco mais rápido, enquanto cresce o número de mestiços registrados nas estatísticas como pardos, para afinal virem a submergir, pela mistura, no grupo de ascendência predominantemente européia[103].

A questão da meritocracia como caminho ascensional para negros e mulatos é uma das conclusões do autor. Então, se a maioria dos não brancos

---

[102] AZEVEDO, 1955, p. 51.
[103] AZEVEDO, Thales. *Democracia Racial:* ideologia e realidade. Petrópolis: Vozes, 1975. p. 52.

está na classe baixa e a "ascensão social processa-se por livre competição" e por mérito individual, ou por circunstâncias favoráveis, os que não ascendem é por demérito individual. Azevedo coloca a discriminação racial no âmbito da escolha e decisão pessoais. Dessa forma, acaba por negar os impedimentos à ascensão – quer social, educacional ou profissional – imposta aos negros por meio de diversas barreiras constantes da sociedade. Nesse sentido, não seria a sociedade a discriminar, e sim o indivíduo. Logo, o conceito de democracia racial estaria preservado, ainda que houvesse discriminação racial. A partir dessa explicação passa a ser possível, de acordo com as análises de Azevedo, que indivíduos, pautados em seus méritos individuais ou incluídos numa "rede de solidariedade própria", possam ascender apesar de não haver uma democracia racial.

Há, na Bahia de Thales, uma fácil assimilação social e racial dos negros de pele clara. Estes seriam mais bem aceitos nas camadas de elite da população. Diversas são as vias que permitiriam essa assimilação. Entre elas estão os casamentos com pessoas mais claras e de maior status econômico. O prestígio profissional, a participação em organizações de classe ou de lazer pertencentes a grupos economicamente privilegiados seriam caminhos viáveis para aquela assimilação.

Azevedo apresenta uma tabela com perfis de membros de um clube social de elite. Diferentemente de outras apresentadas no livro, em que as categorias brancos, morenos, mulatos e pretos são demonstradas, nesta, a última categoria não foi computada. Poderíamos ver nessa exclusão um exemplo do que o autor relata, logo no início da obra, em que alguém que ascende economicamente deixa de ser preto. Os poucos negros lá encontrados seriam denominados de mulatos, num típico branqueamento social. No entanto, na tabela seguinte, intitulada *"Profissões e tipos físicos dos sócios de um clube recreativo do grupo social intermédio"*, a categoria preto reaparece. Sobre o preconceito de cor na Bahia, o grupo dos brancos seria categórico em negar sua ocorrência, chegando a ser taxado de *"imaginado"* e *"irreal"* por alguns informantes. Os que são negros, ou mulatos em acepção, ou mesmo os socialmente brancos participaram da mesma opinião. Os negros e mulatos em situação de menor ascendência econômica, ao contrário, denunciavam a existência de segregação racial na cidade.

As relações, na Bahia, seriam harmônicas, embora as origens étnicas e raciais fossem diversificadas. A ausência de conflito, segundo o autor, deve-se ao mulato, seja ele visto como tal ou enquanto um branco social.

Isto é, aquele que logrou, graças ao patriarcalismo, ascender socialmente. Então, a alta taxa de mestiçagem dever-se-ia à baixa taxa de segregação e discriminação racial. Ao exemplificar a harmonia das relações entre negros e brancos na Bahia, Azevedo refere-se a locais de congraçamento e convivência da população. *"Amigos mulatos e pretos cumprimentam-se com abraços e apertos de mão e sentam-se juntos nos teatros, igrejas, nos cafés, nos bondes, com a maior naturalidade"*[104]. Também o sistema legal, sem a ocorrência de leis segregacionistas, auxilia Azevedo na apresentação de provas irrefutáveis de igualdade racial na Bahia.

O livro termina com uma visão positiva diante dos prognósticos de ampliação da ascensão social das pessoas de cor. Situação ocasionada pelas novas condições criadas pela industrialização. Só a ausência destas é que faria mudar essa predição. Na medida em que Azevedo baseia sua análise em grande parte das conclusões de Pierson, ele é guiado por uma visão apriorística. Ou seja, os E.U.A. são vistos como uma sociedade racializada, retirando o Brasil dessa categoria. Reafirma-se, portanto, a visão de especificidade brasileira[105]. Ele então afiança que a distinção havida em Salvador seria de classe e não de raça.

O tema da democracia racial voltou a ser alvo da preocupação de Azevedo[106], quando dedicou toda uma obra a esse paradigma nacional. Alguns capítulos são de cunho histórico, em que o autor segue uma trajetória comum em alguns autores nacionais. Isto é, a avaliação sobre os afrodescendentes tem início na escravidão. Azevedo prossegue com alguns dos critérios analíticos já mencionados anteriormente. Ou seja, a escravidão branda, a religiosidade judaico-cristã estimuladora de um tratamento humanitário e a mestiçagem apaziguadora foram os pontos ressaltados. Sobre o período pós-Abolição, o negro é apresentado como *"desajustado nos novos papéis sociais"* que lhe exigiam a condição de liberto. O autor faz uso da explicação histórica como justificativa para as desigualdades raciais detectadas na sociedade da década de 70, quando o texto está sendo produzido.

Mais adiante ao se debruçar sobre a democracia racial, o autor a coloca na categoria de *"mito"*. Nesse momento Azevedo aponta uma tensão entre os inúmeros casos de discriminação racial denunciados na imprensa e a constante negação da sociedade no que concerne ao tema. Expressões

---

[104] AZEVEDO, 1955, p. 49.
[105] GUIMARÃES, 1999.
[106] AZEVEDO, 1975.

racistas empregadas contra as pessoas negras e a crença numa inferioridade atávica, dos não brancos, são percebidas pelo autor. No entanto, a "ascensão social e individual pelo mérito", reunida ao convívio "tranqüilo e descontraído" entre pessoas de origens étnicas diversificadas, levou-o a reiterar a tese de um quadro especial para as relações raciais brasileiras.

Azevedo repete nos anos 70 a mesma metodologia de pesquisa empregada 20 anos antes em *As Elites de Cor na Bahia* (1955). Em ambas as obras há uma excelente radiografia dos debates contemporâneos sobre as relações entre negros e brancos. No entanto, embora 20 anos mais tarde classifique de mito a democracia racial, Azevedo se coloca como crítico àqueles que a dizem inexistente.

Organizações negras na Bahia de Azevedo

Há, na maioria dos negros apresentados no livro *As Elites de Cor na Bahia*, uma ausência de reação, ao lado de um sentimento de agradecimento para com os brancos. Tal quadro contribuiria para a inexistência de uma animosidade entre os grupos raciais. Isso ocorre, pelo que se depreende, por não possuírem consciência dos seus direitos civis e políticos. Com a mudança desse quadro, no entanto, essa anomia tenderia a desaparecer. O autor introduz o exemplo dos operários pretos e mulatos, que, ao se organizarem enquanto classe, passaram a não assumir uma atitude de subserviência diante dos brancos. Esse comportamento geraria um possível mal-estar na sociedade. Azevedo chega a citar a queixa de alguns brancos pelo fato de não terem os lugares nos ônibus cedidos pelos negros. Talvez pudéssemos pensar que o próprio autor prevê que a postura de submissão por parte dos negros não se prolongará para além de sua maior inserção numa sociedade de classes.

Azevedo refere-se à Frente Negra do Sul (de São Paulo) como resultado da tomada de consciência do grupo proletário, situado nas zonas urbanas do país. No caso da Bahia, teria sido trazida por um frentenegrino paulista e fundada em novembro de 1932 por cerca de dez pessoas. O grupo é visto, pelo autor, como a primeira iniciativa coletiva, ocorrida no estado, visando à defesa dos direitos, baseada na identidade racial. No entanto, sua vida foi curta (cerca de um ano), motivada pela falta de apoio naquela cidade e pelo retorno, a São Paulo, do seu iniciador. Anteriores a esta, teriam existido as irmandades religiosas, organizações operárias e outras de cunho beneficente, segundo Azevedo. Incluída nesse perfil está a Sociedade Protetora dos Desvalidos de 1832.

Cinco anos mais tarde, surgia a Sociedade Henrique Dias, que pregava a união das raças e o fim da inferiorização do negro e do preconceito racial. Essa organização – cujo nome foi uma homenagem a um soldado negro da Marinha – congregou um grupo de mais de 40 homens, entre juízes, jornalistas, farmacêuticos, advogados, estudantes e pequenos funcionários. Por ocasião da pesquisa, encontrava-se quase paralisada, restringindo-se apenas às atividades numa escola primária, na periferia da cidade. Ainda assim, em 1946, houve uma tentativa de retomada, por parte de um dos seus líderes, com o lançamento da campanha do Pi Racial[107]. O insucesso da referida campanha teria levado seu criador a pretender levar para a Bahia um dos braços da UHC, já no ano de 1951.

Azevedo classifica como precários – em termos de atuação e de existência – os movimentos negros na Bahia. A sua curta duração dever-se-ia ao fato de não conseguirem congregar um número expressivo de negros e por pleitearem direitos que não lhes eram negados. Vistos assim, os negros não possuíam grupos políticos e de reivindicações, por total falta de necessidade de se organizarem em torno da raça. Seriam o resultado da ausência de uma explícita discriminação de cor. As poucas entidades existentes reuniriam as seguintes características:

> 1) procuram aproximar brancos e escuros
>
> 2) evitam toda a luta ou antagonismo para com o grupo dominante
>
> 3) têm como finalidade fundamental a integração, digamos mesmo a aculturação da gente de cor, sobretudo dos pretos, nos padrões de comportamento, nas atitudes, nas concepções da existência dos brancos, para que possam ser aceitos e classificados na sociedade baiana concebida como um todo[108].

Ao fazer essa análise sobre os movimentos sociais negros, o autor reitera a ausência de racismo. Daí o fato de as organizações negras não terem razão de existir. Afinal, se a população negra, residente na área circunscrita pela pesquisa, não era discriminada, não surpreende que as organizações específicas tenham essas três características elencadas no parágrafo anterior.

Apresentado dessa forma, o movimento negro baiano parece não demonstrar nenhum paralelo com os seus contemporâneos, no que diz

---

[107] Criada com o fim de "[...] extinguir, anular, abolir o complexo de inferioridade (dos mais escuros); desmoralizar, esclarecer e purificar um falso complexo de superioridade (dos mais claros) para que, por processo educacional justo e perfeito, não haja mais no Brasil, um negro ou branco, mas simplesmente, brasileiro" (AZEVEDO, 1975, p. 189).

[108] AZEVEDO, 1975, p. 162.

respeito às demandas políticas. Nem mesmo denota qualquer insatisfação perante as barreiras raciais existentes na Bahia. O pequeno grupo que, ainda assim, decidiu se arvorar em liderança nesse tema é composto por negros e mulatos, sem poder social ou político. Outra dificuldade era a de não poder contar com o apoio daqueles que teriam logrado ascender socialmente. Os negros colocados nas camadas superiores da sociedade expressariam, em muitas ocasiões, seu desagrado em relação àqueles inseridos numa possível luta antirracista. Haveria um sentimento de desconfiança em relação aos ativistas. A participação do grupo em ascensão seria apenas com contribuições financeiras, evitando qualquer relacionamento público com aqueles movimentos. As vozes contrárias aos movimentos, provenientes dos próprios negros – que Azevedo apresenta –, acreditam na ausência de discriminação baseada na raça e são universalistas, no que se refere à concessão dos direitos.

Azevedo dá voz aos negros que se colocam adversos à ideia da constituição de grupos específicos de negros. Não se sabe por meio da obra qual a contra-argumentação daqueles que as estimularam e participaram. Ou seja, ao mesmo tempo que a quase nulidade das organizações é patente no estudo, apresenta-se uma grande pressão contra elas. O que se percebe é toda uma manifestação contrária da opinião pública, por meio da mídia impressa. A rápida menção aos líderes dos movimentos coloca-os como queixosos por não serem compreendidos e não receberem o necessário apoio. O pouco que se ouve daquelas lideranças, no trabalho de Azevedo, deixa-nos vê-los como críticos, numa atitude reativa, que interpreta os negros ausentes da luta antirracista como aqueles que se recusam a ter uma identidade racial coletiva. Tanto os inseridos como aqueles não partícipes do movimento negro são por Azevedo apresentados como desinformados das discussões nacionais sobre o tema. Um dos exemplos é o desconhecimento sobre a instituição da lei Afonso Arinos, seis meses após sua assinatura, mesmo diante de todo o debate nacional em torno de sua aprovação. A razão desse desconhecimento, segundo Azevedo, seria a inutilidade da existência daquela lei, para a Bahia, devido à ausência de racismo, na região.

Algumas conclusões

Apresentei, neste capítulo, uma análise sobre a metodologia de pesquisa empregada por cada autor (ou autores, no caso de São Paulo) e procurei discorrer também sobre os achados das obras a respeito das cidades estudadas. Esses dois pontos – metodologia e visão sobre a cidade – influenciaram diretamente, como pudemos observar, na centralidade ou não das organizações negras no estudo presente em cada livro. Vimos então que o projeto Unesco trouxe, pela primeira vez, para o campo acadêmico, uma pesquisa sobre os movimentos sociais negros.

Dentre os trabalhos resultantes do projeto, apenas os abordados neste capítulo (*O Negro no Rio de Janeiro*, *Negros e Brancos em São Paulo* e *As Elites de Cor na Bahia*) tiveram as organizações negras como um fenômeno social a ser considerado em suas avaliações. Um novo olhar analítico foi lançado sobre a sociedade brasileira, para examinar as relações entre negros e brancos. Tal fato foi devido à abordagem sociológica (ou menos culturalista, como no caso de Azevedo) adotada pelos pesquisadores Unesco, em contraposição aos estudos seguidos até então. Assim, o negro investigado deixava de ser apenas o que produz atividades lúdico-culturais. Também, sua interação na sociedade tornava-se objeto de interesse. Passava a ser considerado como um grupo em ascensão social, e a ser estudado enquanto insatisfeito com a sociedade em mudança, por conseguinte construtor de um movimento reativo.

Fernandes e Costa Pinto são unânimes em afirmar que o surgimento daquelas organizações[109] só foi possível devido à resistência dos brancos em relação à ascensão social dos negros. Logo, teriam sido a urbanização e a industrialização, pelas quais passavam as duas cidades, responsáveis por escrever na história social do país o capítulo das *"organizações negras"*, como as denomina Fernandes, ou as *"organizações de novo tipo"*, seguindo a classificação de Costa Pinto. É desse lugar, o de uma sociologia que se defrontava com problemas antes nunca estudados, que Costa Pinto se propõe a fazer sua análise. Novos eram os impactos de um desenvolvimento capitalista sobre estruturas socioeconômicas remanescentes de um passado que se estendia no presente, futuro adentro.

O movimento social dos negros é inserido, por Costa Pinto, como partícipe de um verdadeiro processo de comoções social, política e econômica havidos no país, a partir de 1922 até 1951. Todos originaram mudanças políticas e uma nova economia que se abria para um mercado mundial. Fatores que produziram um novo proletariado, a partir dos grupos de imigrantes e dos ex-escravizados. O surgimento das organizações negras é atribuído por Fernandes e Costa Pinto ao novo momento das estruturas

---

[109] Tais quais a Frente Negra Brasileira e a Associação dos Negros Brasileiros, além dos jornais: *O Menelick*, *O Clarim da Alvorada*, *O Centro Cívico Palmares* nas décadas de 20 e 30 em São Paulo; da mesma forma que o Teatro Experimental do Negro e a União dos Homens de Cor no Rio de Janeiro de 50, que foram analisadas pelos dois autores.

sociais e raciais sendo desenvolvidas no Brasil, no momento da pesquisa. Nesse sentido, a incitativa de insurgência dos afro-brasileiros só teria lugar – se nos pautarmos nas conclusões desses autores – num diálogo com a sociedade discriminadora. Ou seja, seria apenas a dificuldade de inclusão social o motor daqueles movimentos.

Em outras palavras, aqueles autores não consideraram, como sinais paradigmáticos, algumas das ações desempenhadas pelas lideranças, tais como: as críticas aos aspectos políticos e sociais do estado brasileiro; a atenção dispensada aos movimentos de insurgência, que ocorria em diversos pontos da diáspora africana; a participação daqueles líderes nos quadros partidários; o engajamento em campanhas nacionais, como pela anistia e pela educação. Todas essas, e algumas outras, eram atividades nas quais muitos daqueles líderes estavam inseridos. Eram, portanto, projetos que ultrapassavam a mera expectativa por mudança de *status* econômico e social, do próprio grupo. No entanto, pouco se pode testemunhar sobre essas lides, por meio das obras aqui analisadas.

Para Costa Pinto, a ascensão do negro leva-o a sofrer mais discriminação e então a se arvorar em líder de uma massa para conduzi-la a abrir caminho para si. A ascensão é que o faz dar-se conta de sua cor. Por mais paradoxal que possa parecer, é essa mesma razão – já agora temperada pelo compadrio e o apadrinhamento – que traria o ensejo para a falta de uma organização do mesmo estilo em Salvador. Nas conclusões de Azevedo, é exatamente escondido atrás dessa mudança na escala social que a pessoa negra se afasta o mais possível de quaisquer possibilidades de ser referida à sua origem racial. Atitude essa explicada, por Azevedo, como resultante do temor de que uma identidade racializada fizesse aquela pessoa regressar a um estado de descensão social.

Em síntese, para Azevedo, os que negavam a ocorrência de preconceito estavam na área da idealização de uma realidade. Era um sonho ver a Bahia livre daquela chaga. Por outro lado, os que afirmavam que ele existia exageravam nas suas análises e eram *"personalidades inadaptadas"*[110]. Azevedo conclui a obra admitindo a existência de preconceitos e discriminações na Bahia. Contudo, embora tenha encontrado grupos significativos de brancos postulando uma inferioridade biológica dos negros quando comparados aos brancos, Azevedo conclui que essas manifestações eram de menor teor. Na maioria das vezes as distinções de classe sobrepujariam a de raça, na visão

---

[110] AZEVEDO, 1955, p. 155.

do autor. O que daria ampla margem de negociação entre os grupos raciais permitindo uma competição em *"igualdade de condições"*[111] entre brancos e negros. Assim sendo, à luz das análises de Azevedo, as organizações negras deixam de ser centrais, uma vez que, não havendo tensões raciais, sua operacionalidade deixa de existir[112].

Mesmo sem ater-se muito a esse tema, também Fernandes refere-se ao apadrinhamento do branco em relação ao negro, ao dizer da *"relação assimétrica"* em que os brancos ver-se-iam na obrigação de proteger os negros. Alguns chegando mesmo a aconselhar aos *"seus negros"* que se afastassem daqueles que se organizavam, classificando-os de comunistas e/ou arruaceiros. Porém, segundo o autor, essa atitude é resultante de um suposto pedido de orientação por parte dos negros. Ou seja, ela só se materializaria quando os brancos fossem procurados – por alguns negros receosos – em busca de alguma opinião a respeito do novo momento organizativo por que passava a cidade. Diferentemente do que nos relata Azevedo, na sociedade paulista – onde se encontra o grupo pesquisado por Fernandes – os negros *"começaram a insurgir contra semelhante manifestação de 'piedade' dos brancos"*[113]. Ao passo que em Azevedo os negros aceitam essa mão amiga, valendo-se dela como alavanca para galgarem mais uns degraus na pirâmide social.

Tanto Florestan quanto Costa Pinto apontam a existência de um contingente populacional negro em São Paulo e no D.F., oriundos de um processo de migração interna. No Rio, vindo das zonas rurais limítrofes; em São Paulo, das zonas rurais do próprio estado. O argumento de Fernandes é no sentido de associar a discriminação contra negros à permanência de uma estrutura herdada do período escravocrata, pautada numa relação senhor-escravo. Logo, de acordo com essa visão, superados esses resquícios – com o aumento do nível de desenvolvimento, fomentado pela industrialização – as tensões raciais tenderiam a desaparecer. Tal desenho propiciaria a superação da desigualdade racial.

Costa Pinto fala da ligeira duração da vida das associações de homens de cor e as classifica como efêmeras. Isso seria devido ao fato de o movimento dos negros ser um movimento social feito por e para uma elite que

---

[111] Ibidem, p. 165.
[112] A UHC, dois anos antes da pesquisa de Azevedo, destacava a sua diretoria na Bahia, com o seguinte quadro: Presidente: Petronildo Mattos; Subsecretário Geral: Leovigildo Francisco de Almeida; Tesoureiro: D. Leonor de Freitas; Inspetor Geral: Nereu da Silva Pinto; Chefe do Departamento de Saúde e Educação: Dr. Antonio Rodrigues de Almeida; Diretores Conselheiros: Tenente Aldo Paiva, Rivadávia de Almeida e Ricardo Alves de Lima e Silva.
[113] BASTIDE; FERNANDES, 1971, p. 194.

não lograria sensibilizar uma massa para que se somasse à sua causa. Embora essas massas dessem mostras de adesão às associações, tão rápida quanto o seu ingresso era a sua desistência. Uma das explicações apresentadas, pelo autor, como impedimento para que um maior contingente da população negra se aliasse às lideranças é que as condições objetivas que as cercam repousariam num *"estado de desamparo material, de desestímulo moral, de inércia mental, de embrutecimento intelectual, de falta de terreno para uma vida associativa de nível menos puramente vegetativo"*[114].

Vê-se então que as análises do autor levam-no a concluir a respeito de uma inaptidão da maioria da população negra, no que concerne à sua participação numa luta socialmente construída. O que se explica, para Costa Pinto, pelo fato de que seria necessário que essa população estivesse num nível ascensional tal – do ponto de vista intelectual e econômico – que propiciasse um solo fértil e pronto para receber as mensagens de insatisfação e denúncia proferidas por uma elite de líderes. Assim, principalmente a ausência desse segundo fator teria feito com que as associações também tivessem vida curta, desde o período escravocrata. O autor divide as organizações em dois grandes guarda-chuvas (*Tradicionais e de Novo Tipo*), mas afirma que dentro destes e entre eles *"há de tudo"*[115]. Ou seja, a diversidade encontrada, por Costa Pinto, no seio da população negra da cidade também foi detectada no formato, ações privilegiadas, discursos e objetivos dos grupos por ele analisados.

Esse marco comportamental adviria das recém-instituídas vias de ascensão social constituídas pelo momento econômico por que passava o Brasil de então. Assim visto, o negro teria que se incluir num projeto individual, tal a distância que o separaria da maioria da população negra, já identificada como *"ignara"* pelo autor. Essa seria, para as conclusões de Costa Pinto, a resposta para que apenas um pequeno grupo conseguisse se transformar em liderança daquele movimento.

Notemos que no Brasil dos anos 40 é determinante o crescimento da organização do operariado[116]. Dentro dessa conjuntura, ainda baseado nas conclusões de Costa Pinto, os novos líderes negros tinham contra si a crítica de estarem reivindicando melhorias individuais. Deve-se tal atitude ao fato de que a luta a ser priorizada, naquele momento, deveria ser em

---

[114] COSTA PINTO, 1952, p. 234.
[115] *Ibidem*, p. 215.
[116] PARANHOS, Adalbeto. *O roubo da fala*. Origens da ideologia do trabalhismo o Brasil. São Paulo: Boitempo Editorial, 1999.

torno das questões no mundo do trabalho e não de raça. Para Costa Pinto, a raça estaria diretamente ligada aos conflitos por ela derivados e como tal não seria estática. Assim, na sociedade de classes, a raça se manifestaria de acordo com as disparidades ali existentes[117]. Ou seja, é a classe que toma a liderança nos processos de desigualdades raciais. *"As relações raciais ficariam subsumidas à luta de classes"*, como lembra Maio, referindo-se aos trabalhos de Costa Pinto[118].

Costa Pinto coloca no sistema capitalista a fonte emanante de fricções de origem racial. Por essa razão, também em sua obra a atenção se afasta das demais organizações negras pulsantes no Rio de Janeiro do período. Algumas delas serão alvo de nosso olhar no capítulo subsequente. Como a luta de classes é o seu foco maior, Costa Pinto passa a dedicar-se às contendas entre os grupos e seus líderes. O autor chega a observá-las como meras competições de fundo social. Ou seja, seriam negros *"esclarecidos"* em disputa com negros *"massa"*. As dinâmicas ideológicas que perpassavam por meio de cada discordância bem como os muitos momentos de realizações coletivas são invisibilizados na obra. A preferência por uma metodologia que opta por trilhar esse caminho o afasta daqueles grupos de menor *glamour* na imprensa. Organizações que nem por isso deixam de contribuir para uma luta mais ampliada, como discutirei mais adiante.

Costa Pinto refere-se ao *novo negro*. Este grupo estaria em oposição a um anterior, que veria o branqueamento e a ultrapassagem da linha de cor, ou seja, a negação de uma identidade racial negra – como estratégia de afirmação pessoal e estabelecimento social. Ao contrário, esse *novo negro* – o negro intelectual – afasta-se do ideal do branqueamento e procura enegrecer-se, estabelecendo para si uma identidade que o leva a procurar uma coletividade de iguais. Nesse sentido, por razões opostas, os dois tipos de negros deixam de partilhar com uma coletividade maior. O primeiro por acreditar que conviver com os demais negros o faz descer na escala social, e o segundo por falta de interlocução, já que sua ascensão intelectual torna difícil um diálogo mais próximo com a população negra em geral.

Estudando o comportamento dos partícipes daquele movimento, Fernandes fala de uma atividade em que as lideranças não possuíam um discurso ideológico comum e coerente. Logo, poderíamos concluir – respaldados na análise do autor – que não teriam sido esses líderes responsáveis

---

[117] COSTA PINTO, 1998.
[118] *Ibidem*.

por construir o movimento. Os problemas sociais vividos pelos negros teriam levado ao surgimento de uma liderança. As frustrações sentidas pelos negros perante as barreiras no mercado de trabalho ou na relação excludente e violenta proveniente dos brancos – notadamente os imigrantes e entre estes os italianos – teriam sido os grandes motivadores do nascimento daquelas reivindicações. Não seria a ascensão social do negro e sim a alta taxa de desemprego que teria favorecido uma situação de emergência de um movimento reivindicatório.

No caso da pesquisa de Fernandes, as duas entidades analisadas já não existiam, quando da realização da pesquisa. O que dá ensejo ao autor afirmar sobre a curta duração e a precária continuidade das organizações negras, como um todo. Assim, Fernandes acreditava que se ambas não houvessem sido encerradas, poderiam ter-se transformado num ponto fulcral de insurgência. Por conseguinte, teriam sido motores de uma substancial mudança na realidade dos negros, em São Paulo. Ou seja, os movimentos negros não teriam conseguido proporcionar uma verdadeira transformação na sociedade. Em outras palavras, teriam falhado em seu objetivo primeiro, devido a sua instabilidade e brevidade. Não fica claro na obra o que seria o oposto. Ou seja, como se poderia caracterizar um grupo como de longa ou curta duração. Ou, ainda, o que se poderia considerar um grupo com êxito pleno em sua realização. Escapou ao autor, portanto, uma concentração um pouco mais contextualizada sobre as duas organizações, que o permitisse deter-se diante dos fatores que teriam abreviado (se assim o foi) suas existências.

O autor está certo de que a sociedade em mudança e a nova ordem econômica nacional atuam sobre os negros enquanto seres sociais. Não obstante, no que se refere à sua organização política, percebe-se – a partir das conclusões de Fernandes – um certo congelamento. Prova disso é que as anuências e as estratégias face à organização político reivindicativa registrada no início da década de 30 permaneciam intocadas, ao final da década seguinte. A pequena duração dos movimentos sociais negros, aliada à falta de acesso a *"meios culturais"*[119] seriam as principais causas apontadas por Fernandes para a ausência de unidade de ações e falas no interior do movimento. Nesse sentido, a efetiva atuação das organizações, na mudança de condição da população negra, teria se dado com eficiência limitada.

---

[119] BASTIDE; FERNANDES, 1971, p. 211.

Lembremos que Fernandes estudou a Frente Negra Brasileira que surgiu no início dos anos 30 e teve seu fechamento decretado em virtude da política de Getúlio Vargas. Embora registrando esse fato, o autor tira-o de foco ao estudar o final do grupo e atribui a uma incapacidade organizativa dos afro-brasileiros o seu término. O autor continuou sua avaliação para a Associação do Negro Brasileiro de 1945, sem, contudo, deter-se nas dinâmicas que propiciaram o surgimento e o fim de cada grupo. Talvez, se assim o fizesse, Fernandes tivesse observado que, embora com duração menor que uma década, cada grupo teve sua formação conduzida por boa parte dos mesmos líderes.

Um olhar centralizado sobre suas formulações e demandas nos permite perceber que os tempos eram outros. Ou seja, permaneciam os líderes, mas suas participações no movimento assumiam novos contornos e formulações. Foge do escopo deste trabalho uma análise sobre a Frente Negra Brasileira, mas no próximo capítulo procurarei demonstrar a grande diversidade de ações desempenhadas por alguns daqueles grupos paulistas e suas ressignificações.

Embora chegando a conclusões diferentes entre si, uma linha aproxima os três trabalhos aqui estudados. Ou seja, os autores acreditam numa efemeridade e numa pequena representatividade política e social dos grupos e organizações negras. Para Azevedo isso se dá por conta da democracia racial e da ausência de preconceito baseado na raça. Ou seja, não haveria uma motivação consistente na sociedade de forma a suportar a sua longevidade. Outro fator preponderante seria a incapacidade organizativa dos negros, refletida numa liderança inconsistente, a ponto de não conseguirem impelir as entidades as serem mais sólidas e duradouras.

As organizações negras estudadas são vistas como consequência natural das relações raciais no país. Ao mesmo tempo, uma vez constituídas, passam a ter o papel de interferir nessas mesmas relações que as haviam formado. Em outras palavras, essas associações seriam, elas mesmas, influenciadas e influenciadoras das relações entre brancos e negros no Brasil. Pouco se surpreende naqueles trabalhos a respeito de um diálogo entre aqueles grupos e as forças políticas e sociais do período. Embora referindo-se e fazendo uso dos jornais da imprensa negra e dialogando com ativistas da época, a análise voltou-se para a dinâmica interna do movimento, deixando de atentar, mais de perto, para as suas articulações mais exógenas.

Comparando as conclusões de Florestan Fernandes, Roger Bastide, Costa Pinto e Thales de Azevedo com um quadro mais ampliado dos diferentes modelos de fazeres organizativos – que apontarei no capítulo próximo – podemos pensar que aqueles estudiosos observaram mais detidamente os grupos articulados nas cidades de abrangência de suas pesquisas. Tal metodologia, no entanto, não lhes deixou margem para perceber articulações outras que ultrapassavam os limites geográficos dos locais estudados. Privou-os também de pensar na possibilidade de uma movimentação com modelos, contatos e ações de abrangência nacional. As influências e os efeitos das conferências nacionais do movimento social negro – às quais me refiro no próximo capítulo – também não foram por eles percebidas.

Em consequência, toda uma ambiência – como discutirei nos dois capítulos subsequentes – deixaram de ser objeto de análise daqueles autores. Em alguns casos, quando o foram o estudo se deu de forma comparativa, com outras realidades, o que resultou quase sempre em prejuízo para os dois lados. É o caso da comparação de Costa Pinto sobre o Teatro Experimental do Negro e a UHC. Por haver ignorado a abrangência nacional da segunda organização (UHC), Costa Pinto acabou analisando-a apenas em contraponto com o TEN (RJ). Voltarei a esse tema no Capítulo 4.

Quando me debrucei sobre os jornais negros da época, comecei a ter algumas dúvidas sobre aquelas conclusões, no que se refere à abrangência das ações e à efemeridade daqueles grupos, apontadas pelos autores. Havia muito mais do que conseguiu ser visualizado pelas três obras aqui analisadas. No Rio e em São Paulo, grupos outros que não aqueles inseridos nas pesquisas de Fernandes, Bastide e Costa Pinto atuavam interferindo em diversas facetas da sociedade. Procurarei, por essa razão, apresentar alguns exemplos de realizações de grupos diversos, que por sua mera trajetória nos dão oportunidade de questionar algumas das elaborações daqueles autores.

A UHC, como vimos, não obteve lugar de destaque nos trabalhos aqui revisitados. À exceção de Costa Pinto, que se refere a ela de forma ligeira, nenhum dos outros autores lhe atribui qualquer menção. Por outro lado – como apontarei no Capítulo 3 – a presença da rede estava consolidada em todas as três cidades. Poderíamos, então, pensar na existência de um ruído entre o que era dito e demonstrado pelos ativistas e o que era ouvido e interpretado pelos acadêmicos. Os próximos capítulos permitirão observar mais atentamente algumas das atividades realizadas pelo movimento social negro no período que antecedeu e naquele imediatamente posterior à realização do Projeto Unesco. Poderemos ver o quanto as atividades desenvolvidas por diferentes organizações foram ou não inseridas nas análises dos acadêmicos do projeto.

CAPÍTULO 2

MOVIMENTO SOCIAL NEGRO APÓS O ESTADO NOVO: UM SOBREVOO POR ALGUMAS CIDADES

O capítulo anterior permitiu fazer um recorte das três obras constantes nos estudos Unesco, nas quais foram feitas análises (com profundidade diversificada) das ações, motivos, desempenhos e perfis de diferentes grupos do movimento social negro. Foram pesquisadas as cidades do Rio de Janeiro, São Paulo e Salvador, respectivamente na ótica de Costa Pinto, Roger Bastide e Florestan Fernandes, e, por último, Thales de Azevedo. Nos foi possível perceber a adoção de diferentes metodologias de pesquisa. Os quatro autores marcaram pela primazia – nas ciências sociais brasileiras – em perceber os afro-brasileiros como agentes atuantes e construtores de um movimento social.

Os autores, no Rio de Janeiro e São Paulo, fizeram observações no interior de algumas organizações revelando-lhes as dinâmicas internas e suas interações (nem sempre amenas) com a sociedade no geral e com a maioria da população afro-brasileira. Thales de Azevedo seguiu um caminho distinto: o de afirmar a quase inexistência de movimento social negro na Bahia. Ainda assim, ao se referir a algumas organizações que já não mais existiam, Azevedo nos instiga a pensar na ocorrência daquele movimento, mesmo que sua pujança não fosse semelhante às organizações do Rio de Janeiro e São Paulo.

Numa tentativa de capturar o clima organizativo das lideranças negras naquela ocasião – dentro do que chamo de sobrevoo – apresentarei, neste capítulo, alguns acontecimentos emblemáticos da referida agitação social. Meu intento é procurar observar uma possível linha de concordância entre a forma como foram analisados os movimentos sociais negros, pelos autores com os quais dialoguei no capítulo anterior, e a autorrepresentação feita pelos participantes daquele movimento. Atentarei para o período anterior e imediatamente posterior à realização do Projeto Unesco.

Em benefício de uma explanação mais didaticamente distribuída, optei por dividir a descrição em três tópicos principais: primeiramente aloco alguns dos eventos de âmbito nacional que contribuíram para a disseminação das discussões sobre relações raciais entre os membros da comunidade negra organizada, no período posterior a 1945. Analisarei, portanto, três grandes conferências nacionais preparadas no eixo Rio-São Paulo. Aquelas reuniões podem ter contribuído para aproximar os discursos e críticas das lideranças negras, constituídas em localidades esparsas, deste país continental.

O segundo ponto em que me fundamentei para ambientar nosso sobrevoo foi uma abordagem sobre algumas organizações negras engajadas em discursos e estratégias múltiplas. Acredito que diferentes tenham sido os contextos que provocaram sua emergência nas cidades onde tivemos sucesso em localizá-las. Sua mera criação num período tão próximo de tempo já nos auxilia a pensar na existência de um estímulo geral que, perpassando pelo mundo das ideias e da ação ativista, fomentasse seu surgimento. Nesse sentido nos aproximaremos da história social de algumas organizações das cidades do Rio de Janeiro, Duque de Caxias, Belo Horizonte, São Paulo, Curitiba, Blumenau e Porto Alegre, constituídas entre 1945 e 1963. As três últimas (Curitiba, Blumenau e Porto Alegre) serão abordadas no capítulo próximo, quando focalizarei a análise sobre a União dos Homens de Cor (UHC). A razão da escolha de umas em detrimento de outras está alicerçada no nível de mobilização daquele grupo, em sua região e no período histórico coberto por esta pesquisa.

O próximo tópico deste capítulo debruça-se sobre os jornais e os transforma em fontes privilegiadas para este livro. São eles janelas através das quais procuro penetrar naquele mundo – da mobilização dos(as) ativistas negras(os) entre 45 e 63 – ainda pouco visitado pelos estudiosos. Muito do ideário e das percepções dos negros organizados, daquele momento, pode ser assistido nos periódicos denominados de imprensa negra. Esses jornais abrigam, portanto, as tensões – e seu oposto – do movimento com o mundo e dentro dele mesmo.

Tais divisões, como já dito, foram empregadas como metodologia para melhor referir-me a cada um desses aspectos. A sucessão dos eventos, contudo, não se dá de forma fracionada e muitas das atividades aqui relacionadas aconteceram simultaneamente no tempo histórico e no espaço geográfico. Assim sendo, espero neste tópico poder – mesmo que de maneira não exaustiva – apresentar algumas das dinâmicas permeantes do movimento social, dos negros. É também parte de minha intenção demonstrar diferentes facetas de sua composição por meio da referência a diversos eventos, inúmeros grupos de negros e jornais vários. Todos reunidos dão pistas da expressividade organizativa do período. Referenciais iniciativas, para o restabelecimento e a estruturação da luta antirracista do movimento social, afloraram no interior daquela movimentação.

É a respeito desses eventos e sua representação para o cenário da constituição do movimento social dos negros que tratarei a seguir. Observo essa metodologia com o objetivo de apresentar uma visão contextualizada a partir da qual se possa pensar o ambiente que propiciou a criação da UHC e sua rápida expansão entre 1943 e 1948, como expressarei num capítulo próximo. Em outras palavras, a UHC só conseguiu aglutinar em torno de si um número tão expressivo de pessoas porque foi constituída num tempo em que a temática das relações entre negros e brancos, as lutas contra o racismo e a organização social em torno dos direitos por cidadania estavam na ordem do dia.

A reorganização dos movimentos sociais

O término da ditadura varguista em outubro de 1945 oportunizou diversas manifestações de democracia, com uma grande ebulição das forças políticas e sociais. Tais movimentações eram esperadas após décadas de retesamento forçado pelos anos duros do Estado Novo. Os estudantes que por meio da UNE haviam se mobilizado desde 1943[120] continuavam articulados, agora pelo retorno dos exilados. A luta pela anistia se fazia presente mesmo nos documentos do comitê Afro-Brasileiro[121]. No âmbito do trabalhismo ressurgiam as greves do operariado, até então contidas pelo governo ditatorial que se autoproclamava "o pai dos trabalhadores do Brasil"[122]. Passado o período de exceção e supressão dos aparelhos democráticos, era o momento da escrita de uma nova carta Magna[123]. Referindo-se aos anos entre 1945 e 1964, Gohn[124] lembra que ficaram conhecidos como fase populista ou fase nacional desenvolvimentista. Os partidos políticos, por

---

[120] FAUSTO, Boris. *História Concisa do Brasil*. São Paulo: EDUSP / Imprensa Oficial do Estado, 2001.

[121] Fundado no Rio de Janeiro em janeiro de 1945, por Abdias do Nascimento, Sebastião Rodrigues Alves e Aguinaldo Camargo (NASCIMENTO, Elisa Larkin. *O Sortilégio da Cor*: identidade raça e gênero no Brasil. São Paulo: Summus, 2003).

[122] PARANHOS, 1999, p. 61.

[123] SKIDMORE, Thomas E. *Brasil*: De Getúlio a Castelo – 1930-1964. 10. ed. São Paulo: Paz e Terra, 1982.

[124] GOHN, Glória. *História dos Movimentos e lutas sociais*. A construção da cidadania dos brasileiros. São Paulo: Edições Loyola, 1995.

seu grande número, acirravam as disputas partidárias. A proliferação dos sindicatos, além das diferentes formas de movimentos sociais, trazia para a agenda reivindicativa uma série de temas[125].

Tínhamos, a partir do final da década de 40, o Brasil do nacionalismo, da escalada ascendente para a modernidade e com uma economia industrial em expansão. O cenário nacional – marcado por uma urbanização e uma industrialização crescentes[126] [127] – era construído como o lugar da paz racial possível. Diante das diversas manifestações de liberdade democrática, por parte da sociedade civil, as organizações negras, bem como o tema das relações raciais, voltaram à cena política. Meses antes do fim do Estado Novo (maio de 1944) a OAB da Bahia realizou a "Semana do Homem de Côr"[128]. Na palestra de encerramento o orador apressava-se em explicar o "equívoco" do nome dado ao evento, uma vez *"ser o preconceito de cor inexistente na vida brasileira"*[129]. Argumentos dessa ordem eram comuns em diferentes setores da sociedade. Ainda assim – em diversos espaços da vida do país – multiplicavam-se eventos semelhantes, só que sob a rubrica de organizações do movimento negro. Longe de assinalarem para a ausência de racismo, aquelas atividades ratificavam a existência deste, no discurso e na prática de diferentes setores da população.

Os primeiros encontros nacionais do movimento negro brasileiro

OS NEGROS E A DEMOCRACIA.
Com a instalação da assembléia nacional constituinte, inicia-se a enorme tarefa para recompor o país nos quadros do seu clima político [...]. A democracia política de um país, só se faz e se torna forte, quando

---

[125] Gohn (1995) enumera alguns dos seguintes movimentos nesse período: Movimento Político Partidário (1945); Movimento Queremismo (1945); Campanha Popular Contra a Fome (1946); Movimento da Legalização dos Partidos Clandestinos (1946); Movimento Pró-Constituinte (1946); Movimento Por Reformas de Base na Educação (1947-1961); Passeatas da Panela Vazia (1951-1953); Movimento o Petróleo é Nosso (1954); Movimento Contra a Carestia de Vida (1953); Movimentos Nacionalistas pela Cultura (1954-1964); Movimentos Jovens Católicos (JUC, JOC, JAC... 1954-1964); Movimento de Associação de Moradores (1945-1964); Greve Geral dos Trabalhadores (1953); Quebra-Quebra de Bondes (1956); Movimento de Educação de Base (MEB – 1961); Movimentos Estudantis (1957-1964); Greve Geral Contra Carestia (1959); Movimento Pela Casa Própria (1960-1961); Movimentos Sociais no Campo pela Reforma Agrária (1958-1964); Dia Nacional de Protesto Contra A Carestia (1963), entre vários outros.

[126] A esse respeito nos fala Santos: "O espetáculo era insólito: Viam-se negros operários (e sobretudo após o estancamento da imigração; negros biscateiros; negros pequenos empresários (quase sempre comerciários, funcionários públicos (militares, sobretudo, mas também administrativos); negros radialistas, jogadores de futebol, cabos eleitorais e assim por diante" (SANTOS, Joel Rufino dos. O Movimento Negro e a Crise Brasileira. *Revista de Política e Administração*, Rio de Janeiro, v. 2, n. 2, p. 287-307, jul./set. 1985. p. 288).

[127] ANDREWS, 1991.

[128] *Revista Fórum*, v. XIX, ano IX, fasc. 21, jan./dez. 1944.

[129] *Ibidem*, p. 47.

> *o povo organizado encarna de maneira consciente os seus deveres de cooperação [...]. E nós negros do Brasil, se temos uma causa para advogar não devemos apenas reclamar e ficar na expectativa; não, a nossa ação de fortalecimento, está na organização e na evolução do nosso espírito de associação. Seguindo esse princípio de orientação podemos alcançar em suas normas condicionais, os fins objetivos que tanto almejamos*[130].

Reações como essas eram comuns na imprensa da época, feita pelos negros. Davam conta não apenas da mobilização das organizações negras, como também da entrada de um número expressivo de afro-brasileiros nas discussões dos temas nacionais, como sugerido a seguir:

> O ano de 1945 foi muito fértil na realização de congressos e convenções de partidos políticos. Mas, também, houve reuniões, congressos e convenções da raça negra. Os líderes negros de São Paulo movimentaram-se, fazendo reviver a luta que os nossos antepassados iniciaram com a campanha da Abolição[131].

Baseadas na esteira da democratização por que passava o país, aqueles novos grupos tinham como objetivo principal cuidar da *"redefinição e implantação definitiva das reivindicações da comunidade negra"*[132]. Havia um sentimento de euforia e realização coletiva expandido pelo território brasileiro. Essa mobilização se fez constante até pelo menos o final dos anos 50, acompanhando a agitação nacional dos artistas, trabalhadores, sindicatos e estudantes, só para citar alguns.

> É cedo, muito cedo mesmo para se tentar uma apreciação sociológica ou histórica do importante acontecimento que assinala o surto, ou melhor o ressurgimento de livre associação do negro brasileiro, sufocado durante vários anos pela orientação política que jugulava a opinião pública do país. [...] Em São Paulo, como no resto do Brasil, o negro se movimentou com o objetivo de retornar ao trabalho pela conquista definitiva daquelas fundamentais, de cidadãos, através de verdadeiros planos de atividades que permitam a realização dos velhos anseios acalentados pela grande família. Está-se portanto no início de uma campanha formidável à qual se deve dar o caráter de uma revolução construtiva, no sentido social e político[133].

---

[130] *Jornal Alvorada*, p. 1, jan. 1946.
[131] LOBATO, Luiz. *Senzala*: Revista mensal para o negro, São Paulo, p. 14, 1946.
[132] GONZALES, Lélia. *Lugar de Negro*. Rio de Janeiro: Marco Zero, 1982. p. 24.
[133] *Jornal Alvorada*, p. 1, jan. 1946.

Essa longa citação e as anteriores nos auxiliam a entender que o ambiente cultural propiciado pela nova democracia aliado à insatisfação dos afro-brasileiros[134] oportunizaram a ocorrência de eventos que davam visibilidade a uma luta gestada desde séculos anteriores. Para Fernandes, nesse momento, há algo mais fecundo que um retorno da lide organizativa dos anos 30. Ou seja: *"O dilema do negro confundia-se com o dilema da democracia no país"*[135]. Em outras palavras, aquele momento de afluxo organizativo, tornado possível devido à redemocratização, é que impulsionaria a participação das organizações negras. Além de denunciarem o racismo e reivindicarem direitos, esses grupos o faziam em consonância com o momento político da nação brasileira, como vemos neste exemplo: *"Lamentamos sinceramente ao vermos que desde há muito reiniciada a campanha de democratização do povo brasileiro, até agora não se pode precisar nenhum plano elaborado em bases sólidas para a defesa de nossa gente"*[136].

Aquele grupo de negros organizados lutava também pelo *"alevantamento moral da gente negra"*, que pode ser traduzido como medidas que objetivavam a ascensão social e a destruição do mito de inferioridade racial. Este último, fruto das teorias racistas do século anterior e que continuavam a permear o imaginário nacional. Tal contexto, então, permitiu que algumas das organizações negras, que haviam se mantido ativas, durante o Estado Novo, se reorganizassem e outras fossem criadas. Muitas passaram a integrar a cena política, em vários estados do território nacional.

> Não é a primeira tentativa, e certamente não será a última, a que no momento se verifica em todos os quadrantes do país – mas, especificamente em São Paulo – em torno da unificação dos anseios do negro brasileiro. Unificação nos pontos essenciais, de seu programa de valorização, auto valorização, na sociedade brasileira[137].

Analisando aquele cenário, Fernandes[138] aponta uma mudança de estratégia entre a forma organizativa dos anos 30 e aquela que se consolidara a partir de 45. Segundo o autor, o tom conciliatório de antes[139] se fazia

---

[134] HUNTLEY; GUIMARÃES, 2000; FERNANDES, 1965.
[135] FERNANDES, Florestan. *A integração do negro na sociedade de classe*. São Paulo: EDUSP, 1965. p. 101.
[136] Jornal O Novo Horizonte, São Paulo, mar. 1948 apud FERNANDES, 1965, p. 101.
[137] Jornal Alvorada, n. 6, p. 2, 1946 apud FERRARA, 1986, p. 144.
[138] FERNANDES, 1962.
[139] Sobre esse tema, Larkin Nascimento discorda. Para a autora, não teria havido um tom ameno por parte do movimento negro no período anterior a 1945. Segundo sua análise, houve o emprego de uma estratégia reativa às constantes demonstrações de crença numa suposta inferioridade racial dos negros, por parte da sociedade (NASCIMENTO, 2003).

substituir por um engajamento desafiador em alguns momentos, tais como o seguinte, extraído do Manifesto à Nação Brasileira, documento final da Convenção Nacional do Negro de 1945 em São Paulo[140].

> Temos consciência de nossa valia no tempo e no espaço. O que nos faltou até hoje foi a coragem de nos utilizarmos dessa força por nós mesmos, e segundo a nossa orientação. Para tanto é mister, antes de mais nada, nos compenetrarmos, cada vez mais, de que devemos estar unidos a todo preço, de que devemos ter o desassombro de ser, antes de tudo, negros, e como tais únicos responsáveis por nossos destinos, sem consentir que os mesmos sejam tutelados ou patrocinados por quem quer que seja[141].

Um dos grandes marcos daquela efervescência e o primeiro grande encontro nacional do Movimento Negro Brasileiro foi a Convenção Nacional do Negro, dividida em duas partes. A primeira teve lugar em São Paulo, em 1945 (10 a 12 de novembro). No ano seguinte, foi realizada a segunda, no Rio de Janeiro. A *Revista Senzala* noticiava que teriam estado presentes – na Convenção de São Paulo – participantes oriundos do RJ, ES, MG, SP e RS[142]. Arnaldo de Oliveira Camargo, um dos palestrantes da convenção, escreveu dois meses depois uma coluna naquela revista que pretendia ser uma síntese dos debates ocorridos no encontro.

Camargo alude à formação mestiça do povo brasileiro, mencionando as três raças formadoras. Reitera que tal formação aliada à democracia que norteia o país seriam incompatíveis com as "restrições que elementos reacionários e com mentalidade nazi-fascista querem impingir ao nosso povo"[143]. O autor – igualmente a muitos articulistas negros da época – atribuía à educação e ao aspecto econômico "*o problema do negro brasileiro*"[144] causado pela escravidão. Outra razão seria a ausência de solidariedade daqueles negros, que teriam alçado galgar maior ascensão social, para com os que não conseguiram. A partir daí, o autor propunha uma maior adesão por parte dos afro-brasileiros, e prossegue:

> Os negros precisam se unir para reivindicar de fato os direitos que desde há muito já nos são outorgados por lei. Pois é

---

[140] NASCIMENTO, Abdias do. *O Negro Revoltado*. 2. ed. Rio de Janeiro: Nova Fronteira, 1982. p. 113.

[141] *Ibidem*, p. 112.

[142] A Convenção de São Paulo teve como diretores os seguintes líderes: Abdias do Nascimento (presidente); José Pompílio da Hora (vice-presidente); Ironildes Rodrigues (secretário geral) e Aguinaldo de Oliveira Camargo (secretário de Relações Políticas) (ANDREWS, 1991).

[143] *Revista Senzala*, p. 11, 1946.

[144] *Idem*.

sabido que até hoje os negos são barrados na Escola Militar, na Escola Naval, na Aeronáutica ... E o problema não é só de ordem cultural e econômica. É também de caráter social, pois se é vedado na sociedade o acesso de grande parte do elemento negro. Nós temos que enfrentar essa sociedade reacionária e anti-cristã, apresentando-lhe a lamentável falha democrática[145].

Importa-nos observar que na visão de Camargo a inclusão social dos negros, por si só, não surtiria o efeito desejado de aquisição de direitos. O empecilho estaria, segundo o periodista, na base estrutural da sociedade. Ao conclamar para a união, o articulista refere-se às três instituições militares constitutivas da defesa do país, nas quais os negros seriam vedados de ingressar. Dessa forma, Camargo se vale da representação que essas instituições possuem, na formatação do estado-nação brasileiro, para dizer que no país havia racismo. Sua existência se daria não apenas entre os indivíduos, mas encontrava-se incrustada na estrutura constitutiva da nação brasileira, já que residia no interior das forças de defesa nacional. Referindo-se à discriminação racial como uma *"falha democrática"*, Camargo criava argumentos para chacoalhar as sólidas teorias de uma democracia racial brasileira e contribuía para a argumentação contrária às teses de um Brasil de tradições antirracistas, tão em voga naquele período. Sua crítica, no entanto, não é menos densa quando volta o olhar para os membros do próprio grupo.

[...] Quem poderá negar, tendo boa fé e conhecimento de causa, que dentre as nossas questões básicas de progresso está a da coesão? O negro que possui mais instrução normalmente se afasta dos demais. Isso é um erro. Dirão os negros, que conseguiram situar-se melhor na vida, que a aproximação com seus irmãos de baixo só lhes poderá trazer prejuízos. Não penso assim. Com união os negros constituíram uma opinião pública que não permitirá a prática dos atos discriminatórios que diariamente se registram no país, e também seriam auto suficientes para se educarem e melhorar seu nível sócio econômico[146].

A Convenção Nacional do Negro[147], a respeito da qual Camargo tece largas considerações, tinha dois objetivos principais: o primeiro era que a

---

[145] Agnaldo de Oliveira Camargo na *Revista Senzala*, São Paulo, ano I, n. 1, p. 11, jan. 1946.
[146] *O Quilombo*, p. 36, 2003.
[147] A Convenção, tendo Abdias do Nascimento, foi recebida pelo marechal Dutra que acabara de sair do Ministério da Guerra, como chefe.

discriminação racial e o preconceito passassem a ser crimes previstos em lei. O segundo, que se criasse um sistema nacional de bolsas de estudos para estudantes negros nas universidades e no ensino secundário. Ambas as demandas visavam a constituinte do ano seguinte[148]. A Convenção de São Paulo, num dos parágrafos de seu documento final, intitulado: "Manifesto à Nação Brasileira", continha a seguinte declaração:

Enquanto não for tornado gratuito o ensino em todos os graus, sejam admitidos estudantes negros, como pensionistas do Estado, em todos os estabelecimentos particulares e oficiais de ensino secundário e superior do país, inclusive nos estabelecimentos militares[149].

A educação formal adquirida nos bancos escolares tem sido meta almejada pelos negros organizados[150], mesmo antes da Abolição formal da escravatura. A educação passou a ser usada como bastião, não apenas como instrumento de inclusão social, mas também como condição para ser alçado à categoria de cidadão nacional[151]. A demanda presente no manifesto da Convenção Nacional do Negro envolvia pensão do estado, que hoje poderia ser traduzida como bolsa de estudos. Referia-se não apenas às escolas públicas, como também tornava clara a necessidade de abranger os estabelecimentos privados. Se procurarmos analisar a conjuntura em que esse manifesto foi produzido, teremos em mente que não havia escolas públicas em número suficiente para abrigar a população negra em idade escolar. Daí ter havido a inclusão das escolas privadas na reivindicação. Outra inovação apresentada é que o manifesto sublinha a necessidade de ajuda financeira também aos alunos do ensino secundário, além do superior.

Em sua versão no Rio de Janeiro, a Convenção – sob os auspícios do TEN – organizou palestras preparatórias e de divulgação do encontro. Realizadas em abril e maio de 1946, as iniciativas contaram com a participação de dois estudiosos baianos. A primeira com Thales de Azevedo e a segunda com Isaías Alves, que havia sido secretário de Educação naquele estado. Uma terceira palestra, acompanhando a data comemorativa da Abolição

---

[148] ANDREWS, 1991, p. 159.
[149] NASCIMENTO, 1982, p. 112.
[150] Como demonstra o extrato a seguir, publicado por um grupo na capital gaúcha: "O que o negro precisa é Educação"; "Uma vez que ajudamos a pagar os custos da educação pública é melhor que lutemos por ela" (*Jornal O Exemplo*, Porto Alegre, jul. 1892).
[151] A Frente Negra do anos 30 em São Paulo tinha espalhadas em diversos locais da cidade e do estado turmas de alfabetização para adultos e crianças (CUTI, Leite; CORREIA, José. ... *E disse o Velho Militante*. São Paulo: Secretaria Municipal de Cultura, 1992).

da escravatura (13 de maio), contou com a presença de Gilberto Freyre[152]. Ambas as convenções (a de São Paulo e a do Rio de Janeiro) tinham por objetivo preparar uma plataforma de ação para a constituinte que se avizinhava, lançando um manifesto à nação, em que se lia entre outras demandas:

> Não precisamos mais consultar ninguém para concluirmos da legitimidade dos nossos direitos, da realidade angustiosa de nossa situação e do acumpliciamento de várias forças interessadas em nos menosprezar e condicionar, mesmo até o nosso desaparecimento[153].

O manifesto[154] notabilizou-se como um documento em que pela primeira vez no país se reivindicava que o preconceito de cor e a discriminação racial[155] fossem considerados crime, e como tal passíveis de punição legal. Ambas encaminharam à constituinte, por meio do então senador Hamilton Nogueira, uma proposta de *"Que na constituição se declare [...] seja considerado crime de lesa pátria o preconceito de cor, considerando-se em lei a penalidade para aquele crime, quer praticado por indivíduos, quer por instituições de ordem pública ou particular"*[156]. Embora não aceita no momento, aquela discussão foi capital para a criação da lei – posteriormente denominada – Afonso Arinos, contra o preconceito racial. No entanto, só na década de 80 o racismo passou a ser considerado como crime no país.

O segundo acontecimento de escopo nacional, marcante para a atividade política e cultural da organização do movimento negro, foi a Conferência Nacional do Negro Brasileiro. Realizado também sob a batuta do TEN (Teatro Experimental do Negro), esse conclave teve lugar entre 9 e 14 de maio de 1949, no Rio de Janeiro[157]. A comissão organizadora era composta por Guerreiro Ramos, Edison Carneiro e o próprio Abdias do Nascimento[158]. Um dos seus objetivos era discutir e organizar a programação e os temas a serem abordados no I Congresso do Negro Brasileiro, que ocorreu no ano seguinte.

---

[152] MULLER, 1988.
[153] Manifesto da Convenção do Negro Brasileiro. *A Gazeta*, 13 nov. 1945 apud LARKIN, 2003, p. 221.
[154] Esse documento contou com as assinaturas de expressivas lideranças do movimento negro, entre eles Abdias do Nascimento, Ruth Pinto de Souza, Jose Pompílio da Hora, Sebastião Rodrigues Alves, Luiz Lobato e Sofia Campos Teixeira, entre vários outros (NASCIMENTO, 1982).
[155] *Cadernos Brasileiros*, 1968.
[156] NASCIMENTO, 1982, p. 112.
[157] MULLER, 1988.
[158] NASCIMENTO, Elisa Larkin. *O Sortilégio da Cor*: identidade raça e gênero no Brasil. São Paulo: Summus, 2003. p. 6.

> Por iniciativa do Teatro Experimental do Negro, terá lugar de 9 a 14 de maio próximo, nesta capital, a Conferência Nacional do Negro, uma realização puramente cultural e científica... Será feito levantamento das aspirações do negro através de investigações que estão sendo procedidas no Distrito Federal e nos estados entre a população de cor. Vários líderes e associações de negros do país tem se dirigido à comissão organizadora auxiliando o registro dessas aspirações em suas respectivas cidades e estados. A Conferência Nacional do Negro, por si mesma não tem caráter reivindicador, muito menos evoca a si uma ação normativa. Trata-se unicamente de uma pesquisa sociológico-cultural. Por seu cunho exclusivamente científico a conferência vem recebendo o apoio de intelectuais e gente do povo de todas as cores interessados diretamente ou estudiosos da questão negra[159].

É interessante ressaltar a reiterada preocupação da reportagem em deixar claro que não se tratava de um evento com perfil ativista. Na visão do articulista, a importância do evento estava nos *"estudos"* que seriam desempenhados. No discurso de instalação da Conferência Nacional do Negro Brasileiro, Abdias do Nascimento aproveita para explicar qual a relação entre o TEN, um grupo de teatro – logo, afeito ao mundo da cultura e à representação nos palcos – e a Conferência Nacional do Negro. Abdias define que as aspirações e atividades do TEN estão posicionadas para além da seara do desempenho teatral. A missão principal do TEN é definida por seu fundador como uma *"organização social da gente de cor, tendo em vista a elevação de seu nível cultural e seus valores individuais"*[160]. Em síntese, caberia ao TEN ser o veículo de mobilização de uma massa negra, ainda não preparada para assumir papéis na sociedade, mas que o conseguiria, com a ajuda daquela organização.

Assim, cinco anos após a criação do grupo, Abdias do Nascimento, numa reunião pública – e tendo na plateia e como colaboradores importantes membros da *intelligencia* da época –, atualiza o debate e insere a si mesmo e a seu grupo num movimento já presente no cenário nacional. O teatro se transformara em palco para a discussão dos problemas da nacionalidade. Voltaremos a esse tema relativo ao teatro brasileiro, como lugar de realização de uma crítica social, posteriormente.

Entre os discursos emblemáticos da conferência, podemos destacar aquele pronunciado por Paul Vanorden Shaw – representante da ONU no

---

[159] *Diário de Notícias*, p. 2, intitulado como "Conferência Nacional do Negro", 20 mar. 49, ano XIX, n. 8098.
[160] NASCIMENTO, 2003, p. 11.

Brasil – na sessão de abertura. O dignatário inicia agradecendo as homenagens prestadas às Nações Unidas pela assembleia ali representada. Logo a seguir, ele cita a Declaração Universal dos Direitos do Homem ressaltado o parágrafo em que se lê que *"todo ser humano tem direitos, sem distinção de raça e de cor, credo ou condição social"*[161]. Seguindo nos agradecimentos, Shaw lembra a importância dada à humanidade pelos povos de cor, com suas contribuições em todos os tempos e lugares.

Vale destacar que as palavras de um representante da ONU num encontro em que os direitos da população negra brasileira eram a linha condutora emprestavam à conferência uma significação e uma visibilidade que ultrapassavam as linhas divisórias do estado-nação brasileiro. Por conseguinte, contribuía para empanar o brilho das declarações de autoridades e teóricos sobre um Brasil supostamente sem racismo. Devemos, nesse sentido, mencionar que a lei Afonso Arinos só no ano seguinte foi promulgada. Assim sendo, a Declaração Universal dos Direitos dos Humanos era a cartilha a partir da qual os ativistas pautavam suas demandas e reivindicações por direitos. Tal uso daquele documento da ONU pode ser constatado em diferentes jornais. Fossem aqueles feitos pelos negros ou os grandes jornais diários.

Dentre os nomes reproduzidos pelo jornal *Quilombo* e que estiveram presentes em todas as sessões da Conferência Nacional do Negro Brasileiro, poderíamos destacar: o representante de um jornal estadunidense, *The Pittsbugh Courrier*, o jornalista Georg S. Schuyle; o embaixador do Chile, Alba A. Prukusfeld; Solano Trindade (TPB); Joviano Severino de Melo (União dos Homens de Cor); Guiomar Matos (assistente social); Haroldo Costa (Grupo dos Novos); José Pompilio da Hora (União Cultural dos Homens de Cor); um correspondente do jornal *Monitor* de Boston; Heitor Nunes Fraga (Floresta Aurora, RS); Sebastião de Souza (Turma Auri-Verde e Grêmio Cruz e Souza, Juiz de Fora, MG) e muitas outras participações da comunidade negra e da sociedade em geral[162]. Assim, a Conferência Nacional do Negro foi um encontro intermédio entre a Convenção Nacional do Negro (do Rio e de São Paulo) e o I Congresso do Negro Brasileiro. Organizada para que o temário do I Congresso do Negro Brasileiro fosse construído coletivamente, ultrapassou esse objetivo e permitiu, uma vez mais, o congraçamento político das diversas forças nacionais atuantes no interior do movimento social negro.

---

[161] *Ibidem*, p. 41.
[162] *O Quilombo*, 2003.

Outro grande momento – o terceiro deles – de debates e discussão foi o I Congresso do Negro Brasileiro, realizado de 29 de agosto a 4 de setembro de 1950, no Rio de Janeiro. A realização do I Congresso é coincidente com as comemorações dos cem anos de término do tráfico negreiro para o Brasil[163]. A imprensa da época foi bastante generosa na divulgação do evento, sempre ressaltando a participação de figuras iminentes da sociedade brasileira.

> 1.º Congresso do Negro Brasileiro – Realizou-se ontem, na sala "Belisário de Souza" na ABI, a solenidade de instalação do I Congresso do Negro Brasileiro, para estudar problemas constantes do temário aprovado na Conferência Nacional do Negro, realizada em 1949. Fizeram parte da mesa que presidiu os trabalhos, parlamentares, representantes da ONU, do Arcebispo do Rio de Janeiro e o Sr. Roger Bastide, da França[164].

Uma das principais características do congresso foi ter se transformado numa sinergia entre os ativistas e os pesquisadores acadêmicos, como podemos observar por meio de um de seus objetivos: *"a consulta a todos os estudiosos do problema do negro brasileiro sobre a necessidade e possibilidade de estudos nesse campo"*[165].

Fica, de certo modo, evidenciada essa tendência para os estudos acadêmicos, quando observamos que esse mesmo encontro tinha entre seus colaboradores nomes como Roger Bastide e Artur Ramos. Além desses, Segadas Viana, Abigail Moura[166] e Paul Shaw, um dos representantes das Nações Unidas no Brasil[167]. Já no seu primeiro documento o congresso conferiu sua face acadêmica ao concitar os *"escritores, historiadores, antropológicos, folcloristas musicistas e intelectuais em geral"*[168]. Quando o povo "em geral" foi convidado a participar, o encontro passou a ser *"representativo das aspirações e tendências gerais da população de cor"*[169].

Duas vertentes principais, ambas produtoras e resultantes de tensões, podem ser observadas nos documentos que anunciam o I Congresso do Negro Brasileiro. A primeira repousa no fato de que desde os textos preparatórios o encontro foi construído como uma contradição a dois congressos ante-

---

[163] NASCIMENTO, 1982.
[164] *Diário Trabalhista*, ano V, n. 1284, p. 3, 29 ago. 1950.
[165] MÜLLER, 1988, p. 182.
[166] Criador e maestro da Orquestra Afro-Brasileira, a respeito da qual falarei neste capítulo, no tópico dedicado às organizações negras no Rio de Janeiro.
[167] NASCIMENTO, 2003.
[168] NASCIMENTO, 1982.
[169] *Ibidem*, p. 114.

riores realizados no Nordeste. Refiro-me ao I Congresso Afro-Brasileiro de Recife[170] e ao II Congresso Afro-Brasileiro de Salvador[171]. Os realizadores do Rio de Janeiro afiançavam que o negro havia sido tratado como objeto de pesquisa socioantropológica, tanto em Recife como em Salvador.

> Os brasileiros de cor tomam a iniciativa de reabrir os estudos, as pesquisas e as discussões levantadas por vários intelectuais principalmente pelos promotores do I e II Congressos Afro-Brasileiros do Recife e da Bahia, respectivamente. Já agora não apenas com a preocupação estritamente científica, porém aliando à face acadêmica do conclave o senso dinâmico e normativo que conduz a resultados práticos[172].

O I Congresso do Negro brasileiro seria, então, resultante da fala e ação protagonizadas pelos próprios agentes, vistos anteriormente como meros objetos de análise, segundo as argumentações apresentadas pelos promotores de 1950. Observemos que os organizadores no Nordeste afiançavam que o grande diferencial era exatamente o fato de ambos os encontros terem dado voz e visibilidade às representações culturais dos estados onde se realizaram[173].

A segunda vertente produtora de tensão é a disposição de assuntos que compunham o rol de discussões do encontro. O temário do I Congresso do Negro Brasileiro – aprovado na sessão de encerramento da Conferência Nacional do Negro Brasileiro (1949) – foi dividido em seis temas principais: história, vida social, sobrevivências religiosas, sobrevivências folclóricas, línguas e estética. Difere do meu objetivo efetuar uma análise detalhada de cada um dos tópicos (cerca de sete em cada item) que compõem os diferentes temas. No entanto, acredito ser cabível uma breve digressão sobre o tema História (do negro) desenvolvido em oito subtópicos. Da forma como foi colocado pelo plenário que o aprovou, haveria uma abrangência histórica que cobriria desde o tráfico de escravos (incluindo distribuição nas regiões brasileiras e o quantitativo aqui chegado) até sua participação na Força Expedicionária Brasileira.

Na escolha por esse recorte histórico pode-se observar uma preocupação acentuada com diferentes insurgências havidas naquele longo

---

[170] Realizado em Recife em 1934, sob a coordenação de Gilberto Freyre.
[171] Realizado em Salvador, em 1937, sob a coordenação de Edison Carneiro (A respeito desses congressos ver DANTAS, 1988).
[172] NASCIMENTO, 1982, p. 122.
[173] DANTAS, 1988.

período. Assim, a Balaiada, os Malês, Palmares e a participação dos negros em relevantes momentos da constituição do país (Guerra do Paraguai, Inconfidência Mineira e os *"movimentos populares de 1822 a 1849"*) são ressaltados naquele programa. Poderíamos inferir, a partir daí, a existência de um embrião de releitura historiográfica, tão presente nos movimentos negros brasileiros da década de 70. Essa escolha, dos tópicos norteadores da discussão, demonstrava novamente o caráter acadêmico permeando a organização do encontro que se reafirma no seu segundo objetivo:

> O registro ou levantamento das aspirações do negro brasileiro, o que será obtido por meio de investigações procedidas no Distrito Federal e nos Estados entre a população de cor, bem como pelo pronunciamento dos líderes das associações dos homens de cor do país[174].

Avançando um pouco mais na observação sobre o programa do encontro, podemos verificar que dentre os seis tópicos já citados aqui os temas das *"sobrevivências religiosas"* e *"sobrevivências folclóricas"* são notadamente reiterados. O paradigma das *"sobrevivências africanas"* tem sido caro aos estudos sobre o negro no Brasil, principalmente aqueles referentes às religiões e à cultura. Nesses, os nomes de Roger Bastide e Arthur Ramos são basilares, embora não se possa afirmar o exato nível de colaboração efetivamente emprestado ao congresso por esses cientistas. Vale a pena que observemos, no entanto, que os temas propostos para discussão seguiram uma vertente de pesquisas muito próxima àquela desenvolvida pelos dois estudiosos.

Para efeito de nosso exercício em contextualizar possíveis influências de Bastide e Ramos nos assuntos constantes dos debates do I Congresso, poderíamos pensar que essa estreita aproximação entre ativistas e acadêmicos produzia análises que trafegavam de um a outro lado. Ou seja, os ativistas cooperavam com os construtores do pensamento acadêmico, ajudando-os a perceber as diversas faces de manifestação do racismo no país. Assim, contribuíam para a destituição do ideário de uma democracia racial. Ao mesmo tempo, inseriam em seu discurso, na sua práxis e nas suas reflexões teorias forjadas nos compêndios científicos.

Esse seria, a meu juízo, a segunda tensão incluída na construção do I Congresso do Negro Brasileiro. Ou seja, embora a crítica contundente sobre os congressos anteriores, ainda assim uma visão culturalista sobre as

---
[174] MÜLLER, 1988, p. 182.

manifestações afro-brasileiras predominava. Tal escolha se dava em detrimento de uma temática político-ideológica, mais ao feitio do discurso já elaborado, pelo TEN e por algumas outras lideranças negras, como vimos na primeira parte deste capítulo.

Conclusão de eventos

As afirmações de Moura e Fernandes[175], quando mencionam uma viva participação dos movimentos negros no momento de redemocratização do país, podem ser corroboradas quando nos detemos a recortar os diversos encontros de escopo nacional. Esses encontros nos permitem, então, perceber que num período de cinco anos desde a Convenção do Negro Brasileiro – em sua primeira edição em novembro de 45, em São Paulo – até o I Congresso do Negro Brasileiro, em agosto/setembro de 1950, no Rio de Janeiro, diferentes avanços haviam sido conseguidos na pauta de reivindicações dos negros organizados no país. A conferência trazia o tema da discriminação racial e o racismo a serem consignados como crime previsto em lei, o que acabou contribuindo para que a lei Afonso Arinos fosse promulgada, logo depois. Por outro lado, o I Congresso do Negro Brasileiro procurava interferir não apenas no quadro legal brasileiro, mas também nas análises teóricas que até ali se faziam, ainda com evidente ênfase culturalista.

Dos diversos eventos ocorridos em São Paulo, além da Convenção Nacional do Negro poderíamos destacar, também, aquele que a cidade de Campinas sediou em dezembro de 1945: o Congresso Cultural e Artístico dos Negros Campineiros. Aquele encontro foi promovido por dois grupos, os Ferroviários e a União Cultural Artística e Social do Negro[176]. Sob a coordenação de Constâncio Vitorino Filho, tinha como objetivo "debater os problemas ligados à situação do negro e traçar normas de ação em prol da elevação cultural econômica, social e política do elemento afro-brasileiro"[177]. A independência em relação aos partidos políticos, a unificação das organizações dos negros, visando ao desaparecimento de todos os preconceitos contra a comunidade negra e a necessidade de ascensão cultural e econômica foram algumas das conclusões às quais chegaram os participantes daquele conclave.

---

[175] MOURA, 1989; FERNANDES, 1965.

[176] Campinas (SP) tinha uma longa tradição organizativa em torno das questões dos direitos dos negros. Haja vista ter sido de lá um dos primeiros jornais negros publicados em São Paulo, em 1904. O próprio Abdias do Nascimento teria iniciado sua longa trajetória de ativismo no Centro Cívico Campineiro em 1932 (*Cadernos Brasileiros*). Também naquela cidade foi realizado o Congresso Campineiro em 1938 (NASCIMENTO, 2003, p. 226).

[177] *Revista Senzala*, p. 30.

Devo destacar, no entanto, que não é meu objetivo tecer uma análise exaustiva sobre cada um dos encontros havidos naquele período. Os jornais da época nos fazem perceber que foram inúmeros. Embora acreditemos que pesquisas setoriais, nesse campo, devessem ser estimuladas, meu interesse neste estudo volta-se para as grandes conferências nacionais. Opto por essa alternativa por ver que muitas das expectativas e muitos debates correntes no movimento social negro – em diferentes regiões do país – estavam espelhados ali. O evento de que lideranças de diversas localidades neles se reuniam empresta-lhes uma referente importância político-social. Foram, portanto, acontecimentos fundamentais na construção de pensamentos e ideias estruturantes daquele movimento, tornando-o mais popular e manifesto para os negros no geral e para a opinião pública nacional.

Organizações Negras

A poesia e o teatro têm sido usados por diferentes povos nos seus momentos de organização e revolução. Transformaram-se numa forma da qual a cultura se vale não apenas para dar visibilidade a um determinado grupo, como também para estabelecer princípios e construir novas ideias e ideais. Nesse sentido, podemos recorrer a Audre Lorde quando afirma: *"Poetry is not a Luxury"*[178]. Ou seja, o dizer poético e o teatral podem ser apropriados como instrumentos de conscientização ideológica e construção de identidades. Lembrávamos, no início deste capítulo, sobre a grande mobilização das forças populares, nos anos que se seguiram ao final do Estado Novo. É também neste período – com maior ênfase entre os anos de 1945 a 1955 – que ocorre de forma acentuada, no cenário brasileiro, um grande crescimento do teatro. Imprimia-se, nesta arte, uma marca mais notadamente voltada para a cultura nacional.

Décio de Almeida Prado[179] situa o período a partir de 1940 como de renovação do teatro brasileiro e da ruptura com uma marcante influência europeia (lusitana e francesa). Inicia-se o declínio das peças centradas num único e famoso diretor, dono de sua própria companhia. O ator ídolo, para quem as plateias acorriam independente do texto[180], já não ocupava o centro das atenções. Rompia-se com a tradição das *"comédias ligeiras ou de costu-*

---

[178] LORDE, Audre. *Sister Outsider*. Califórnia: The Crossing Press Feminist Series; Freedom, 1984. p. 36.
[179] PRADO, 1993.
[180] Procópio Ferreira foi, por anos, um desses exemplos. Os comediantes surgem em 1943 e com eles a qualidade de encenação de cada ator supera o nome deste. Mesmo quando se tratava de um profissional de fama renovada.

mes"[181]. Substituía-se o teatro de atores e atrizes referenciais, que marcara o gênero nos três primeiras décadas do século XX[182]. Dava-se oportunidade ao surgimento de novos atores e à inclusão de temáticas mais nacionais.

Sábato Magaldi[183] atribui a Ziembinski, um polonês, a introdução de um teatro modernizado no Brasil, a partir de 1943. Com ele chega ao país algo ainda não presente na teatrologia brasileira: o diretor, capaz de reunir sob uma única batuta a música, a luz, os atores, o cenário e os modos de encenar. Era *"o coordenador do espetáculo"*, no dizer de Magaldi. Desfazia-se também a tradição universalista e admitia-se a *"salvação pelo popular"*, na acepção de Prado[184]. Surgem as personagens populares brasileiras como o trabalhador da fábrica, o brasileiro vítima das intempéries econômicas e o realismo de Nelson Rodrigues, só para citar alguns.

A novidade faz mudar substancialmente a preferência do público, habituado que estava aos textos fáceis e de humor rápido encontrado nas chanchadas, tão populares. Agora são os brasileiros representando a si e às suas "mais genuínas" personagens. Constroem-se cenários variados e com conteúdo artístico em si mesmos. A iluminação passa a ocupar papel de destaque nas montagens. A sala de visitas deixa de ser o pano de fundo para as novas cenografias. Magaldi aponta os anos pós-guerra como aqueles em que jovens atores e diretores trazem para o teatro uma nova estética vanguardista e discursiva da realidade nacional. *"A nova geração recusa o teatro como entretenimento e proclama o seu elevado alcance nacional"*[185].

Nesse conjunto de rupturas, Nelson Rodrigues com seu *Vestido de Noiva*[186] se constitui no ponto zero do novo momento[187]. A era das grandes produções patrocinadas inicia-se, a partir de 1948, com a entrada de dois industriais italianos, radicados no Brasil (Franco Zampari e Francisco Matarazzo). Inicia-se a construção de uma sede permanente para o Teatro Brasileiro de Comedia (TBC) em outubro de 1948. Acelera-se, dessa forma,

---

[181] CAMPEDELLI, 1995, p. 20.

[182] OLIVEIRA, 1999.

[183] MAGALDI, 1997.

[184] Consolidavam-se as críticas sociais presentes nos textos de Guarnieri, Nelson Rodrigues, Dias Gomes, Jorge Amado, Augusto Boal, Ariano Suassuna, Oduvaldo Vianna Filho e vários outros (PRADO, Décio de Almeida. A evolução da literatura dramática, p. 29-41. *In*: COUTINHO, Afrânio (org.). *A literatura no Brasil*. Rio de Janeiro: Sul Americana, 1993).

[185] MAGALDI, Sábato. *Panorama do teatro brasileiro*. 3. ed. São Paulo: Global, 1997. p. 15.

[186] Primeira montagem em 28/12/1943.

[187] Teatro de Arena com encenação de *Eles não usam black tie*, de Guarnieri. Este é para Magaldi (1997) o grande momento de expressão do movimento nacionalista do teatro brasileiro.

o processo de profissionalização de um teatro arte. Luz, cena, música e texto se reuniriam para dar vida às personagens[188].

A popularização da arte de representar – em número de peças e em multiplicidade de temas abordados – traduziu-se, de certa forma, numa ampliação do mercado de trabalho para atores negros. A sua presença nesse contexto, no entanto, referia-se à inclusão em maior visibilidade apenas dos chamados tipos brasileiros provenientes das camadas populares, ou ligados à religiosidade africana. Esta, por sua vez, exotizada por meio da representação da umbanda[189]. Os afro-brasileiros recebiam os papéis de menor prestígio social e menos relevância, dentro do texto. Conviviam com esses estereótipos – também herdados do período escravocrata – outros tantos em que os negros, quando retratados, eram os facínoras ou tipos à margem da sociedade e da lei.

Compunham-se, dessa maneira, os *"elementos característicos de uma sociedade ainda presa à lembrança do passado, quase que na mesma categoria de móveis, utensílios e objetos, cuja presença ou ausência pouca diferença faria no desenvolvimento das peças"*[190]. Persistia, portanto, a imagem de subserviência dos negros brasileiros, perpetuada pela literatura. As pessoas negras inseridas na sociedade e cidadãos nacionais não eram incluídos como personagens daquela dramaturgia que retratava o cotidiano. A visão universalista em que era colocada a personagem negra levava a que os autores a caracterizassem em posições já tradicionalmente construídas na sociedade.

Mais adiante – período 55/63 – o momento nacionalista influenciou ainda mais o teatro, colocando personagens negras em diversos textos, como os de Dias Gomes e Antonio Calado. Ainda assim, os sentimentos e aspirações das personagens negras os igualavam às demais, sem que a cor da pele ou o preconceito de cor fossem trazidos à dramaturgia cênica. Era um teatro com pessoas de todas as cores, como a sociedade brasileira. A participação dos negros estava sempre associada a partir de um olhar informado por uma forte versão neofreyreana. No entanto, essa visão igualitária e universalizante não chegava a garantir aos atores negros papéis de destaque nas diferentes montagens[191], como afirmava Nelson Rodrigues:

---

[188] Outra importante marca da década de 40, no âmbito teatral, foi a criação no Recife, em 1941, do Teatro dos Amadores de Pernambuco. Essa iniciativa veio a tornar-se um dos responsáveis pela solidificação do teatro regional no país (OLIVEIRA, 1999). Desse grupo vem Ariano Suassuna com o *Auto da Compadecida*.

[189] MENDES, Miriam Garcia. *O Negro e o Teatro Brasileiro*. São Paulo: Hucitec, 1993.

[190] *Ibidem*, p. 156.

[191] *Ibidem*.

> Raras companhias gostam de ter negro em cena; e quando uma peça exige o elemento de cor, adota-se a seguinte solução: brocha-se um branco. "Branco pintado" – eis o negro no teatro nacional [...]. A não ser no Teatro Experimental do Negro, os artistas de cor, ou fazem moleques gaiatos, ou carregam bandeja ou, por último ficam de fora [...]. Em primeiro lugar, subestima-se a capacidade emocional do negro, o seu ímpeto dramático, a sua força lírica e tudo o que ele possa ter de sentimento trágico... Mas tais preconceitos nada representam diante do preconceito maior e mais irredutível, que é de cor.

De acordo com o estudo realizado por Miriam Garcia Mendes[192], em diferentes textos teatrais, a dramaturgia voltada para os negros divide-se em três momentos diferentes. O primeiro data do pós-Abolição e se estende por mais três décadas. Para Mendes, essa é a época em que a personagem negra é quase que erradicada dos textos. Era uma forma de dirimir a vergonha nacional, pelo longo período de escravatura. Nas poucas vezes em que o negro estava presente no texto era como uma personagem que não demonstrasse o cativeiro como lugar de sofrimento. Assim, as idílicas figuras da Mãe Preta e do Pai João tornaram-se as mais requisitadas. O segundo período, de que nos fala a autora, é diretamente relacionado com o momento da busca da identidade racial do negro, tendo o TEN como lugar privilegiado.

> Porque não fazer "peças negras" da mais alta categoria? Por que não usar, sem restrições, o talento interpretativo do negro, do mulato? Mas é preciso que eles não tenham apenas função decorativa, mas uma ativa, dinâmica, absorvente participação dramática. Transformar o negro em "herói"; integrá-lo no drama: admitir que ele seja trágico [...][193].

O terceiro período seria aquele em que, fomentado pela cultura do desenvolvimentismo (entre 1955 e 1963), o teatro insere a personagem negra na sociedade de classes. Inserção essa que – Mendes não deixa de lembrar – se dá nos extratos sociais mais baixos. As personagens negras continuaram sendo o malandro do morro ou do samba, ou mesmo a empregada doméstica com seus dramas e contradições afeitos a todos os seres humanos. Seguiam sempre destinados a papéis subalternizados pela sociedade de classes.

Essa ausência do protagonismo negro nos textos e por conseguinte nos palcos poderia ser enumerada como uma das razões motoras do fato

---

[192] *Ibidem*.
[193] Nelson Rodrigues (*O Quilombo*, p. 24, 2003).

de que em menos de uma década fossem constituídos pelo menos quatro grupos negros cujos nomes continham a palavra teatro, na sua composição: o Teatro Experimental do Negro (TEN, do RJ e de SP), o Teatro Folclórico Brasileiro (ou Grupo dos Novos) e por último o Teatro Popular Brasileiro (TPB). Interessante observar, como veremos mais adiante, que nem todos necessariamente empregavam a arte da representação textual como sua atividade principal. Por outro lado, o nome teatro os colocava no centro de uma das vertentes de manifestação da democracia e das representações da nacionalidade comuns à época, como brevemente aludimos até aqui.

O Teatro Experimental do Negro (TEN/RJ)[194]

Diversos são os autores que têm se dedicado a estudar a atuação do TEN (Teatro Experimental do Negro). Razões múltiplas poderiam ser aventadas para essa curiosidade acadêmica – e às vezes militante – sobre aquele grupo. Acreditamos que uma das mais abrangentes deva ser a grande extensão e variedade de atividades que teve o concurso, quer do grupo como um todo, quer do seu fundador, Abdias do Nascimento. Atividades essas que foram decisivas para a visibilidade conseguida pelo TEN e para o sucesso de suas iniciativas. Assim sendo, não é meu objetivo seguir um caminho já trilhado por outros autores, que se dedicaram a olhar o TEN mais detidamente do que me seria possível fazê-lo neste livro.

Neste capítulo me aproximo do Teatro Experimental do Negro – e de outras organizações – apenas como um exercício de contextualização para no capítulo seguinte aprofundar a análise sobre a UHC. Outrossim, a proeminência do Teatro Experimental do Negro no período que estou abordando me conduz a iniciar por ele este estudo, sob pena de nulificar meu exercício analítico, referente àquele momento nacional. Meu prisma aqui é situá-lo como mais uma – e também de marcante importância – das inúmeras iniciativas do movimento social dos negros após 1945, período alvo deste livro.

A trajetória do Teatro Experimento Negro confunde-se com a de seu fundador, Abdias do Nascimento. Quando de sua viagem pela América Latina em 1941, como jornalista, integrando um grupo chamado *La Santa Hermandad*, Abdias assistiu à encenação da peça Emperor Jones de Eugene O'Neil, num teatro, em Lima. Ali a personagem principal era representada

---

[194] Pela extensão e alcance de sua atuação, O TEN mereceria um capítulo específico neste trabalho. Evitei fazê-lo num esforço de não desviar de meu foco principal, que é atuação da UHC. A esse respeito, sugiro a leitura de: NASCIMENTO, 1999; *Revista Thoth*, n. 1, 1997; HANCHARD, 1998; MENDES, 1993; ANDREWS, 1991; *O Quilombo*, 2003.

por um ator branco pintado de negro, Tal prática era comum também em solo brasileiro, como nos informa o fragmento da entrevista de Nelson Rodrigues, na página anterior. Essa teria sido a razão desencadeadora da formação do Teatro Experimental do Negro, criado três anos depois[195].

Abdias, ao criar o grupo, defrontou-se, logo de imediato, com três dificuldades iniciais que foram sendo resolvidas (embora não em definitivo) ao longo da existência do TEN. Uma dessas situava-se no número de atores negros – que era ainda sub representativo – disponíveis para desempenhar as personagens, quer principais ou secundárias. Dessa forma, o recrutamento de pessoas negras de classes populares foi uma das estratégias empregadas[196]. A maior atração desse grupo deu-se por meio das aulas de alfabetização. O TEN em 1944 chegou a ter cerca de 800 pessoas naquelas aulas (*Cadernos brasileiros*, 1968)[197].

O entrave seguinte, para a realização dos objetivos do TEM, referia-se à quase inexistência de textos em que a personagem negra fosse positivamente valorizada. Segundo Mendes[198], esse era um fator de difícil solução, já que há *"pelo menos uns cinqüenta anos que a dramaturgia brasileira deixara de se interessar seriamente por personagens negras"*[199]. A peça o Imperador Jones, a mesma assistida pelo fundador do grupo em Lima, no início da mesma década, foi levada ao palco como primeiro trabalho daquele grupo de amadores. Ensaiaram por seis meses, sob a direção de um também iniciante naquela arte, o professor Ironildes Siqueira[200].

O sucesso da primeira temporada representada no Teatro Municipal do Rio de Janeiro contribuiu para a superação inicial do terceiro entrave, que era a formação de plateias. Dito em outras palavras, a presença tão prolongada de atores negros representando papéis para um público em que a *"comicidade tosca e a palhaçada"* eram a tônica[201] dificultava a penetração da proposta elaborada pelo TEN. O grupo além de apresentar uma temática mais reflexiva era composto por atores negros ainda pouco conhecidos. Abdias e seu grupo tiveram como tarefa desafiadora constituir atores, criar textos e formar público[202].

---

[195] MENDES, 1993.
[196] *Ibidem.*
[197] O VIII Conselho Nacional dos Estudantes decidiu-se por excluir da sede da UNE – onde o TEN estava abrigado – entidades que não pertencessem ao universo estudantil (MULLER, 1988).
[198] MENDES, 1993.
[199] *Ibidem*, p. 49.
[200] Além de diretor, Ironildes acumulava no grupo a função de professor nas turmas de alfabetização.
[201] MENDES, 1993.
[202] Note-se que a respeito desse último aspecto, não apenas os negros se constituíam uma plateia não fiel ao teatro. De acordo com Samura Campedelli, o brasileiro de um modo geral não era uma "platéia adequada a grandes

Portanto, embora desenvolvendo metodologias de enfrentamento para superar aqueles três fatores – ausência de atores, de textos e de plateia –, uns iam sendo mais bem resolvidos que outros. Nesse sentido o TEN passou a ter um grupo fixo de atores e atrizes negros, mas teve que utilizar-se de textos estrangeiros. Passando por O'Neil e Shakespeare, entre outros, o TEN necessitou ainda aguardar alguns anos até que pudesse contar com um texto nacional para representar. Só em 1947 o texto de um brasileiro foi encenado pelo grupo.

Um nome deve ser lembrado quando me refiro à criação do TEN. Trata-se de Maria de Lurdes Vale Nascimento, partícipe da fundação do grupo em companhia de Abdias do Nascimento. Maria Nascimento foi responsável por diferentes atividades, no interior daquela organização. Coordenou o departamento feminino e criou o Conselho Nacional de Mulheres Negras – a 8 de maio de 1950 – como um dos braços do TEN. O conselho contava com um departamento jurídico para atendimento à população negra em várias necessidades, entre elas a obtenção da certidão de nascimento. Instituiu também um balé infantil, cuja aula inaugural foi ministrada pela grande bailarina afro-americana Katherine Dunkan. Maria Nascimento era também redatora da coluna *Fala Mulher*, no jornal *Quilombo*. Seu discurso estimulando a participação política das mulheres demonstra o vanguardismo de seu pensamento:

> Se nós mulheres negras do Brasil, estamos mesmo preparadas para usufruir os benefícios da civilização e da cultura, se quisermos de fato alcançar um padrão de vida compatível com a dignidade da nossa condição de seres humanos, precisamos sem mais tardança fazer política... Precisamos constituir um exército de eleitoras pesando na balança das urnas, usar o máximo as franquias democráticas que nos asseguram o direito que é também o sagrado dever cívico de votar e sermos votadas para qualquer pleito eletivo nas próximas eleições de 3 de outubro[203].

Sua voz se fez audível em diferentes edições do referido jornal, procurando cobrir temas da atualidade, sempre dirigindo-se às mulheres negras. Sua crítica social assumia um tom de reivindicação e denúncia acompanhadas de uma aura de aconselhamento, como se fosse uma missiva.

> Queridas leitoras e amigas, volto mais uma vez a falar das nossas crianças... Essa infância precocemente adulta pela

---

realizações" (CAMPEDELLI, Samira Youssef. *Teatro Brasileiro do século XX*. Curitiba: Editora Scipione, 1995. p. 20.
[203] *Jornal Quilombo*, Rio de Janeiro, ano II, n. 6, 1950.

> promiscuidade e pela necessidade de trabalhar... é em sua quase totalidade de cor... O coeficiente de mortalidade infantil no Distrito Federal entre 1939-1941... segundo estatísticas do Departamento Nacional da Criança... morrem quase duas crianças de cor por uma branca. Na cidade de São Paulo a situação é ainda mais grave... Nada de desânimo quando uma maternidade nos negar ingresso. Devemos... usar todos os meios e remover todas as dificuldades, ainda mesmo que sejam motivadas por discriminação de cor[204]...

Uma conversa que se renovava a cada edição do jornal, sempre com vistas a conclamar as afro-brasileiras para a participação coletiva em prol da luta antirracista. Como assistente social, Maria Nascimento acompanhava de perto as mazelas sociais da cidade. Aquelas páginas se transformavam numa tribuna, em que fazia públicas suas inquietações com o que testemunhava no dia a dia.

> *É inacreditável que numa época em que tanto se fala em justiça social possa existir milhares de trabalhadoras como as empregadas domésticas, sem horário de entrar e sair do serviço, sem amparo na doença e na velhice, sem proteção no período de gestação e pós parto sem maternidade sem creche para abrigar seus filhos durante as horas de trabalho. Para as empregadas domésticas o regime é aquele mesmo regime servil... pior do que nos tempos da escravidão... A regulamentação do trabalho doméstico... é de uma urgência que não admite mais protelações*[205].

O jornal *Quilombo* circulou entre dezembro de 1948 e julho de 1950, sempre com as colunas assinadas por Maria Nascimento voltadas para as mulheres negras.

Uma atuação também preponderante das mulheres no interior do TEN foi no papel das atrizes das muitas peças encenadas. Nesse aspecto o TEN colaborou para trazer a público várias artistas que ainda hoje contribuem para a presença negra nos palcos e na televisão brasileira. Destacaria aqui Rute de Souza e Léia Garcia. Rute de Souza pode ser assistida nos filmes das companhias cinematográficas brasileiras "Atlântida" e "Vera Cruz"[206]. A atriz participou ativamente do TEN nos seus cinco anos iniciais. Estreou como atriz numa peça montada pelo grupo, apresentada no Teatro Muni-

---

[204] *Ibidem*.
[205] *Ibidem*.
[206] A primeira fundada em 1941 e a segunda em 1945.

cipal do Rio de Janeiro. No ano de 1954, Rute de Souza alcançou o título de ser a primeira brasileira indicada para um prêmio internacional, por sua atuação no filme *Sinhá Moça*.

Léa Garcia também iniciou nas atividades do TEN. A atriz conta, entre muitas vitórias, o fato de ter sido – aos 24 anos de idade – indicada para o prêmio de melhor atriz no Festival Internacional de Cinema de Cannes, por sua atuação no filme "Orfeu da Conceição"[207].

Uma terceira atividade em que as mulheres estavam inseridas no Teatro Experimental do Negro era como candidatas aos seus dois concursos de beleza, o *Boneca de Pixe* e o *Rainha das Mulatas*. Observemos que os concursos de beleza no Brasil datam do início do século. No entanto, a valorização da sonhada brancura europeia, impedia que mulheres negras ou indígenas pudessem ser agraciadas naquelas competições[208]. Preocupado em ressaltar-lhes a autoestima o TEN (Teatro Experimental do Negro) organizou, pela primeira vez no país, um concurso *"Boneca de Pixe"*. Do certame, sagrou-se vencedora Maria Tereza, em março de 1947. Outro concurso de beleza do TEN era o *"Rainha das Mulatas"*. Em 1948, foi eleita Mercedes Batista, que era a primeira negra a integrar o corpo de baile do Teatro Municipal[209].

Se nos diversos certames de beleza oficiais apenas as características fenotípicas e medidas corporais eram levadas em conta, para o grupo de Abdias e Maria Nascimento, a personalidade e a formação das candidatas eram basilares para sua titulação. Os concursos de beleza organizados pelo TEN estavam, por conseguinte, contrapondo-se a uma histórica trajetória de realce da figura feminina por meio de um conceito estético inspirado num ideário de embranquecimento.

---

[207] Seu vasto currículo inclui, por exemplo, ter vivido Josephine Baker, por mais de um ano, na cidade do Rio de Janeiro, na peça Piaf, a convite de Bibi Ferreira. Os anos 70 testemunharam a estreia dessa diva nas telas da televisão brasileira.

[208] O Semanário Rua do Ouvidor instituiu um dos primeiros concursos de beleza que se tem notícia no país, em 1900. Mais tarde, em 1912, o *Jornal Gazeta de Notícias* promoveu um novo certame. Mais de dez anos se passaram até que um concurso de fotografia fosse organizado pela *Revista da Semana* e o *Jornal A Noite*, elegendo uma candidata de Campinas. A vencedora do concurso de 1929 transformou-se na primeira Miss Brasil a participar de um concurso Miss Universo nos Estados Unidos. A essa época, os desfiles em passarelas já haviam sido instituídos. O Rio de Janeiro sediou, no Copacabana Palace, o concurso Miss Universo em 1930. Uma representante do Rio Grande do Sul sagrou-se campeã. Os jornais *O Globo*, *O Diário Carioca* e *Folha de São Paulo* foram responsáveis, respectivamente, pelos concursos Miss Brasil de 1949 e 1954 (SILVA, 2000).

[209] Anos mais tarde, Mercedes viria a se tornar uma das grandes professoras de dança afro no Brasil. Por suas aulas passaram renomados bailarinos (entrevista dada à autora em setembro de 2003, no Rio de Janeiro).

Teatro Folclórico Brasileiro (ou Grupo dos Novos)

Falava, no início deste tópico, a respeito de três grupos organizados por lideranças negras, no Rio de Janeiro e São Paulo, cujos nomes são integrados pela palavra teatro. Após o TEN e oriundo deste, surge o Grupo dos Novos (ou o Teatro Folclórico Brasileiro), fundado por Haroldo Costa, após uma dissidência com o grupo de Abdias do Nascimento.

> Vários rapazes e moças, em sua maioria lançados pelo Teatro Experimental do Negro acabam de fundar uma entidade denominada "Grupo dos Novos", com o objetivo de fazer teatro revista. A iniciativa é das mais simpáticas e merece o apoio moral e material de quantos se interessam pelo desenvolvimento entre nós desse difícil ramo da arte... O Grupo dos Novos, naturalmente há de se colocar à altura das responsabilidades que assumiu[210].

O criador, o jovem afrodescendente Haroldo Costa, ativista da Ames (Associação Metropolitana de Estudantes Secundaristas), foi inicialmente vice-presidente do Grêmio dos Estudantes do Colégio Pedro II e depois presidente. O então estudante chegou ao TEN com o objetivo de colaborar voluntariamente nas aulas de alfabetização. Pouco tempo depois foi convidado a substituir, na leitura à parte, um dos atores da peça que estava sendo ensaiada pelo grupo[211] e que faltara. Assim, o voluntário de professor transformou-se em ator, tendo atuado em diferentes peças, tais como: *O Filho Pródigo*, *Aruanda* e *Calígula*.

Segundo Costa, a vocação acadêmica do grupo de Abdias do Nascimento teria contribuído para o seu afastamento. Note-se que à época ele estava com 20 anos. Imediatamente criou outra organização, com enfoque mais culturalista, dedicando-se à música e à dança. Surge então o Grupo dos Novos, em 1949. Não se tratava de uma dissidência ideológica, nas palavras de seu fundador: "*Todos nós tínhamos uma preocupação que não era uma coisa pré-estabelecida, programada, teórica, dialética, política. A gente tinha por intuição essa preocupação de dar visibilidade ao negro no teatro musicado*"[212]. Entre seus idealizadores estavam Natalino Dionísio, Wanderley Batista, José Medeiros, Ahilton Conceição e Antonio Rodrigues, entre outros. Era também formado por estudantes, operários, empregadas domésticas, soldados da aeronáutica

---

[210] *O Quilombo*, 2003, p. 53.
[211] A peça *O Filho Pródigo*, de Lúcio Cardoso.
[212] Depoimento de Haroldo Costa ao assistente de pesquisa André Guimarães, em março de 2004.

e diversos outros profissionais. O primeiro trabalho foi assim descrito por Haroldo Costa: "*Eu escrevi uma revista chamada Rapsódia de Ébano que era a história de um antropólogo Francês que vinha ao Brasil e era guiado por um jovem negro, num país através da história musical do Brasil*".

Um marco fundamental para o "Grupo dos Novos" foi o encontro de seu fundador com um reconhecido livreiro do Rio de Janeiro, que cedeu para aquele grupo de jovens amadores o espaço para os ensaios. Seu primeiro espetáculo pôde ser preparado após o horário comercial. A partir de então, tornaram-se mais conhecidos transformando-se no Teatro Folclórico Brasileiro, requerendo para si o título de ter sido o primeiro grupo a colocar no palco o folclore nacional. O anúncio seguinte, reportado no jornal *Quilombo*, não deixava transparecer toda uma animosidade entre o criador dos Grupo dos Novos (ou o Teatro Folclórico Brasileiro) e o fundador do TEN, que eram Haroldo Costa e Abdias do Nascimento, respectivamente.

> Estreou no ginásio o Teatro Folclórico Brasileiro grupo idealizado por vários elementos lançados pelo Teatro Experimental do Negro, entre eles Haroldo Costa e Wanderley Batista, aos quais se juntaram posteriormente os snrs. Askanasy, inteligente e conhecido livreiro, e Dirceu Oliveira Silva. O primeiro espetáculo desse conjunto atingiu merecido sucesso [...] Todos os números apresentados agradam. Mas, por sua unidade de concepção e realização destaca-se o maracatu, ensaiado pelo poeta Solano Trindade, que é sozinho um espetáculo de conteúdo poético raro. A coreografia intuitiva, graciosa e ingênua do povo transplantada com toda fidelidade para o palco[213].

Inicialmente apresentando-se no Rio de Janeiro e em São Paulo, o grupo viajou por diferentes países da América do Sul. Ao longo dessa turnê internacional teve seu nome mudado diversas vezes. Segundo Haroldo Costa, ele foi denominado de Balé Folclórico Brasileiro e por último consagrou-se como Brasiliana. A entrada de brancos para o Grupo Brasiliana é assim explicada por Costa:

> Não fazíamos uma coisa excludente... Não era um conjunto de negros, somente anti branco ou anti nada. Nós queríamos transmitir no palco o que nós acreditávamos que era a realidade brasileira. Por isso o grupo era majoritariamente negro, mas tinha branco, tinha mulato, tinha índio...[214]

---

[213] *O Quilombo*, 2003, p. 70.
[214] *O Quilombo*, 2003, p. 70.

Com participação de negros e brancos viajou durante cinco anos (entre 1951 e 1955), por 25 países[215] cobrindo capitais e pequenos palcos interioranos, bem como as nações latino-americanas.

Sem contar com um patrocínio específico – explicado por Haroldo Costa, como não sendo uma prática daquele período –, o grupo viajou por todos aqueles países de posse apenas de uma carta do presidente Getúlio Vargas. A mensagem, endereçada aos embaixadores brasileiros, recomendava que os recepcionassem adequadamente durante sua estadia. "O Teatro Folclórico Brasileiro, com sua estréia, realizou, não somente um espetáculo de arte, mas também uma colaboração inestimável ao movimento que procura elevar o negro brasileiro nos quadros sociais"[216].

Havia grandes restrições por parte dos diplomatas brasileiros, diante de um grupo de maioria negra representando o Brasil no exterior. Ceticismo compartilhado pela imprensa nacional quando da partida do grupo para Europa. Dos 25 países visitados Haroldo ressalta apenas a aceitação de Vinícius de Moraes, então embaixador do Brasil, em Paris.

Teatro Popular Brasileiro (TPB)

Não faremos lutas de raças, porém, ensinaremos aos nossos irmãos negros que não há raça superior nem inferior[217].

Terceiro na sucessão de grupos teatrais negros, o TPB foi criado em 1950 pelo poeta, folclorista, teatrólogo e pintor Solano Trindade. Juntos estavam sua esposa, a coreógrafa Margarida Trindade e o etnólogo Edson Carneiro. Antes da constituição do grupo, o casal Trindade havia sido convidado para ensaiar danças provenientes da cultura negra na composição do Grupo dos Novos. Segundo Raquel Trindade (filha do casal), Margarida teria pesquisado os diferentes ritmos do interior do estado do Rio de Janeiro (como o Jongo de Campos e Itaboraí, por exemplo), para aplicá-los no grupo de Haroldo Costa. A entrada do Polonês Askanasi (como vimos no tópico anterior), como patrocinador do grupo, teria provocado uma dissidência entre o casal e o Grupo dos Novos. O Sr. Askanasi teria exigido que ao invés de uma demonstração de dança como praticada originalmente, eles

---

[215] Haroldo Costa cita entre estes: Peru, Equador, Venezuela, Argentina, Uruguai, Paraguai, Finlândia, Suécia, Espanha, Portugal, Suíça, Itália, Inglaterra, Ioguslávia, Bélgica e França, entre outros.
[216] *O Quilombo*, 2003, p. 67.
[217] Solano Trindade. *Jornal Maioria Falante*, p. 10, 1990.

deveriam realizá-la de forma estilizada. A partir daí, os dois juntaram-se a Edson Carneiro e criaram o Teatro Popular Brasileiro[218].

Composto por domésticas, operários, estudantes e comerciários, o TPB viajou por diversas partes do país e da Europa. O teatro, a poesia e os vários ritmos afro-brasileiros (batuques, lundus, caboclinhos, maracatus, capoeiras, congadas, caxambus, coco...) eram os elementos aglutinadores, em torno dos quais as questões organizativas ideológicas eram realizadas. Segundo Raquel as danças eram todas ensaiadas por Margarida Trindade, que por ser de formação presbiteriana só não ensinava os passos do candomblé. Para Solano ficava apenas a articulação política. Seu principal lema era: *"Pesquisar nas fontes de origem e devolver ao povo em forma de arte"*.

Num artigo que conta muito da trajetória dessa forma de fazer cultural, Maitê Barros, que militou com Solano, diz-nos: "O TPB realizou espetáculos especiais para companhias estrangeiras como: a Comedie Française, Cia Marcel Marceau...Ópera de Pequim, Cia Italiana de Comédia e para Edith Piaf..."[219]. O TPB teve uma sucursal em São Paulo e foi atuante na parceria com o Teatro Experimental do Negro, de São Paulo, e a Associação Cultural do Negro, na comemoração dos 70 anos de emancipação da cidade. Depois de enfrentar dificuldades financeiras, que o impossibilitaram de dar prosseguimento ao TPB, Solano transfere-se para São Paulo (Imbú) e funda um centro popular de artesanato. Atualmente, sua filha Raquel Trindade é a administradora do local.

Esses três grupos cariocas (Teatro Experimental do Negro do RJ, Teatro dos Novos e Teatro Popular Brasileiro) e um paulista (Teatro Experimental do Negro do SP) inserem-se, a partir de seus nomes, naquele movimento em que o teatro se transforma em palco reivindicativo e denunciativo de uma sociedade em mudança. O teatro estabeleceu-se também como um lugar de reverência à cultura nacional, em substituição a um estilo mais europeu de representação, tão em voga no país, até meados da década de 40. Os grupos negros vão, então, apropriar-se daquela arte inserindo uma representação de identidade negra brasileira, por meio dos textos e apresentações do TEN (RJ/SP) e das danças e discursos do TPB, ou as apresentações musicadas do Teatro Folclórico Brasileiro. Junto a esses grupos teatrais, em que a música de inspiração afro-brasileira tinha

---

[218] Grande parte das informações sobre o TPB me foram dadas por Raquel Trindade numa entrevista à autora e ao assistente de pesquisa, André Guimarães, em março de 2004, na cidade de Cabo Frio (RJ).

[219] Maitê Barros. *Jornal Maioria Falante*, ano IV, n. 19, jun./jul. 1990.

lugar privilegiado, um outro também desempenhava o papel de difusor de uma identidade racial e reivindicação por cidadania. Refiro-me ao grupo intitulado Orquestra Afro-Brasileira surgido um pouco antes desse surto nacionalista cultural via arte dramática.

Orquestra Afro Brasileira

> *Isprito num tem cô!...*
> *Nego tá cum vregonha di branco*
> *Pensando quinda tem sinhô,*
> *Nego na vida leva tranco*
> *Memo tendo ané de dôtô*[220]*...*

Proveniente do interior do estado do Rio (Muriaé), Abigail Cecílio de Moura – Biga para os amigos – fundou a orquestra em abril de 1942. Por ser funcionário da Rádio MEC começou a usar suas dependências como sede para o novo grupo, abrigando ali seus ensaios e os instrumentos[221]. Foi exatamente essa associação (embora não oficial) com a rádio que lhe deu oportunidade de ser reconhecido[222] e visitado por músicos e intelectuais de renome da época[223].

> O maestro Eliazar de Carvalho, chefe da Orquestra Sinfônica do Brasil, que era patrocinada pelo governo federal, que ensaiava no quarto andar da Rádio MEC, ao terminar o ensaio, descia para o 3.º andar e chegava à porta da sala da orquestra Afro-Brasileira. A orquestra ia se desenvolvendo com aqueles acordes bonitos na base de atabaques, instrumentos de corda, instrumentos de sopro, piano e a puíta. Quando a orquestra parava ele batia palmas e dizia: eu estou aqui assistindo a um gênio[224].

Apresentações em lugares de alta frequência de artistas e intelectuais – tais como ABI (Associação Brasileira de Imprensa), Palácio da Cultura (RJ), Teatro Fênix (SP) e em Campinas, só para citar alguns – garantiram à orquestra de Abigail Moura a devida divulgação e prestígio: "A orquestra

---

[220] MOURA, A., 1964.
[221] A Orquestra Sinfônica Brasileira também ensaiava na Rádio MEC.
[222] Reputado por alguns músicos como um gênio, de acordo com depoimento de Roberto Ananias.
[223] Tais como: Eliezer de Carvalho, Camargo Guarnieri e Paschoal Carlos Magno, entre outros.
[224] Depoimento de Roberto Ananias ao estagiário André Guimarães, em abril de 2004.

afro brasileira foi centro e referência para jovens músicos negros, principalmente dos instrumentos de sopro, que por lá passaram atraídos pelo ineditismo e qualidade da orquestra"[225].

A cantora soprano Maria do Carmo, que posteriormente passou a acompanhar a orquestra, foi a grande inspiração para que o então compositor de músicas populares, percussionista e trombonista viesse a criar o grupo, no início da década de 40. Teria sido também ela a responsável pelo figurino envergado pelos músicos, que por sua inspiração nos quadros de Rugendas causavam grande impacto por meio da interpretação de ritmos africanos e de sua plasticidade visual. A composição da orquestra era de cerca de 30 músicos, todos homens acima dos 40 anos.

Provenientes de diferentes níveis socioeconômicos, os integrantes (oficial do exército, sapateiro, operários no geral, funcionários públicos e alguns estudantes) se dedicavam com afinco à sua atividade na orquestra. A participação de mulheres era localizada no canto da soprano Maria do Carmo e no acompanhamento da orquestra em alguns números de dança, quando a peça apresentada o exigia.

Um dos recursos utilizados pelo maestro Abigail Moura foi transformar em sinfonias musicais de sua autoria cantigas oriundas das tradições afro-brasileiras, dando lugar a saudações e louvores. Seu objetivo principal era *"Divulgar a arte e a cultura musical dos povos africanos no geral e o folclore brasileiro, dentro ou fora do território nacional e ainda criar o Museu Afro-Brasileiro"*[226].

Inúmeras vezes suas obras inspiravam-se nas casas de umbanda e candomblé, no maracatu, no timbó e em outras manifestações da cultura negra nacional. O maestro passava da criação musical à produção dos instrumentos de percussão. Estes últimos, pela primeira vez no Brasil, saíam das últimas fileiras da orquestra e passavam a ocupar posição destacada no palco *"à frente de flautas e metais"*[227]. Toda essa performance tinha lugar num momento em que *"a percussão com instrumentos populares e religiosos era considerada prática marginal passível de perseguição e até mesmo em prisão dos*

---

[225] Carlos Negreiros. Grande parte da informação historiográfica sobre a Orquestra Afro-Brasileira só nos foi possível graças às informações orais e textuais, muito gentilmente cedidas pelo cantor lírico Carlos Negreiros, um dos remanescentes do grupo. Negreiros se transformou num dos solistas da orquestra, ao lado de Antonio Cruz, no início da década de 60, após a morte da Srt.ª Maria do Carmo, a primeira cantora. Outra inestimável contribuição foi dada pelo senhor Roberto Ananias, ativista de longa participação no movimento negro do Rio de Janeiro e remanescente do grupo.

[226] Extratos do Estatuto. Capítulo das finalidades.

[227] Carlos Negreiros.

praticantes"[228]. Segundo o Sr. Roberto Ananias, o maestro era perseguido pela igreja, pois os tambores eram percebidos como *"coisas do demônio"*, o que dificultava possíveis patrocínios à iniciativa[229].

A frequência de autoridades no assunto assegurou ao grupo a possibilidade de apresentar-se representando a Rádio MEC. No entanto, ainda de acordo com nosso informante, foi essa mesma associação com o nome da emissora que colocou em perigo o direito, já adquirido pelo grupo, de fazer uso de suas instalações, durante o governo militar. Ameaça essa que depois de afastada acelerou a criação de um grupo intitulado *"Sociedade de Amigos da Orquestra"*, que levou à gravação de um disco em 1968 e a uma *"seqüência mais regular de concertos"*[230]. A União dos Homens de Cor (UHC) foi responsável pelos primeiros movimentos no sentido da composição daquele grupo de amigos, trazendo diferentes pessoas para assistirem aos espetáculos. Dos muitos negros de destaque da época, frequentadores das atividades e que amparavam financeiramente a orquestra, Negreiros ressalta Abdias do Nascimento, Pompílio da Hora, Edison Carneiro e Geraldo T. Marinho. Em algumas ocasiões, os amigos se cotizavam para colaborar com pequenas quantias em dinheiro.

Embora o apoio significativo tenha se dado só a partir daquele grupo de apoiadores, já se percebia um reclamo, no sentido da falta de patrocínio para o empreendimento. Uma fala de Solano Trindade assim o demonstra: *"É preciso ajudar a orquestra Afro-Brasileira, moral e financeiramente, com críticas honestas e com movimentos econômicos, para que ela progrida, deixando as suas falhas e atingindo o lugar a que se propõe"*[231].

Abigail Moura escreveu a música litúrgica para a peça Sortilégio, representada pelo TEN. A mesma orquestra possuía um coro reputado como de *"absoluta afinação"* pelo *Jornal do Brasil* da época[232]. O fato de não ter frequentado uma escola de música não o impedia de realizar trabalhos tão bem reconhecidos pelos especialistas de seu tempo. Muitos dos integrantes do grupo eram atraídos por anúncios que deixavam evidente a prioridade a ser dada a afro-brasileiros no recrutamento de novos músicos.

---

[228] *Ibidem.*

[229] A respeito dos tambores, lembramos o que nos informa Costa Pinto, que essa era uma das razões alegadas pelas autoridades para o banimento das casas de religiosidade de matriz africana, do antigo DF (COSTA PINTO, 1952).

[230] NEGREIROS (mimeo).

[231] Solano Trindade em Diário Trabalhista – 25/08/1948. Fonte: MÜLLER, 1988, p. 171. *Revista Dionysos*. Uma outra forma de organização constituída a partir do direito ao lazer e ao espaço associativo tornou possível a criação de clubes sociais negros em diversos pontos do território nacional. No Rio de Janeiro, o pioneiro foi o Renascença Clube, fundado em fevereiro de 1951 (SILVA, 2001).

[232] MULLER, 1988, p. 225.

> *Eu encontrei a orquestra quando chegou lá no DCE (da Escola Nacional de Música) um aviso que uma orquestra da Rádio MEC precisaria de um negro que fosse baixo de voz (registro baixo). Embora eu não fosse baixo, instigado pela curiosidade eu fui lá ver o que era aquilo. O maestro pretendia levar uma ópera chamada Revoada Sinistra*[233].

Dessa forma, a orquestra Afro-Brasileira contribuiu para uma maior construção identitária positiva para os negros que dela participavam. Poderíamos aduzir que em um contorno também intenso contribuiu para o momento cultural de ressurgimento de um orgulho da negritude, no antigo D.F.

A orquestra continuou sua trajetória de apresentações até os anos 60. Em maio de 65, um prospecto, para uma de suas audições, resumia ter sido laureada pela TV e Rádio Record em São Paulo. Tratava-se de uma apresentação para o IV centenário da cidade. Os diversos convites impressos para as apresentações da orquestra eram utilizados com dois objetivos principais: o primeiro reproduzia pequenas resenhas coligidas de jornais publicadas nas cidades por onde seus concertos iam sendo apresentados. Ali eram expressas as opiniões (sempre elogiosas) a respeito do grupo.

> Foi um grande espetáculo o de anteontem no Municipal. Foi o que disseram os aplausos, as opiniões e os comentários. Antes de tudo um espetáculo nosso. Coisa do negro brasileiro tão incompreendido e injustiçado. Nada de sambas, maxixes. Músicas de uma expressão singular, traduzindo soluços, gemidos, amores, tristeza de uma raça. Que emoção produziu-nos QUEM TÁ GEMENDO? no qual os instrumentos parecem falar, como se possuíssem almas sensíveis[234].

Algumas vezes, o prospecto explicava os objetivos da orquestra e como tal esclarecia a respeito de seus concertos e sua reinterpretação de uma cultura afro-brasileira. Outra utilização dada aos convites era de transformarem-se em tribuna, a partir da qual o maestro Abigail Moura se fazia ouvir, fazendo soar seus protestos e pensares.

> A comissão brasileira do Festival Internacional de Artes Negras teve gesto de senhor feudal como se não houvesse no Brasil, negros de elevada cultura. Quis a comissão sustentar e sustentou tacitamente, o epíteto: 'negro brasileiro só sabe beber cachaça, jogar futebol e cantar sambas'. A comissão, então sepultou a oportunidade e a possibilidade de um outro

---

[233] Depoimento do Sr. Negreiros ao estagiário André Guimarães, em abril de 2004, no Rio de Janeiro.
[234] B. Eme. *Correio Popular*, Campinas.

grupo demonstrar a evolução musical do negro brasileiro, perante o mundo [...] A Orquestra Afro Brasileira por ter sido preterida, não se sente inferiorizada. Ao contrário, sente-se cada vez mais cônscia de suas responsabilidades por que, embora soberana, a comissão brasileira do Festival Internacional de Artes Negras não conseguiria ofuscar a honorabilidade artística dos eminentes professores como Paulo Silva, Eleazar de carvalho, Erich Kleber, Jose Siqueira, Camargo Guarnieri [...] e muitos outros que já julgaram este trabalho[235].

Suas atividades foram mantidas até o início da década de 70, segundo Roberto Ananias, que conheceu a orquestra Afro-Brasileira em 1965[236]. Nesse recortar da memória, Ananias considera um dos trabalhos mais admiráveis do grupo as apresentações no subúrbio. Dentre estas, o espetáculo realizado em Realengo, em que o Maestro Abigail Moura foi homenageado como cidadão do estado da Guanabara[237].

Vemos então que, no Rio de Janeiro dos anos 40, em interlocução direta com os diferentes movimentos político culturais da cidade, surgem esses quatro grupos. O Teatro Experimental do Negro, o Teatro dos Novos, o Teatro Popular Brasileiro e a Orquestra Afro-Brasileira. Todos utilizando a cultura como estratégia de aglutinamento de um grupo de pessoas. Articulavam-se em torno da continuação de uma identidade racial, de uma construção de imagem positiva para os afro-brasileiros e ao mesmo tempo de uma denúncia sobre a existência de racismo na sociedade brasileira.

Volto a reiterar que meu objetivo neste capítulo longe está de fazer uma análise acabada a respeito de toda uma plêiade de organizações negras do país, no período que estou estudando. Meu empenho aqui é apenas continuar exibindo alguns grupos constituintes do movimento social dos negros, em diferentes estados. Dessa forma, espero ajudar a construir meu argumento sobre a existência de uma insurgência negra no país, para além daquelas enumeradas pelos diferentes autores do Projeto Unesco. Tal clima, como já afirmei, teria subsidiado o surgimento da UHC. Nesse sentido continuaremos nosso sobrevoo, passando agora pela cidade de São Paulo,

---

[235] Abgail Moura, janeiro de 1966.

[236] A partir de então, embora não sendo músico, passou a estabelecer uma relação de confiança com o maestro Abgail Moura (de acordo com suas palavras). Foi convidado a integrar a diretoria do grupo como secretário. Sua função era organizar programas e espetáculos.

[237] As dificuldades financeiras que eram presentes na vida da orquestra eram também na vida do maestro, que segundo Roberto Ananias vivia num cortiço no centro da cidade do Rio de Janeiro.

onde destacarei três grupos, na seguinte ordem: Associação do Negro Brasileiro (ANB), Teatro Experimental do Negro (TEN/SP) e a Associação Cultural do Negro (ACN).

Associação do Negro Brasileiro (ANB)

Não principiamos. Continuamos[238].

Com essa citação, o *Jornal Alvorada* rememorava dois anos depois o surgimento da ANB, publicando uma foto de meia página. Vemos um auditório repleto (diria cerca de 200 pessoas) durante a cerimônia de instalação definitiva do referido grupo, em maio de 1947, nos salões do Conservatório Musical de São Paulo. A ANB surgiu em 1945, no bojo da reestruturação da sociedade brasileira do pós-Estado Novo. A tática empregada pelo grupo foi iniciar por um comitê organizador que tinha a responsabilidade de constituir a estrutura funcional para o estabelecimento da nova organização. Dessa forma, a atração de futuros participantes, a publicação periódica do *Jornal Alvorada* – seu braço midiático – e a elaboração do estatuto estavam entre as tarefas do comitê. José Correia Leite[239], Francisco Góes e Raul Joviano do Amaral[240] eram os líderes do grupo gestor. A sede da ANB e o *Jornal Alvorada* compartilhavam o mesmo espaço[241]. Diariamente, das 20 às 22h aconteciam as reuniões do grupo.

O jornal atuava como veículo mobilizador para novas adesões, durante e mesmo após o mandato do comitê organizador. Concomitantemente era o meio pelo qual os seus líderes prestavam contas dos logros alcançados:

> Realizou-se no dia 7 do corrente, uma reunião do nosso comitê que tratou de vários assuntos referentes às atividades desse órgão que deverá prosseguir por mais algum tempo... Todos as importâncias arrecadadas... foram depositadas no Banco Cooperativo do Estado de São Paulo, de acordo com o plano inicial da ANB[242].

O período pós-II guerra é pontuado por movimentos reivindicatórios nos EUA, por parte dos negros estadunidenses. Como um observador

---

[238] José do Patrocínio.
[239] José Correia Leite era o editor do jornal *Clarim da Alvorada*, que circulou entre 1920 e 1930.
[240] Todos os três são nomes que se fazem presentes, com muita frequência, na bibliografia que estuda os anos 30 da organização dos negros na cidade de São Paulo. São também os mesmos líderes, cujas reflexões estavam impressas nos jornais do período anterior ao Estado Novo, inicialmente estudados por Bastide (1971) e Ferrara (1986).
[241] À Rua Formosa, 433, São Paulo, SP. Fonte: *Jornal Alvorada*.
[242] *Jornal Alvorada*, São Paulo, ano II, n. 15, p. 2, dez. 1946.

à distância, os 12 exemplares do *Jornal Alvorada*[243] apresentam, na maioria das edições, alguma consideração a respeito do que se passava nos EUA. O periódico procurava exaltar aspectos do que havia sido auferido de positivo por parte dos negros naquele país. As colunas preocupavam-se em instilar um querer de superação das desigualdades, no espírito dos seus leitores, por meio dos exemplos de sucesso dos afro-americanos. Dessa forma, o jornal de julho de 1946 publicava uma foto – de um quarto de página – com dezenas de estudantes negros com becas de formatura e encimada pela frase, em letras maiúsculas: *"Buscando igualdade na Educação Universitária".* O periódico faz saber aos seus leitores sobre direitos e perspectivas para uma educação para todos e aduz com o seguinte texto:

> Na América do Norte, todos os anos, para mais de 2500 estudantes negros, buscam igualar-se na educação universitária. E isto vem desmentindo naquele país, o pensamento que segundo a nota aqui transcrita havia em- "o velho Sul achava que o Negro fosse simplesmente incapaz de assimilar a educação e que, se ainda o fizesse, ficaria preparado unicamente para o trabalho humilde"... O negro crendo ainda que a educação é o caminho mais seguro para atingir a igualdade, modela seus colégios e universidades à maneira da raça branca, na arquitetura dos prédios, na solenidade da reabertura dos cursos e nas atividades internas[244].

Outro ponto que se pode dimensionar no periódico – e, por conseguinte, como o espírito que norteava a ANB – é a preocupação daqueles líderes em subsidiar seus leitores com informações históricas. José do Patrocínio era uma das grandes referências de enaltecimento de um passado heroico para os negros da época. Ao mesmo tempo, o Quilombo dos Palmares era assim apresentado no *Jornal Alvorada* de janeiro de 1948:

> Temos na história do Brasil, uma narração... sobre os negros que durante vários séculos, sob uma pressão férrea e deshumana, sustentaram os alicerces econômicos de nossa terra. Trata-se dos negros dos "Quilombos"... Todos nós sabemos como se originou a "República" negra dos Palmares entre o período de 1630 a 1695. É uma história longa sobre exploradores e explorados daquela época, que tão pouco difere dos explorados e exploradores de

---

[243] Aos quais tivemos acesso e que cobrem um período que vai de julho de 1946 a de 1948. Todos esses exemplares nos foram gentilmente cedidos pelo Prof. Amauri Mendes Pereira, ativista de longa data do movimento negro brasileiro e doutorando do PPCIS/Uerj.

[244] *Jornal Alvorada*, p. 3, jul. 1946.

> hoje... Os negros dos Palmares constituíram um Estado negro à semelhança dos que existiam na África, no século XVII...

A matéria, assinada por Sofia Campos Teixeira, prossegue fazendo alusão à Abolição que não teria libertado os escravos. Assim sendo, a ANB prosseguindo a trilha iniciada pelos palmarinos não deixaria de *"envidar esforços para a restauração do negro no Brasil".* Um dos grandes marcos da ANB foi o documento intitulado *"Manifesto em defesa da Democracia".* Tenho procurado neste livro trazer a público algumas das vozes – nem sempre ressoadas na literatura acadêmica nacional – de lideranças do período. É com esse objetivo que tomo a iniciativa de fazer a longa transcrição que se segue, apresentando o referido manifesto, quase na sua íntegra.

> Nós, Negros brasileiros abaixo assinados, desejamos colocar as seguintes razões em nosso chamado para restabelecer um regime democrático no Brasil:
>
> 1) As medidas reacionárias e fascistas adotadas pelo regime de 1937, incluindo a proibição aos partidos políticos, censura da imprensa e limitações à liberdade de reuniões, têm contribuído diretamente para minar os esforços do Negro Brasileiro, para integrar-se nas principais forças da vida nacional.
>
> 2) No passado, o negro brasileiro resistiu à escravidão através de insurreições e revoltas, sendo a mais notável, a democrática e anti-racista república chamada Palmares. [...] mais uma vez o tão difamado negro deve assumir a tarefa de eliminar a tendência, por parte dos brancos, com poucas exceções, de discriminar os negros.
>
> Consequentemente, nós resolvemos estabelecer uma organização que unirá os negros de São Paulo com o objetivo de: Exigir liberdade de expressão e liberdade de reunião; combater todas as manifestações de racismo no Brasil...; exigir que as leis trabalhistas sejam ampliadas (estendidas) objetivando incluir as empregadas domésticas e os trabalhadores rurais; lutar pela anistia incondicional para todos os prisioneiros políticos; exigir a eliminação da discriminação racial nas academias militares e no serviço diplomático; exigir legislação penal especial direcionada para aquelas instituições e indivíduos que discriminam; exigir o direito de sindicalização, e o direito à greve; lutar pela educação universal em todos os níveis; restabelecer o jornal "O Clarim da Alvorada", que circulou entre os negros no Brasil por muitos anos[245]...

---

[245] O Manifesto está assinado por: José Correia Leite, Francisco Lucrecio, Raul J. Amaral e Fernando Góes (MITCHEL, 1977). A fonte da qual copiei esse extrato estava em inglês. Em virtude da tradução, é possível que

Lançado oito meses antes do final do Estado Novo, o manifesto faz uma relação direta entre o restabelecimento da ordem democrática e a mudança das condições de desigualdade a que estava submetida parcela significativa da população negra paulista. Sua análise também recorre à saga Palmarina como referencial para um novo momento de luta antirracista, que se estabeleceria com o retorno ao estado de direito. A ANB é apresentada, no documento, como um palanque por meio do qual os negros organizados poderiam demandar direitos sociais e políticos, para seu grupo e para os brasileiros, em geral. Assim a reivindicação pelo retorno do *Jornal Clarim da Alvorada*[246] tinha a mesma representação e significância política que o direito dos prisioneiros políticos em serem anistiados. Portanto, as políticas dirigidas aos afro-brasileiros ao lado das ações universalistas constituiriam o bojo das ações a serem desenvolvidas por aqueles que viessem a se filiar ao grupo. Dito em outras palavras, as demandas não se limitavam a uma pretensa inclusão social. Abarcavam também os direitos a uma cidadania mais igualitária.

O jornal ecoava os reclamos de outras localidades, sempre procurando manter o espírito de engajamento presente desde a criação da ANB. Ao mesmo tempo, mostrava que o grupo não estava isolado na defesa de seus ideais. Mitchel[247], estudando as organizações negras de São Paulo na década de 40, ressalta a ANB como um dos grupos mais sofisticados, dentre os vários surgidos no período. Ao longo de sua trajetória a ANB organizou diversas atividades que poderiam ser enumeradas como: ações de protesto, uma imprensa negra atuante e inúmeros momentos culturais.

Teatro Experimental do Negro (TEN/SP)

> *A semente foi lançada em 1944, com a fundação do Teatro Experimental do Negro aqui no Rio. Essa idéia de um teatro negro em cada estado, em cada município, está fazendo proselitismo, e em alguns casos já em vias de se materializar*[248].

---

haja alguma alteração quanto aos termos originais. Ainda assim, diante da atualidade dos temas abordados no *Manifesto à Nação*, decidi incorrer no risco de fazer uma citação tão extensa.

[246] Que deixara de circular com o banimento da Frente Negra Brasileira, pela política intervencionista de Vargas.

[247] MITCHEL, Michael. *Racial Consciousness and the political attitudes and behavior of blacks in São Paulo, Brasil*. Submitted to the faculty of the Graduate School in partial fulfillment of the requirements for the degree Doctor of Philosophy in the Department of Political Science, Indiana University, 1977.

[248] *O Quilombo*, p. 33, 2003.

O TEN de São Paulo era reconhecido pelo mentor da iniciativa, Abdias do Nascimento, que mencionava o grupo em sua coluna no jornal *Quilombo*. Há também no periódico uma citação a respeito do embrião de mais duas experiências com a mesma chancela, uma em Santa Catarina e outra em Porto Alegre. Quando nos anos cinquenta o grupo homônimo de São Paulo foi criado, já Abdias do Nascimento e a matriz do Rio de Janeiro eram reconhecidos pela mídia e por importantes setores da intelectualidade nacional. A arte teatral brasileira, como palco de denúncia sobre temáticas nacionais, estava mais solidificada, como apontado no início deste capítulo. Ainda assim, o *Jornal Mutirão* de 1958 publicava a seguinte matéria:

> Nascido de um movimento iniciado em Campinas, teve como fundadores Lino Guedes, Geraldo Campos e o saudoso ator Agnaldo Campos, entre outros... Nos primeiros anos deste grupo, dificuldades de todas as espécies foram apresentadas para encenações de textos, que na maioria das vezes constituem um martírio para todo aquele que se inicia em Teatro[249].

O TEN de São Paulo tem sido pouco estudado até aqui. Uma das escassas fontes em que se pode observar sua atuação foi retratada na matéria a seguir:

> Dentre as peças encenadas, uma das primeiras foi "Todos os filhos Deus tem asas", deste notável dramaturgo norte americano, Eugene O'Neil – isso em 1951 no velho teatro em São Paulo. Os atores eram Samuel dos Santos, José das Dores Brochado, Áurea Campos e outros, Diretor Geraldo Campos... Em junho de 1952, um ano depois da primeira apresentação, voltava o TENSP à mesma casa de espetáculos desta feita com o "Filho Pródigo" de Lúcio Cardoso, com Hevelon de Oliveira, José Brochado, Samuel Santos, Áurea Campos, Helena Holmar e outros. Direção geral Geraldo Campos... Para as comemorações dos 70 anos de Abolição foi encenada no Teatro Leopoldo Fróes, a tragédia "Laio se matou" de Augusto Boal[250].

O TEN de São Paulo teve uma duração inferior – cerca de oito anos – e menor interferência na vida político-social da cidade, se comparado ao TEN do Rio de Janeiro. Ainda assim, o grupo influenciou fortemente as artes dramáticas em São Paulo[251]. As mesmas dificuldades estruturais enfrenta-

---

[249] *O Mutirão*, São Paulo, ano I, p. 1, 1958.
[250] Idem.
[251] CUTI, 1992.

das pelo grupo de Abdias do Nascimento no antigo Distrito Federal foram experimentadas pela organização de São Paulo. O TEN paulista, com a apresentação de uma peça de Eugene O'Neil, participou de um festival no Teatro João Caetano (SP), sagrando-se vencedor na categoria melhor atriz com a apresentação de Nair Araújo[252].

O grupo foi dirigido inicialmente por Geraldo de Campos, que depois teve que se mudar para o Rio de Janeiro, por razões de trabalho, e passou a liderança para Dalmo Ferreira. Este havia estudado teatro no Rio Grande do Sul, antes de radicar-se em São Paulo. Sob a direção do segundo, o grupo passou a inserir nos textos teatrais músicas, poesias e cultura popular[253]. O que permitiu, em algumas produções, efeitos diferenciados daqueles obtidos pelo grupo de Abdias do Nascimento.

Associação Cultural do Negro (SP)

A Associação Cultural do Negro (ACN) foi fundada em 1954[254]. Suas principais atividades foram palestras, debates e aulas noturnas. Tinha um grupo de jovens que era associado a dois outros grupos teatrais: o Teatro Experimental do Negro (em sua versão paulista) e o Teatro Brasileiro do Povo[255]. A ACN surge como uma iniciativa de congregar as lideranças negras paulistas para, de forma organizada, tomar parte nos festejos pelo quarto centenário da capital do estado. Em virtude do alijamento da contribuição dos negros nos festejos e diante da visibilidade atribuída pelos órgãos oficiais às colônias de imigrantes, dá-se curso à criação da ACN[256]. Sobre esse tema se expressava José Correia Leite: *"Achei que uma entidade cultural de propaganda, em defesa dos valores negros, isso era o suficiente para a presença do negro no movimento cultural e cívico da cidade"*[257].

Embora inicialmente criada apenas como um grupo voltado à área da cultura, a ACN acabou tomando parte em diversas atividades e momentos político-sociais da capital. Por essa razão atraiu, para seus quadros, novas e tradicionais lideranças da comunidade afro-paulista. Passou, por isso, a ser o grupo de referência da organização político-social da cidade. Mantinha

---

[252] *Idem.*
[253] *Idem.*
[254] ANDREWS, 1991.
[255] *Idem.*
[256] CUTI, 1992.
[257] *Idem.*

um estreito diálogo com o Teatro Experimental do Negro do Rio de Janeiro, notadamente com a colaboração de Rodrigues Alves e Ironildes Rodrigues (ambos do TEN/RJ). A ACN costumava convidar acadêmicos e escritores a ministrar verdadeiras aulas sobre líderes negros. Essa prática se revestia de importância, se considerarmos a ausência, à época, de uma bibliografia mais robustecida que pudesse subsidiar os ativistas sobre aquela temática. Dentre os diversos nomes, os de Luiza Mahin (Mãe de Luiz Gama) e do próprio Luiz Gama estavam entre os momentos de formação e construção de uma massa crítica, sobre o tema.

> A gente podia dizer que o Machado de Assis era mulato, mais isso não entusiasmava ninguém. Então, de negro importante no Brasil a gente citava o Cruz e Souza, Rebouças, Patrocínio, Luiz Gama e esporadicamente, alguns falavam em Dom Silvério Gomes Pimenta[258].

Todo um ano de atividades em alusão aos 70 anos da Abolição da escravatura está ente o currículo da organização. Um dos momentos pontuais daqueles meses comemorativos foi a série de palestras que contou com a participação de vários acadêmicos. As apresentações feitas durante aquele ano transformaram-se no primeiro caderno da Série Cultura Negra, em 1958. O segundo livro da coleção versou sobre a vida de Cruz e Souza. Num total de cinco números, houve um volume sobre Nina Rodrigues, um outro sobre Cultura Negra e outro intitulado *15 Poemas Negros*[259]. Em pleno período inicial de luta pelos direitos civis nos Estados Unidos e da articulação em diferentes países contra o *apartheid* sul africano, a ACN organizou um ato de repúdio contra a discriminação racial nos dois países. Como resultado houve a indicação para a instalação de um Comitê de Solidariedade aos Povos Africanos[260]. A partir de 1960 o grupo publicou (em cinco edições) a *Revista Niger*. O número três foi em homenagem à Carolina Maria de Jesus, autora do livro *Quarto de Despejo*.

Dando prosseguimento ao seu perfil de comemorar datas cuja significação pudesse ser relacionada à comunidade negra, a ACN organizou, em 1961, os festejos referentes ao centenário de nascimento de Cruz e Souza. Um dos pontos altos da solenidade, que contou com vários palestrantes, foi a professora Eunice de Paula Cunha, que falou sobre a mulher negra[261]. Outro

---

[258] *Idem*.
[259] *Idem*.
[260] *Idem*.
[261] *Idem*. A professora Eunice de Paula Cunha (Dona Nice) era articulista no *Jornal O Clarim* da Alvorada, nos anos 30. Vivendo hoje em São Paulo, acredito que o movimento negro brasileiro esteja a dever-lhe um livro de

momento a ser ressaltado foi a inauguração de um retrato do poeta na praça Dom Jose Gaspar, na capital Paulista. O solene discurso foi proferido pelo, então, presidente da Academia Brasileira de Letras, Austregésilo de Athayde. Entre o público presente, encontrava-se o professor Florestan Fernandes[262].

A preocupação com a formação educacional dos seus membros – tão característica das diversas organizações negras, que tenho abordado neste capítulo – também na ACN ocorria. Seus associados organizaram cursos de inglês, matemática português e oratória[263]. O grupo mantinha suas despesas de aluguel e demais compromissos financeiros por meio da realização de pequenas festas e do pagamento das mensalidades dos sócios[264]. Jose Correia Leite era presidente do Conselho da ACN. Ele nunca foi presidente do grupo, embora, devido a sua experiência e visibilidade, no que se refere à luta contra a discriminação racial no país, sempre fosse visto como referência na organização. Em consequência, acabava desempenhando mais tarefas do que o seu cargo definiria[265].

Quero reiterar uma vez mais o principal objetivo deste capítulo. Minha finalidade é fazer uma apresentação, embora breve, de alguns grupos que cooperaram para o que estou designando de ambiência de ativismo afro-brasileiro, nos anos subsequentes ao final do Estado Novo. Grupos que tornaram possível uma construção coletiva do movimento social negro da época. Vimos também que alguns deles não foram inseridos nas análises dos trabalhos Unesco, naquelas cidades. Por outro lado, mesmo quando analisados, a preocupação daqueles estudiosos não se voltou para a dinâmica interna das realizações dos referidos grupos. Seguindo esse mesmo exercício, de percorrer avenidas pouco trilhadas por aqueles teóricos, dirijo nosso sobrevoo à cidade de Belo Horizonte.

Associação José do Patrocínio (BH)

Nascido em Barbacena (MG), foi o soldado Antonio Carlos responsável pela criação do Centro Cívico Palmares em São Paulo, no final dos anos 30. O objetivo inicial era estabelecer uma biblioteca voltada à comunidade negra. Esse embrião organizativo resultou na constituição da Frente Negra Brasileira reputada hoje como um dos momentos de maior representatividade político-social dos negros brasileiros, no pós-República.

---

memórias e homenagens.
[262] CUTI, 1992.
[263] *Idem.*
[264] *Idem.*
[265] *Idem.*

O mesmo soldado Antonio Carlos migrou para Belo Horizonte e na capital mineira criou – no início da década de 50 – a Associação José do patrocínio. Esse grupo chegou a ter cerca de 150 sócios. A Associação é considerada como o primeiro grupo de negros organizados na cidade, no período pós-Estado Novo. *"Quando nasci, já existia em minha casa biblioteca, só de livros sobre assuntos afro-brasileiros. Papai, às vezes, atrasava o pagamento do armazém para comprar livros"*[266]. Entre os fundadores estavam o Sr. Francisco Silvestre, Alcebíades Laudelino Souza, Jose Inocêncio Marçal, Osvaldo Jesus de Castro. Embora idealizador do grupo, o então coronel Antonio Carlos não era o presidente da associação, ficando o cargo para Levir Jose de Souza.

O grupo desenvolvia diferentes atividades. Cursos de corte e costura e bordado conviviam com aulas de português, numa sala, matemática em outra, além de informações sobre cultura negra. Todas realizadas na sede localizada numa casa alugada à Av. Brasil, n.º 105, em Belo Horizonte. A versão mineira de cultura negra representada pela Associação José do Patrocínio é assim relatada por Efigênia Carlos Pimenta, filha do coronel Antonio Carlos[267]:

> Naquele tempo se falava da importância nossa como negro. Como que a gente devia se comportar. Só que o discurso era outro. Não pode errar. E que pra gente ser gente tinha que estudar, nos alfabetizar. Tinha que fazer muita biblioteca em casa, tinha que ler bons jornais.

Os bailes e concursos de beleza, comuns na época, também eram organizados pelo grupo. Outro ponto interessante a observar na Associação Jose do Patrocínio – que igualmente identifiquei em outros grupos do período – é a interlocução com autoridades locais. Suas presenças constituíam um dos pontos de reconhecimento, diante da sociedade local. Nesse sentido, informa-nos Pimenta: *"Nós recebíamos visitas de Prefeito que geralmente iam lá na Associação entregando faixas para princesas..."*. Dos costumeiros palestrantes da associação estavam ativistas do Rio de Janeiro e de São Paulo, além de prefeitos e ou candidatos, à procura de votos.

Embora tendo se estabelecido em Minas Gerais, o então coronel Antonio Carlos continuava em contato e em colaboração com os ativistas de São Paulo, como vemos na pequena nota publicada no *Jornal Alvorada*. Uma missiva de sua autoria foi assim transcrita: *"Agradecendo a bondade*

---

[266] *Suplemento literário de Minas Gerais*, p. 22.
[267] Entrevista dada à autora em julho de 2003, em BH.

dos exemplares de Alvorada que me foram endereçados comunico ter enviado um auxílio por intermédio do Banco do Brasil"[268]. Sua atuação política o levava a deslocar-se da capital mineira para outros centros, quando da realização de encontros concernentes às questões de interesse da comunidade negra. Assim é que seu nome figura entre os participantes da Conferência Nacional do Negro, já abordada neste capítulo[269].

A questão das dificuldades econômicas encontradas pelo grupo para desenvolver suas atividades é presente em diversas outras organizações, as quais tenho pesquisado. Na Associação José do Patrocínio, não era diferente. *"Nós cotizávamos. Ninguém tinha dinheiro. Eu ia cedo fazer uns salgados, a outra, levava umas rosas para enfeitar as mesas"*. A Associação José do Patrocínio tem sido estudada como um grupo voltado apenas às atividades recreativas. Entre seus objetivos não constariam uma preocupação mais acurada com os debates e reflexões dos temas políticos de sua época[270]. A esse respeito, no entanto, refere-se a professora Efigênia Pimenta, ao responder sobre a razão pela qual a associação havia encerrado seus trabalhos, após 18 anos de atividades: *"quando uma associação é de conscientização, ela tem vida curta. Se ela fosse recreativa [...] se tivesse apoio político ela ia mais longe".*

Desejo observar que talvez o aspecto híbrido de uma organização voltada ao lazer – como seu próprio nome informa – e o seu objetivo de construção de uma identidade racial devam ser levados em conta, em futuros trabalhos, que se detenham a analisá-la mais recortadamente[271]. Pauto essa observação a partir de minha pesquisa sobre o Renascença Clube, no Rio de Janeiro[272]. Tradicionalmente o Renascença tem sido visto como uma organização meramente recreativa. Meus estudos demonstraram que desde sua constituição, uma identidade étnico-racial estava sendo formatada pelo grupo.

Conclusão das organizações negras

Meu alvo não foi esgotar aqui a citação de todos as organizações negras daquele período. Inicialmente porque pesquisas mais ampliadas para esse fim estão por ser feitas. Em segundo lugar, porque não comportariam o

---

[268] *Jornal Alvorada*, São Paulo, p. 2, jan. 1946.
[269] *O Quilombo*, p. 40, 2003.
[270] CARDOSO, Marcos Antonio. *O Movimento Negro em Belo Horizonte:* 1978 – 1998. Belo Horizonte: Mazza Edições, 2002.
[271] Em Belo Horizonte, atuavam a Turma Auri Verde e o Grêmio Literário Cruz e Souza (NASCIMENTO, 1999).
[272] SILVA, 2001.

escopo de abrangência deste estudo. Meu intento foi apenas dar uma ideia do nível de movimentação no Brasil, em torno da denúncia e desmantelamento do racismo e da discriminação racial. Queria também trazer para o debate o espraiamento – em termos geográficos – das iniciativas coletivas, organizadas pelos negros.

O tema da insatisfação dos afro-brasileiros para com a sociedade se ampliava, cada vez mais para além do eixo Rio-São Paulo, fazendo surgir novos grupos, como vimos rapidamente. Paralelamente, outras organizações se propunham a constituir uma rede cuja abrangência se dava no interior e nas capitais dos seus estados. Nesse sentido, abordei algumas das organizações sediadas nas cidades do Rio de Janeiro, São Paulo e Belo Horizonte surgidas nas décadas de 40 e 50. No capítulo que se segue, ao abordar a União do Homens de Cor (UHC), incluirei também as cidades de Porto Alegre, Curitiba e Blumenau.

Os jornais do movimento negro: a visão de três autores

Antes de prosseguir, acredito ser oportuno voltar a ressaltar que meu objetivo neste capítulo é procurar construir um painel das diferentes realizações do movimento social dos negros no período após 1945. Razão pela qual abordo determinados aspectos dos encontros nacionais e procuro observar algumas organizações negras em diferentes cidades, na mesma época. É com essa meta que me aproximo dos jornais negros, tendo neles um lugar privilegiado. Pretendo vê-los como fontes de informação e testemunho do que tenho procurado discutir neste trabalho. Ou seja, havia uma efervescência latente naquele momento da história social do país, com a emergência e reestruturação das organizações negras, para além do eixo Rio-São Paulo.

Assim, farei inicialmente uma breve discussão bibliográfica com alguns autores que estudaram mais detidamente os jornais negros, Bastide, Ferrara e Sodré[273], e nesse caso a imprensa feita em São Paulo. Procurarei recortar e analisar alguns artigos publicados em diferentes jornais produzidos por líderes negros nos estados de São Paulo e Rio de Janeiro, e em Curitiba, entre 1945 e 1963. Meu objetivo, neste tópico, é estudar as formas organizativas dos negros naquelas quase duas décadas, tendo como campo de pesquisa os jornais da imprensa negra. Por ora, como já informei anteriormente, percorrerei alguns autores em sua análise sobre a imprensa produzida no estado de São Paulo.

---

[273] BASTIDE, 1971; FERRARA, 1986; SODRÉ, 1999.

Um dos primeiros autores a analisar a imprensa negra paulista foi Bastide[274]. Para esse autor trata-se de uma *"imprensa adicional"*, pois discute e debate os temas da grande imprensa, além de permitir que se examine e perceba sentimentos, atitudes e anseios do grupo. Segundo Bastide, não é uma imprensa preocupada em trazer informações gerais, pois estas são buscadas pelos negros, de maior formação acadêmica e cultural, nos jornais da grande imprensa. Suas principais características seriam as de serem veículos de protesto e de educação.

Grande destaque nesses jornais tem o noticiário dos eventos sociais, como casamentos, bailes, recepções nascimentos e falecimentos. Tais colunas são analisadas por Bastide como uma estratégia para alavancar seu *status social*. Outra observação feita pelo autor é de que habitualmente esses jornais são vistos como constantes de uma imprensa elaborada por e para uma classe média negra, deixando de fora uma maioria da população. Tal visão é criticada por Bastide, pois esse novo grupo, formado majoritariamente por profissionais liberais, teria acabado de ascender socialmente, o que os transformaria em porta vozes de um grupo ainda na base da pirâmide social.

O autor delimita também o período de sua pesquisa – entre 1915 e 1937 – dividindo-a em duas fases. Vista por Bastide, a primeira fase da imprensa negra em São Paulo inicia-se em 1915[275]. Embora centre seu olhar sobre os jornais negros publicados naquela cidade, o autor afirma que não há grandes diferenças entre estes e de outros estados, ou mesmo da América do Sul. Ou seja, o mesmo quadro analítico empregado para estudar os jornais da imprensa negra paulista pode ser utilizado para outras regiões mais abrangentes. Há nos jornais daquele período uma forte influência do momento provocado pela I Guerra Mundial, em que as aspirações por liberdade e igualdade contaminavam as forças populares e faziam eclodir no seio da comunidade negra *"aspirações por melhor sorte"*[276].

A segunda fase avaliada por Bastide abrange o período entre 1930 e 1937. O grande marco dessa fase, lembra o autor, é a criação da Frente Negra Brasileira. Assim, os protestos feitos a partir dos jornais ganham novos contornos com os negros organizados reunindo-se nas ruas e nas sedes recém-criadas. A crítica relativa à instituição do Estado Novo dá-se

---

[274] BASTIDE, 1971.
[275] Há registros de jornais negros publicados em Porto Alegre em 1892. Refiro-me ao jornal *O Exemplo*.
[276] BASTIDE, 1971, p. 131.

contra ou a favor, dependendo do grupo que esteja produzindo os jornais. Outra preocupação daquela imprensa, retratada no trabalho de Bastide, é a reação contra a massiva entrada de imigrantes. Esses novos atores teriam provocado o alijamento dos negros dos melhores postos de trabalho existentes na cidade de São Paulo.

Há, no entanto, de acordo com esses estudos, traços comuns na imprensa de ambas as fases, que ultrapassariam o constante diálogo com a sociedade em geral. A segunda fase, para Bastide, marca um momento de apresentação das demandas daquela comunidade. É quando aparecem as denúncias de atos de racismo, com maior frequência. Seria então o momento de mais atenção à reivindicação política[277]. Alguns temas e demandas, no entanto, permaneceram durante aquele longo período de 17 anos.

Outro trabalho representativo sobre a imprensa negra paulista é o de Mirian Nicolau Ferrara[278], que segue a periodização de Bastide e acrescenta um terceiro momento que se inicia em 1945 e vai até 1963. Ferrara analisa os jornais produzidos em São Paulo e menciona a existência de similares nos estados do RJ, MG, Paraná e RS. Também para Ferrara essa é uma imprensa que se volta para o seu grupo específico e como tal desconhece os grandes acontecimentos da sociedade brasileira do seu tempo. Tinham como finalidade *"reivindicar direitos e assim atingir a integração e a participação do negro na sociedade brasileira"*[279]. Três são os aspectos ressaltados pela autora em sua análise sobre 48 anos daquelas publicações: a denúncia do preconceito, a formação de uma identidade racial e a valorização da educação e da formação.

Durante o primeiro período, de acordo com as conclusões de Ferrara – tal como vemos em Bastide –, são dados os passos iniciais na direção de uma consciência identitária racial ao lado do ensaio por uma integração social. Não escapa à autora a proximidade desse período com a Abolição da escravatura (três décadas). A Abolição seria vista pelos afrodescendentes como um patamar a partir do qual se poderia mensurar a baixa ascensão social do negro, após algumas décadas de libertação. A literatura, por meio da poesia, era uma das táticas empregadas pelos articuladores dos jornais. Os periódicos se esmeravam em tornar públicas as atividades sociais. Os clubes sociais e suas efemérides são construídos como locais de

---

[277] MOURA, 1988.
[278] FERRARA, 1986.
[279] *Ibidem*, p. 25.

organização e união do grupo. Ferrara fala de um tripé de preocupações sobre o qual se volta a imprensa do primeiro período: indivíduo, família e sociedade. Esta última sendo constituída como o grupo dos negros aos quais se desejava comunicar.

O grande marco do segundo período (de 1930 a 1937), à luz das reflexões de Ferrara, pode ser estabelecido com a constituição da Frente Negra Brasileira em 1933. Há um maior crescimento dos artigos reivindicativos. Os temas presentes no primeiro período permanecem no segundo, mas seu tratamento será diferenciado. Abandona-se agora as metáforas reivindicativas e o reclamo por uma maior participação na sociedade é declaradamente impresso. O sentimento de patriotismo atua como fio condutor para as reivindicações de direito à inclusão social, sempre pautados numa construção coletiva possível, por meio da união de todos os negros. Valorizava-se a pessoa negra do presente, buscando na história nacional e internacional personagens negros que poderiam contribuir – exemplificados em seu heroísmo – para a consolidação de um orgulho racial[280].

Ao lado da reorganização da sociedade democrática, com o fim do Estado Novo, reestruturaram-se também os jornais negros, a partir de 1945. Esse então será o novo marco para o estudo de Ferrara. Já agora sem a comparação com o trabalho de Bastide, que se encerra em 1937. As análises sobre os ganhos advindos da luta do negro até ali são apontadas pela autora como contumazes nos jornais negros do pós-II Guerra Mundial.

Numa breve abordagem sócio-histórica sobre a imprensa negra no Brasil, Sodré[281] –também observando mais atentamente o fenômeno a partir do estado de São Paulo – a divide em três fases principais. Sodré agrupa as fases denominadas por Ferrara de dois e três (entre 1930 e 1963) e acentua uma outra não incluída nos trabalhos de Bastide e Ferrara. Seria aquela surgida posteriormente ao advento do MNU (Movimento Negro Unificado) em 1978. Para esse autor, a imprensa também se inicia em 1915 com a edição do jornal *O Menelick* e segue com o *Clarim da Alvorada*, o *Getulino* e a *Princesa do Norte*. Sodré afirma que "esta imprensa caracteriza-se pela tentativa de fazer o negro integrar-se na sociedade global"[282].

---

[280] José do Patrocínio e Luiz Gama, entre outros.
[281] SODRÉ, 1999.
[282] *Ibidem*, p. 145.

Segundo o autor, a segunda fase da imprensa negra principia com a Nova República, tendo como marco os jornais da Frente Negra de São Paulo. Além dos valores integracionistas encontrados na primeira fase – em que os hábitos e costumes sociais eram ressaltados – também posições político-ideológicas assumidas em relação ao preconceito de cor eram tomadas. De tal modo, Sodré denomina de segunda fase um período que vai de 1930 a 1963. O autor agrupa, num único momento, o que para os autores anteriormente referidos estaria presente em fases sócio-históricas distintas.

Com essa metodologia, Sodré deixa de considerar as diversas mudanças pelas quais passou o estado-nação brasileiro e, por conseguinte, as pessoas negras que nele viviam. Por outro lado, a inclusão da análise sobre os jornais dos anos 70, efetuada por Sodré, pode nos auxiliar a melhor entender os arranjos organizativos daquele período. A terceira fase, para Sodré, inicia-se nos anos 80, quando a influência do MNU se espraia por todo o território nacional. Surgem as publicações em que identidade racial, denúncias contra o preconceito de cor e análises sócio-históricas do colonialismo ao lado da destituição do mito da democracia racial constituíam os principais conteúdos.

O quadro seguinte nos auxilia a perceber a existência de diferentes divisões do tempo histórico dos jornais publicados pelos grupos negros, a partir dos autores que aludi aqui. Um ponto comum entre esses autores, no entanto, é o marco inicial. Há uma unanimidade sobre o ano de 1915, como aquele em que surge o primeiro jornal negro paulista. Outro dado importante é a completa ausência de análise sobre os jornais durante o período de 37 a 45. A partir desses autores, pode-se concluir que os jornais não foram produzidos durante a vigência do Estado Novo.

O quadro a seguir demonstra as diferentes divisões adotadas por cada um dos autores.

Quadro 1 – Fases por cada autor:

Autores	1.ª fase	2.ª fase	3.ª fase	Cidade
Bastide 1915 a 1937	1915 a 1939	1930 a 1937	----------	SP
Ferrara 1915 a 1963	1915 a 1923	1924 a 1937	1945 a 1963	SP
Sodré 1915 a 1989	1915 a 1929	1930 a 1963	A partir de 1978	SP

Fonte: a autora

Tendo em mente que cada um dos autores, ao fazer essa divisão, analisou o perfil dos diferentes momentos, concluí que dependendo do autor com o qual se deseje dialogar diferentes visões teremos sobre a imprensa negra produzida em São Paulo. Para efeito deste livro me debruçarei com maior atenção sobre o terceiro período analisado por Ferrara. Minha pesquisa, portanto, cobrirá a periodização sugerida pela autora que se inicia em 1945 e se estende até 1963. A razão dessa escolha refere-se ao fato de estar tentando demonstrar uma mobilização significativa naquele momento sócio-histórico que é coincidente com aquele coberto por este estudo. Apenas em dois aspectos principais procurarei diferir minha trajetória daquela, já muito bem traçada no trabalho de Ferrara. Primeiro na região abrangida pela pesquisa. Isto é, interessa-me observar alguns aspectos da imprensa negra nas cidades do Rio de Janeiro, Curitiba, São Paulo e Porto Alegre. Logo, não é apenas a imprensa paulista minha meta.

A segunda diferença metodológica deste trabalho, em relação à exaustiva pesquisa de Ferrara, reside na forma de aproximação daquela imprensa. Nesse sentido, ao ter nos periódicos negros uma sólida referência de consulta, evitarei determinar um estilo de fazer político, emoldurante de uma determinada época, como fizeram Bastide, Ferrara e Sodré. Os jornais têm sido utilizados neste estudo apenas como mais uma das fontes em que posso alicerçar minha hipótese sobre a existência de uma grande articulação nacional do movimento negro brasileiro entre 1945 e 1963. Não analisarei, portanto, o conteúdo de cada jornal ou época em que foram publicados. Apenas tomarei de empréstimo algumas declarações neles contidas, a fim de encaminhar esta discussão.

O movimento negro a partir de seus jornais

Os jornais da imprensa negra podem ser vistos como reflexo das lutas e aspirações da comunidade negra de seu tempo, como veremos a seguir. Na sua edição de maio de 1948 o *Jornal Alvorada*, por exemplo, apresenta uma expressiva imagem de um homem negro forte com algemas em ambos os pulsos e uma corrente partida, em posição de ataque (ou defesa), encimada pelo seguinte texto:

> XIII DE MAIO - O DIA DE FÉ DOS NEGROS BRASILEIROS:
>
> A expressão vitoriosa desta "silhueta" representa e caracteriza o símbolo de um ideal – na configuração de defesa de um princípio – que deve ser encarado, conscientemente, pelo negro brasileiro, nessa mesma atitude de luta. Luta de solidariedade na forma de recuperação dos prejuízos históricos. Luta em prol de seu alevantamento, demarcando o início de uma jornada que se destina ao reajustamento de todos, na integridade da pátria. Luta pelo encontro de si mesmo, nas órbitas de nossa comunhão de ideais e sociais, pelo aproveitamento de nossos valores dispersos e pela reestruturação de nossa base econômica. Luta pela libertação dos complexos e dos grilhões do atavismo que manietam as aspirações de nosso altruísmo, nesta altura de um amadurecido 13 de maio[283].

O texto supra foi impresso no canto esquerdo da página, ao lado do nome do jornal, o que demonstra a ênfase e o realce dados pelos editores à mensagem nele disposta. A conjugação da mensagem – em que a palavra luta é reiterada cinco vezes – com a postura belicosa do desenho são metáforas do momento reativo em que se encontrava a comunidade de líderes negros em São Paulo e em diversos pontos do território brasileiro. Note-se que essa mesma ilustração já havia sido utilizada no frontispício do Clarim da Alvorada na edição n.º 4, de 13 de maio de 1928, e no jornal de n.º 35, de 23 de agosto de 1931[284]. O que já nos vale para entender que diferentemente do que afirmam os autores estudados – no que se refere à vertente reivindicativa dos jornais negros – estas não se iniciaram apenas após os anos 40. Outra possibilidade de análise que nos empresta essa notícia é o fato de que em três décadas diferentes a mesma figura foi utilizada, sem que houvesse ocorrido uma ruptura de reivindicações e mensagens. Inúmeras são as chamadas para a organização social.

---

[283] *Jornal Alvorada*, São Paulo, ano III, n. 31/32, 1948.
[284] FERNANDES, 1965.

> PRECISAMOS DA AÇÃO
>
> Não é fechando os olhos, nem cruzando os braços às ondas que estão naufragando os poucos negros que existem neste imenso Brasil que possamos nos salvar deles... Não concordamos com aqueles que nos chamam de indolentes e dizem que esta é a causa de nossa desgraça... Não se cansam de dizer que os negros no Brasil são livres e gozam de igualdade perante os seus concidadãos. Não concordamos mais com esta igualdade hipotética... Quando chamamos providência a quem é de direto providenciar é tão somente para minorar os desprezos que caem sobre os descendentes desse povo que tanto deu ao Brasil, e que agora são postos à margem de sua atividade[285].

Os jornais eram também o veículo por meio do qual a coletividade negra se inteirava dos acontecimentos sociais de seu grupo, das realizações políticas e da convocação para a organização contra o racismo e a discriminação racial. Supria, portanto, a defasagem nesse sentido, percebida na chamada grande imprensa. Andrews, referindo-se ao importante papel daqueles jornais, menciona que neles se pode ver revelada a situação econômica na qual viviam os líderes negros (seu estudo é voltado para o estado de São Paulo), bem como suas preocupações e interesses[286].

> NEGRO!!! VOCÊ É IMPORTANTE.
>
> Negro!!! Não se esqueça disto: Você é importante, importantíssimo. A sua cor, esse tão decantado problema não pode e não deve influir em seus desígnios. Lembre-se que uma coisa ninguém lhe poderá tirar: a personalidade... Quando mesmo se sabe que a economia nacional sempre descansou nos ombros fortes dos filhos da Mãe Preta, dá vontade de gritar a plenos pulmões: Dêem-me o que me pertence. Nossos direitos são iguais[287].

Diferentemente dos períodos anteriores, os negros organizados sentiam-se como partícipes da sociedade brasileira, além de responsáveis por sua construção, e como tal merecedores de direitos e benesses. Pleiteavam o direito à educação, para que apoiados nela pudessem ascender na pirâmide social. As denúncias contra a discriminação racial se repetem nos periódicos negros. Algumas vezes retratando situações vivenciadas ou reveladas pela comunidade negra. Outras, como na matéria seguinte, repercutiam notícias já veiculadas na imprensa convencional.

---

[285] Por Ovidio P. Santos. *Jornal Novo Horizonte*, São Paulo, ano I, n. 3, p. 3, jul. 1946.
[286] ANDREWS, 1992.
[287] Por A. de Camargo. *Jornal Novo Horizonte*, São Paulo, ano II, n. 12, p. 1, jul. 1947.

> PROTESTO NA ASSEMBLÉIA LEGISLATIVA CONTRA A DISCRIMINAÇÃO RACIAL
>
> Publicaram os jornais desta capital, um protesto feito da tribuna da Assembléia Legislativa, na sessão do dia 24 último pelo Deputado Márcio Porto. O tópico desse protesto que temos em mãos, apenas faz referência à orientação de uma determinada indústria de São Bernardo do Campo, a qual se recusa a empregar no quadro de seus trabalhadores, elementos de côr, nortistas e nordestinos. Isto é o bastante para demonstrar a evidência da discriminação. E como nós aqui, como é óbvio, não podemos deixar de manifestar a nossa repulsa e nos associarmos, em nome da coletividade negra, a esses protestos e contra esses atos discriminativos que já vem se notando, de há muito, em nossa capital[288].

Dessa forma, esses periódicos são importantes referenciais quando se pretende analisar o pensamento da *inteligência* negra da época. Atuam, ao mesmo tempo, como valiosos instrumentos para o entendimento das matrizes argumentativas das lideranças negras do período ora estudado. Ferrara também aponta, nos seus estudos, que são as reivindicações por *"integração, participação e ascenção na sociedade brasileira"*[289] a motivação para a existência desses jornais. Trata-se, então, de acordo com a autora, de uma persecução pela cidadania como brasileiro, a bússola que norteia aquela imprensa, independentemente de seu período de concepção. Ferrara aponta que apenas o Novo Horizonte (dirigido por Arnaldo de Camargo e Aristides Barbosa) destoava do ambiente constituído pelos jornais da época. Sua preocupação maior eram as atividades culturais desenvolvidas pelos demais grupos. Dessa forma, a ausência de maiores estudos sobre a imprensa negra, para além do eixo Rio-São Paulo, não se constitui num impeditivo de se analisar jornais de outros estados, amparados nas análises sobre os periódicos paulistas.

No Rio Janeiro, por exemplo, solidificava-se naquele momento uma imprensa negra na cidade, em que os jornais *O Quilombo*, *Redenção* e *A Voz da Negritude* eram os principais representantes. *O Quilombo*, com seu subtítulo: *"Vida, problemas e aspirações do negro"*, dirigido por Abdias do Nascimento, era o combativo órgão da imprensa preocupado em analisar as consequências do racismo sobre a população negra. O espírito organizativo em função da arte e da conscientização racial, mais que a mera inserção na sociedade, era

---

[288] Fonte: *Jornal o Mutirão*, ano I, n. 2, jun. 1958.
[289] FERRARA, 1986, p. 83.

constante no periódico. *"Trabalharemos Unidos para um Brasil melhor"*. Esse é o subtítulo do jornal *Redenção*, dirigido por João da Conceição. Aquele informativo apresentava como princípio a formação educacional do negro a fim de prepará-lo para alçar uma posição superior na hierarquia social. O terceiro periódico, *A Voz da Negritude*, era o jornal da União dos Homens de Cor (UHC) de Niterói. Basta que observemos as sessões de cartas de diferentes jornais para percebemos o interno fluxo de informações entre as regiões, como mostra o *Jornal Alvorada*.

> Uma calorosa carta cheia de entusiásticas considerações, recebeu a secretaria da A.N.B do Sr. Frelolino Ferreira que em Porto Alegre, se propõe a articular um Movimento que se oriente nas bases dos planos da A.N.B.

Mais adiante, naquele mesmo jornal, consta a seguinte missiva:

> Outra carta da cidade de São João da Boa Vista.
>
> Nessa adiantada cidade da linha Mogiana, foi o plano inicial da A.N.B, muito bem aceito, escrevo o Sr. João Franco da Silva cuja intenção é de organizar e promover nessa localidade um movimento nesses mesmos moldes[290].

Os jornais representavam polos aglutinadores dos negros em geral, estimulando a existência de uma comunidade política e mesmo familiar. Esperava-se que o senso de solidariedade pudesse contribuir para afastar as influências das ideologias de inferiorização dos negros, ainda permeantes na sociedade brasileira. Poderíamos pensar que é em resposta a uma persistente visão discriminatória que essa imprensa se expressava. Uma tática usual era documentar a existência e realização de atividades desenvolvidas por grupos pares em outras localidades.

> O TEATRO EXPERIMENTAL DO NEGRO DO RJ.
>
> Não podemos deixar de consiguinar aqui duas palavras em torno dessa grande e vitoriosa realização que é o Teatro Experimental do Negro na capital do país. É uma obra de elevado mérito pela sua concepção e originalidade. Deve-se isso a um punhado de jovens intelectuais negros, tendo à frente Abdias do Nascimento, Aguinaldo Camargo e Sebastião Rodrigues Alves. Daqui enviaremos aos bravos amigos os nossos parabéns[291].

---

[290] *Jornal Alvorada*, São Paulo, p. 2, 28 set. 1945.
[291] Ibidem, p. 2.

Por meio da imprensa negra, pode-se também perceber, segundo Ferrara, um diferencial de expectativas sobre a educação. Assim, embora, ao longo da história social dos negros paulistas, a educação tenha sido uma importante referência de ascensão, a forma de sua apropriação se modificará ao longo do tempo. Ferrara lembra que no período entre 1919 e 1937 (que perfaz o primeiro e o segundo momento da imprensa negra paulista, de acordo com sua periodização) a educação era estimulada a partir de uma responsabilidade dos pais para com seus filhos, os quais deveriam permitir a estes um futuro com maior *"aperfeiçoamento cultural e intelectual"*[292].

Nos anos seguintes a 1945, no entanto, a educação é o meio pelo qual os negros poderão chegar a melhores postos de trabalho e por conseguinte auferirem condições econômicas mais propícias. Trata-se, portanto, de mudança não apenas de formação, mas também, e principalmente, de classe social. Assim, deixava o âmbito meramente doméstico e ganhava a esfera pública. Também os poderes constituídos tornavam-se agentes a serem demandados por uma educação ao alcance de todos. Não é abandonada, no entanto, a estratégia denunciativa, sendo a educação um dos lugares possíveis de realização desse novo momento.

> No Brasil não obstante a "ausência oficial" de preconceito de cor, nós o sentimos em diversos setores. É comum, quando se diz em determinados educandários não é permitido ao jovem de cor se matricular, surgem acomodados dizendo enfaticamente: A questão é econômica [...]. Aí está no colégio Notre Dame de Sion, que não aceita alunas negras, mesmo que elas se sujeitem a pagar as pesadas mensalidades. No mesmo caso se encontram os colégios Andrews, Benett, Santo Inácio, N. S. de Lurdes e tantos outros, para citar apenas estes estabelecimentos secundários[293].

Tão audível se faz essa denúncia de preconceito racial impeditivo de ingresso de alunos negros nas escolas de maior prestígio que mesmo a imprensa regular faz repercutir esse reclamo.

> *ÚLTIMA HORA DENÚNCIA NUMEROSOS ESTABELE-CIMENTOS QUE VIOLAM A NOVA LEI CONTRA O PRECONCEITO RACIAL...*
>
> *[...] existem preconceitos de côr, como existe no ensino particular, a ponto de uma funcionária do Colégio Santa Marcelina, à rua do Açude n.º 250 ao Alto da Tijuca, declarar.*

---

[292] FERRARA, 1986, p. 152.
[293] Haroldo Costa. *Quilombo*, p. 22, 2003.

☐ *Não aceitaremos gente de côr! É inútil tentar!*

O orfanato do Colégio da Imaculada conceição, Por exemplo, à praia de Botafogo, n.º 266, faz discriminação de côr mancha infamante dos Estados Unidos e que se emprega no Brasil através de uma série de artifícios. No referido estabelecimento religioso responderam:

☐ *Não costumamos receber pretas!*

Ante a insistência do jornalista que teria afilhada preta para internar, obteve a melancolia resposta:

☐ *É melhor não mandar a mesma para não perder tempo[294]...*

Além das estratégias de manter na imprensa os diversos casos de racismo, uma outra adotada pelas lideranças negras foi a de inserirem-se em alguns partidos políticos e saírem candidatos nas eleições de 1950. A abertura do sistema democrático incentivava a formação de novos partidos políticos, que, segundo Ferrara, estimulou uma maior participação política de brancos e negros. Assim, os jornais vão retratar as candidaturas de várias lideranças. Ferrara[295] chama atenção para a influência do momento de abertura política refletida nos jornais paulistanos.

OS CANDIDATOS NEGROS

Causou espécie e, mesmo por parte de certa imprensa, algum alvoroço, o fato de se constatar que a presença de um candidato negro, na legenda do P.S.D seção Florianópolis... O Sr. Jose Ribeiro que é uma brasileiro de pele escura quando foi incluído na chapa do Sr. Nereu Ramos por certo, foi por seu merecimento. No entanto, logo foi molestado e alvo de ataques, apenas por ser negro[296].

Vários jornais da imprensa negra se posicionaram a favor da campanha de diversos candidatos afrodescendentes. No caso do Rio de Janeiro, o jornal *Quilombo*, dirigido por Abdias do Nascimento, vai defender sua candidatura e de outros afro-brasileiros da cidade.

---

[294] *Última Hora*, ano I, n. 6, p. 6, 18 jun. 1951.
[295] FERRARA, 1986.
[296] *Jornal Alvorada*, São Paulo, ano III, n. 26, p. 3, nov. 1947.

> O T.E.N. DIRIGE-SE AOS PARTIDOS POLÍTICOS
> O Teatro experimental do negro acaba de enviar aos presidentes dos diretórios de todos os partidos políticos do Distrito Federal o seguinte ofício: O Teatro Experimental do Negro tem entre outros objetivos, o de estimular o desenvolvimento da capacidade política do homem de côr brasileiro. Uma das maneiras de realizar este objetivo é de proclamar e ressaltar, perante os leitores do periódico QUILOMBO, os méritos de negros e mulatos no âmbito da ação cívica e da atividade política. Nestas condições, vimos solicitar a V.Excia, nos informar quais os nomes e os respectivos endereços dos negros e mulatos que serão candidatos desse partido, no Distrito Federal, nas próximas eleições de 3 de Outubro. De posse desses dados, a redação de quilombo irá entrar em contacto com os candidatos afim de fazer em suas páginas, gratuitamente, a propaganda dos mesmos[297].

A campanha para as eleições de 1950 contou com a adesão de jornais paulistas como *Mundo Novo* e *Novo Horizonte*, que se transformaram em propagandistas de líderes negros representantes de diversos partidos.

> Ao povo de São Paulo aos negros de São Paulo a Mulher Negra Sofia Campos Teixeira é a candidata que apoiamos para deputada federal. A única mulher negra que disputa as eleições, sob a legenda de um partido democrático... Militante fundadora desse partido, a professora Sofia Campos Teixeira, que há... muitos anos vem desenvolvendo uma luta em prol dos direitos de sua raça, tão menosprezada... Apesar de sua contribuição tão decisiva para o progresso do Brasil, Sofia Campos Teixeira tem participado de todos os movimentos de emancipação não só dos negros, mas ainda da mulher que trabalha defendendo os seus direitos e preparando o caminho da sua emancipação... São Paulo setembro de 1950.

Há uma constante nas linhas e entrelinhas daqueles periódicos que supera as diferenças estabelecidas por fronteiras geográficas. Assim sendo, alguns temas persistiram para além das distâncias. Ou seja, aquela imprensa, embora produzida numa região, mantinha uma interlocução constante com grupos organizados em outros estados da federação, sobretudo no período que ora estamos estudando.

---
[297] *O Quilombo*, p. 87, 2003.

> NEGROS, CONDUZAM PELA FORÇA DE SEU VOTO
> - Para deputado federal: Jorge Prado Teixeira.
> - Para deputado estadual: Jaul Joviano do Amaral e Aurinos dos Santos,
> Candidatos da M.A.B.E.C. (Movimento Afro Brasileiro de Educação e Cultura)[298].

Nesse sentido, vale que notemos a observação de Weffort[299], quando nos lembra a respeito da importância do voto para demonstrar a força política do povo. Ressalta, no entanto, o autor sobre a diferença entre povo e *"corpo eleitoral"*. Dito de outra forma, numa sociedade como aquela – anterior aos anos 50 – grande parte dos brasileiros era impedido de expressar sua opinião política por meio do voto, por ser analfabeta. Estando a maioria da população negra nas mesmas condições, as várias organizações do movimento social negro vão tomar a si a responsabilidade de organizar turmas de alfabetização.

Outro dado importante a ser considerado sobre participação popular via voto reside – também baseado em Weffort[300] – na impermeabilidade dos partidos políticos para a participação junto a setores populares. Isto é, a candidatura dos afro-brasileiros por diferentes partidos não garantia a eles a discussão dos direitos por cidadania, baseados na exclusão e desigualdades raciais. Essa não seria uma das bandeiras dos partidos. A relação política passava então a ser – para usar uma expressão de Weffort[301] – uma *"relação de indivíduos"*. Dito de outra forma, cabia aos candidatos negros garantir, eles mesmos, a propaganda de seus nomes e metas. Por outro lado, a carência de espaço político dentro dos partidos acabava por indiretamente contribuir para reforçar os elos de uma rede de lideranças. Daí a imprensa negra ser empregada como divulgação não apenas dos candidatos locais, como também de outras regiões, como vimos anteriormente.

Os jornais da imprensa negra, portanto, ajudam-nos a configurar um quadro de júbilo e movimentação em diferentes estados do país, em torno de uma crescente identidade étnico-racial, por parte dos afrodescendentes. No entanto, esses periódicos ficavam a cargo, em muitas ocasiões, das vicissitudes financeiras de seus diretores. Ferrara[302] corrobora a influência

---

[298] *Jornal Novo Horizonte*, ano VIII, n. 1, p. 6, set. 1954.
[299] WEFFORT, 1980.
[300] Idem.
[301] Idem.
[302] FERRARA, 1986.

do aspecto econômico sobre aqueles jornais, referindo-se à ausência de padronização de número de páginas, tamanho e mesmo a uma irregularidade na impressão.

> Para fazer o Novo Horizonte a gente se cotizava e pagava a edição do jornal, então a gente sempre marcava pro jornal sair no dia dez de cada mês, porque era o dia em que todo mundo tinha dinheiro. O jornal foi mantido durante dez anos assim, nessa base. [...] Era uma jornal contra o racismo, que era sensível mesmo[303].

Também Moura e Bastide[304] referem-se às dificuldades que cerceavam a expansão dos jornais produzidos pelas lideranças negras. O que lhes impedia maiores tiragens ou uma longevidade mais expressiva na sua vida editorial. Ainda assim, Moura ressalta sua grande importância sociocultural, por espelhar os estilos de vida daquela comunidade

> Seu êxito se deve a homens humildes como Tio Urutu, que era um cozinheiro do Instituto Disciplinar, como José Correia Leite, que era auxiliar de uma drogaria, o qual além de escrever e orientar o jornal, tirava dos seus parcos vencimentos uma parcela para mantê-lo, para que pudesse sair com alguma regularidade. [...] O Jornal Clarim da Alvorada [...] não teve caixa e, como o objetivo da imprensa negra era difundir à comunidade negra as suas idéias, os seus organizadores nunca procuraram organizações financeiras pra ajudá-las [...] sem praticamente anúncios, ela vivia da solidariedade. Foi dentro deste espírito que a imprensa negra viveu por quase vinte anos[305].

Os periódicos negros, desde a década de 20, atuavam como referências de educação continuada à distância quando ressaltavam a importância do atendimento aos atributos morais da época. Acrescentaria que esse didatismo se encontra presente mesmo nos periódicos subsequentes. A meu juízo, quando esses jornais são focados sobre cada um de *per si* – não num grupo delimitado por período ou região –, permitem que percebamos que havia muito mais que uma linha ascendente de estratégias de abordagem conceitual, reivindicatória ou denunciativa.

Se tivermos em conta as dinâmicas do racismo na sociedade nacional, alimentado pelas teorias cientificistas do século XIX, que se esten-

---

[303] BARBOSA, Aristides. *Frente Negra Brasileira*. São Paulo: Quilomboje, 1998. p. 26.
[304] MOURA, 1988; BASTIDE; MACHADO, 1973.
[305] MOURA, 1988, p. 215.

deram no imaginário social até os nossos dias, é em última análise em direção à sua demolição que os jornais se erguem. Pude surpreender aqui – embora de forma breve – a utilização da imprensa como púlpito do qual se procurava atingir corações e mentes na sociedade, ora denunciando, ora reivindicando e outras dialogando. Qualquer que fosse o tom do discurso, o que não se perdia como meta era colocar na ordem do dia a questão, até então tabu, do racismo e da luta contra este, em terras brasileiras.

Conclusão

Vimos até aqui uma parte expressiva do que foi a intensa articulação do movimento negro organizada no período pós-45. A experiência dos anos 20 e 30 em São Paulo, com a Frente Negra, teria fortalecido o discurso, as análises e a práxis, renovando as lideranças atuantes no pós-Estado Novo. Assim, segundo Fernandes[306], os movimentos sociais negros passam a perceber, num horizonte mais ampliado, que as barreiras impeditivas da inclusão do negro não repousavam apenas na ausência de solidariedade coletiva ou na ínfima formação educacional da maioria da população. O autor vê nesse período o limiar do estabelecimento de uma compreensão, por parte daqueles líderes, de que a exclusão a que eram submetidos na "sociedade inclusiva" era fruto de uma postura racializada inculcada na sociedade brasileira. O autor observa que entre 1945 e 1949 – em São Paulo – são estabelecidas as bases para uma *"implantação definitiva da gente negra"*[307]. São fomentadas, a partir daquele momento, as análises de que "o problema do negro" longe estava de ser apenas dele. Ou seja, não estava na população negra a responsabilidade unilateral pelas desigualdades a que vinha sendo exposta[308].

Procurei apresentar, neste capítulo, um quadro narrativo em que os grandes eventos nacionais, as organizações negras em diferentes estados, algumas de suas lideranças mais reconhecidas e suas demandas expressas nos jornais publicados pelos afro-brasileiros pudessem testemunhar, eles mesmos, o que desejei demonstrar neste livro sobre a pulsante veia organizativa dos negros naquele período. Em alguns momentos apresentados aqui, pude observar por meio da reprodução dos extratos dos textos jornalísticos

---

[306] FERNANDES, 1965.
[307] *Ibidem*, p. 90.
[308] *Ibidem*, p. 90.

que havia uma interlocução – nem sempre amena – entre aqueles tribunos e a sociedade em geral. Esta última tão permeada pelo ideário de ausência de estereótipos, discriminações e racismos, no território nacional.

As lideranças negras passaram a adotar, portanto, técnicas e metodologias comuns a outros movimentos de reivindicações sociais, tais como o teatro, por exemplo. Suas admoestações ao sistema de relações entre negros e brancos eram uma insurgência que arrogava para si *"a solução de problemas ignorados ou descurados pelas elites no poder"*[309]. Deu-se uma espécie de convocação geral que ajudou a constituir um orgulho de ser negro e uma identidade racial coletivizada. Por conseguinte, o movimento espraiou-se para além das capitais de São Paulo e Rio de Janeiro, chegando mesmo a pequenas cidades. Nesse sentido, o documento final do I Congresso do Negro Brasileiro (São Paulo) em 1950 apontava para criação de uma Confederação Nacional de Entidades Negras[310]. Independentemente do fato de haver ou não sido criada aquela confederação, sua mera citação já dá mostras da existência de uma teia de grupos, por grande parte do território brasileiro, que pudesse vir a sustentá-la.

Os três grandes encontros nacionais só puderam ser elaborados mediante a participação de lideranças diversas, provenientes do seio de seus grupos e organizações específicas. Foram estas as propulsoras daqueles grandes fóruns de construção e reelaboração do pensamento sobre raça e relações raciais brasileiras. Faz-se mister, no entanto, compreender que a realização daquelas três conferências nas duas cidades (Rio e São Paulo) é possibilitada pela existência de grupos em diferentes estados que uma vez conclamados acorrem aos dois centros motores (ou construídos como tal) da agitação político-cultural do país, no período seguinte ao fim da Ditadura Vargas.

As relações dos presentes – divulgada pela imprensa negra durante e após os encontros – fazem luz ao fato de que em várias outras cidades e capitais havia grupos negros organizados, e não apenas nas duas mais rotineiramente referidas pelos estudiosos. Assim sendo, procurei abordar algumas organizações negras, sempre vendo-as como mais um dos modelos demonstrativos da insurgência presente no período de redemocratização no pós-Estado Novo. Estive, portanto, procurando observar as manifestações identitárias da comunidade negra da época, representadas aqui por seus grupos reivindicativos.

---

[309] *Ibidem*, p. 9.
[310] COSTA PINTO, 1952.

A ocorrência de um clima propício à mobilização e o surgimento de novas lideranças, a ampliação do debate sobre racismo e discriminação racial na mídia escrita e a organização em torno do tema foram parte de um todo incluído num momento de democracia nacional e de lutas antirracistas em outros países. A expansão dos jornais negros e a realização de encontros e conferências auxiliaram na solidificação do debate e projetaram uma contra-argumentação no que se refere à democracia racial, em âmbito nacional. Contribuíram também para estabelecer novas identidades em diferentes camadas sociais. Atraíram aliados diversos e de setores plurais, do ponto de vista racial e cultural, transformando-os em porta-vozes diretos. Como apontado anteriormente, meu objetivo ao elaborar este capítulo era o de confrontar com parte dos achados de alguns autores (Roger Bastide, Florestan Fernandes e Costa Pinto) que estudaram o movimento social dos negros nos anos de redemocratização seguintes ao Estado Novo.

Minha premissa é que o protagonismo do TEN (RJ) e da UNB (SP) ressaltado em alguns trabalhos contribuiu para deixar ausentes daquele quadro de análise – num momento de grande articulação dos movimentos populares – inúmeros outros grupos em diferentes regiões do país. Dito de outra forma, acredito que para além do que pode ser visto pelo Projeto Unesco havia uma plêiade de organizações negras em diferentes cidades do território nacional, ainda a serem localizadamente estudadas. O escopo deste trabalho não permitiria – nem tive a intenção de realizá-lo – uma volta ao campo anteriormente trilhado por cada um dos pesquisadores do Projeto Unesco. Portanto, não foi possível fazer uma exaustiva pesquisa sobre outros grupos que juntos permitiram uma ressignificação definitiva – de acordo com Fernandes – do movimento negro nacional. Ainda assim, continuarei nessa trilha de desvelar organizações e grupos, pouco ou ainda não incluídos na preocupação das ciências sociais brasileiras, no capítulo vindouro.

Dizia na introdução deste capítulo que meu objetivo primeiro é estudar a UHC, contextualizando-a no *"Renascimento Negro"* dos anos 40 e 50. Assim sendo, apresento um mapeamento (ainda que não exaustivo) sobre o número de grupos e jornais negros em três cidades do país (RJ, SP e BH), nas décadas de 40 e 50. Passarei agora a abordar a organização a partir da qual surge esta pesquisa e cuja trajetória pretende ser estudada por este trabalho, a UHC, ou União dos Homens de Cor.

CAPÍTULO 3

UNIÃO DOS HOMENS DE COR: ASPECTOS DE UMA REDE NACIONAL

Meu objetivo ao elaborar o capítulo anterior foi apresentar, de forma contextualizada, a multiplicidade de iniciativas tomadas a seu cargo por diferentes organizações negras brasileiras, sediadas em algumas capitais do país. Os grupos e associações criados pelos afro-brasileiros ajudavam a consolidar uma rede que se comunicava à distância por meio de sua imprensa ou numa relação interpessoal. Esta última se dava mediante visitas individuais e coletivas ou quando da ocorrência de encontros nacionais. As diferentes formas de contato amparavam a criação de um alicerce sobre o qual se podiam estruturar seus discursos, práticas e ações. Acredito que essa atmosfera tenha sido o principal irradiador que veio a favorecer não apenas o surgimento como também a expansão da rede a respeito da qual falarei doravante, intitulada União dos Homens de Cor, Uagacê ou UHC.

A primeira parte deste capítulo se voltará ao delineamento da estrutura da rede. O estatuto redigido por seus fundadores permitirá observar mais adiante a conexão entre o sonho (a redação do documento) e a concretização deste, nas realizações do grupo, em ocasiões múltiplas. Suas atividades mais dirigidas ao apoio direto às necessidades materiais da população afro-brasileira também serão alvo de meu olhar. A seguir voltarei minha análise para as parcerias estabelecidas pela rede – em alguns dos locais em que encontrei registros de sua passagem – e sua conexão com as demais atividades desenvolvidas pelo movimento social negro mais amplo.

O questionamento a respeito das teses, ainda presentes no senso comum nacional, de inferioridade e superioridade raciais também pode ser constatado na fala dos líderes da UHC. Procurarei demonstrar essa insurgência em relação às teses acadêmicas, no tópico intitulado "Assumindo uma postura crítica". Toda a expansão da rede não se deu sem que diferentes visões contribuíssem para multiplicações de outros grupos, com nomes semelhantes ou ações próximas, se verá mais ao final do capítulo e que denomino "Surgem os filhos da UHC".

O nascimento da futura rede UHC

A UHC surge numa conjuntura de um dos estados da federação – Rio Grande do Sul – que possui uma longa trajetória de iniciativas de insurgência por parte dos afro-brasileiros. Poderia citar aqui a Sociedade Floresta Aurora fundada em dezembro de 1872 por um grupo de negros libertos, em Porto Alegre. Essa organização pode ser usada como marco que dá início a uma lista de outras criadas, na cidade, no século XIX. Sua fundação esteve ligada à assistência funeral e ao auxílio às famílias de sócios falecidos[311]. Duas décadas mais tarde, já após a Abolição, surge em 1892 o *Jornal O Exemplo*, que circulou até 1930 com alguns períodos de interrupção. No seu primeiro número se podia ler:

> Devemos mostrar à sociedade que também temos um cérebro que se desenvolve segundo o grau de estudo a que o sujeitemos e, por conseqüência, que também podemos nos alistar nas cruzadas empreendidas pela inteligência, muito embora algum astuto nos queira acoimar, ou seja, porque desconheça as nossas legitimas aspirações, ou seja, porque faça parte dos doutrinários que julgam o homem pela cor da epiderme[312].

É essa ambiência, em que esses e outros grupos continuaram atuantes por mais de um século, que estimula a criação da UHC, que foi fundada em Porto Alegre, em janeiro de 1943, pelo Dr. João Cabral Alves, apresentado no estatuto como farmacêutico e industrial. A Secretaria Geral ficava a cargo do também farmacêutico Sr. Aristides José Pereira. O advogado Dr. Armando Hipólito dos Santos foi empossado como inspetor geral. A direção do Departamento Jurídico ficou sob a responsabilidade do advogado Dr. João Pereira de Almeida, ao lado da tesoureira nacional Sr.ª Bianca Maria Papay, que assinou como doméstica. Dirigindo o Departamento de Saúde e Educação estava o médico Dr. Cesário Coimbra[313]. O chefe da comissão de finanças era o funcionário público, senhor Euclides Padilha.

---

[311] MELO NETO, João Batista de. *Projeto cultural. O povo negro no Sul*. Porto Alegre: Associação Rio Grandense de Imprensa, 2001.

[312] *Ibidem*, p. 43.

[313] Durante minha pesquisa de campo em Curitiba (PR) encontrei o nome Cesário Coimbra entre as pessoas presas pelo Dops em 1940. A ficha de cadastramento – não indica filiação, local de nascimento ou residência – classifica-o como um *elemento revolucionário*, originário de São Paulo, preso e solto na mesma data. A falta de informações mais detalhadas deixa dúvida diante da possibilidade de tratar-se de um homônimo ou do mesmo integrante da equipe que fundou o grupo.

A UHC constituía-se de uma complexa e sofisticada estrutura organizativa. As diretorias estaduais e municipais dividiam-se nos cargos de presidente (no município, denominava-se presidente ou chefe municipal), secretário geral (no município eram primeiro e segundo secretários), tesoureiro, inspetor geral, chefe do departamento de saúde e conselheiros/diretores. Os departamentos de saúde e de educação, em alguns estados, estavam sob a coordenação da mesma pessoa. A diretoria nacional, composta pelos fundadores, possuía a mesma formação que as estaduais, diferenciando-se apenas pela existência de um consultor jurídico, designado para tal função. As diretorias estaduais e municipais também deveriam ter um consultor jurídico que não deveria necessariamente ser nomeado para esse fim. Ou seja, acumularia com outra atividade diretiva desde que fosse advogado.

O grupo se sustentava nacionalmente numa rede articulada por chefes municipais da capital, como indicava seu jornal:

> Os chefes municipais nomearão um chefe distrital para cada distrito de seus municípios, os quais organizarão as respectivas diretorias, compostas de tantos membros quantos se façam necessários, observando sempre a organização das diretorias dos municípios[314].

Em 1948 a UHC do Paraná registrava 26 zonas municipais da capital. No interior do estado, a rede mantinha-se a partir de inspetorias regionais que concentravam chefias municipais da mesma região, num total de 23 cidades que se mantinham em estreita comunicação, por meio de cartas e visitas.

> Esteve entre nós o nosso consórcio Dr. Fernando Lopes de Oliveira, do Distrito Regional de Arapongas e diretor do Arapongas Jornal. Prestando esclarecimentos sobre o andamento de nossos trabalhos na região sob sua jurisdição, disse-nos S.S. da simpatia com que o povo tem acolhido a nossa sociedade... Esperando-se que atinja em breve a apreciável cifra de dez mil membros... A Inspetoria Regional de Arapongas compreende os municípios de Arapongas, Londrina, Assai, Cornélio Procópio, Apucarana e Uraí[315].

O ingresso nos quadros da organização não se dava sem uma triagem inicial, que se constituía de uma sindicância, do preenchimento de fichas e prestação de informações pessoais, por parte do candidato. Uma vez aprovados, os

---

[314] *Jornal União*, Curitiba, ano II, n. 75, p. 4, 27 mar. 1948.
[315] Fernando Lopes de Oliveira. *Jornal União*, Curitiba, ano II, n. 75, p. 2, 27 mar. 1948.

novos sócios assinariam um documento se comprometendo a transformarem-se em lutadores contra a discriminação racial[316]. Baseado no grande número de adesões – repetidamente apontadas pela literatura produzida pelo grupo e pela indicação de alguns informantes[317] – essas exigências não afastavam possíveis membros. Ao contrário, em 1948, o presidente da recém-fundada UHC/DF assim esclarecia sobre a ramificação da rede em distintos bairros da cidade:

> Basta assinalar a existência, em pleno funcionamento dos diretórios da Tijuca, dirigido por Eustáquio Correia Chagas, com cerca de oitocentos sócios inscritos; da Muda, dirigido pelo aplaudido compositor popular Sinval Silva, com mais duzentos inscritos e de Benfica, sob minha responsabilidade e secretariado pela Srta. Idaleta de Melo, também com mais duzentos sócios. Creio ser um coeficiente bastante recomendável para um trabalho de apenas dois meses e pouco. Em breve funcionará também nosso diretório do Morro da Mangueira[318].

A disposição geográfica dos diretórios em bairros de classes sociais tão díspares demonstra que a rede se organizava independentemente do nível socioeconômico dos futuros participantes.

A convenção anual se realizava a cada 13 de maio na sede nacional em Porto Alegre, com a presença de representantes estaduais eleitos pelos chefes municipais, cuja relação de nomes deveria ser publicada e enviada à sede central, com a devida antecedência. A UHC pretendia uma abrangência nacional, estabelecendo-se em todos os estados da Federação.

> A UHC (Uagacê) como é comumente conhecida a nossa instituição, está se desenvolvendo grandemente em todo o país sendo de notar-se que nos Estados de norte a sul é infindável o número de seus associados que se eleva a vários milhões. A título de divulgação daremos a seguir os nomes dos integrantes da direção nacional e de alguns estados para conhecimento dos interessados e como homenagem singela mas expressiva de administração pelo muito que estes homens fizeram em benefício da sociedade[319].

---

[316] COSTA PINTO, 1952.

[317] Tive a oportunidade de entrevistar a Sr.ª Nina Lemos, residente na cidade do Rio de Janeiro, filha do Sr. João Alves Cabral, fundador da UHC nacional. Entrevistei também o Sr. Írio da Silva, residente em Niterói (RJ), filho do deputado José Bernardo da Silva, coordenador e grande divulgador da UHC/DF. A Sr.ª Francisca (Chica) de Passo Fundo entrevistou, para esta pesquisa, o Sr. Wilson Nascimento Pinheiro, residente em Passo Fundo (RS), filho do Sr. Manuel Rodrigues Pinheiro, coordenador da UHC regional daquele estado.

[318] *O Quilombo*, p. 42, 2003.

[319] Jornal União. Curitiba. 27 de março de 1948. Ano II. N.75 : 4.

O parágrafo supra introduz, no periódico do grupo, a listagem nominal dos diretores das capitais ao lado da definição de seus respectivos cargos nos dez estados aos quais me referi anteriormente. A reportagem prossegue detalhando minuciosamente as atribuições de cada diretor nas suas respectivas regiões administrativas. É apresentado um total de 90 lideranças.

O *Jornal União*, seu informativo e órgão de difusão, podia ser impresso e reproduzido em cada município, desde que se articulasse com a coordenação geral do estado, que por sua vez deveria dirigir-se à diretoria central como reza o artigo 100 do livreto do estatuto: "A União dos Homens de Cor pelo seu Presidente, não é responsável por nenhuma publicação em boletins, manifestos ou jornais do País, que não tenha o visto de seu Presidente Nacional".

Como resultado, a rede que era estruturada a partir de uma presidência central tornava-se autônoma e mais ágil no alcance de seus objetivos, uma vez que abarcava um maior número de leitores e possíveis membros. O tabloide operava também como missiva aberta por meio da qual a diretoria central coordenava os passos da rede e fazia chegar suas determinações, nos mais longínquos municípios. Um de seus periódicos traz uma recomendação, encaminhada a todos os tesoureiros, de que estaria vetada a cobrança das mensalidades aos associados (1 cruzeiro), até que uma ordem da diretoria geral outorgasse tal recebimento. A nota informa que só quando a "UHC estiver organizada em todo o país, poderá ser feita a cobrança".

Outro exemplo do uso do jornal como carta normativa da rede, que tão rapidamente se ampliara, era a indicação, ali publicada, para que os diretores procurassem "incluir senhoras e senhoritas nas diretorias em cargos de responsabilidade", nas diretorias municipais[320]. A presença da mulher estava registrada na sua primeira diretoria, com a senhora Maria Bianca Papay desempenhando o cargo de tesoureira nacional. Cinco anos mais tarde, quando da publicação da lista dos diretores nas dez capitais do país, a participação das mulheres deixava de ser privilegiada. No entanto, essa preocupação constava do discurso público das lideranças, como ratificado por Joviano Severino de Mello, um dos representantes da UHC/DF, poucos meses após a criação do grupo na Capital Federal: "Posso adiantar que é nosso desejo a imediata organização de um departamento sob a direção de mulheres de cor esclarecidas e cultas, portadoras de diploma de medicina ou de assistência social"[321].

---

[320] *Jornal União*, Curitiba, ano II, n. 75, p. 4, 27 mar. 1948.
[321] *O Quilombo*, p. 42, 2003.

Das poucas mulheres relacionadas como detentoras de cargos diretivos, chama atenção o nome da professora Sofia de Campos Teixeira, que respondia sobre o Departamento Feminino, na diretoria municipal de São Paulo. Ela era ao mesmo tempo reconhecida líder sindical, tendo inclusive se candidatado a cargos eletivos, em alguns pleitos, como nas eleições de 50 à vaga de deputada federal.

A representação das mãos entrelaçadas (uma branca e outra negra) era uma metáfora aplicada por vários grupos e organizações negras em diversos momentos históricos. Um dos mais antigos é o Clube Floresta Aurora de Porto Alegre, fundado em 1872[322]. O símbolo da UHC era complementado pelo nome Brasil sobre ambas as mãos e era traduzido por seu coordenador do DF como:

> A União não tem caráter racial e adota como distintivo ou símbolo da fraternidade uma mão preta apertando uma outra mão branca... Seu interesse principal é defender a integração do negro e negra na sociedade brasileira sem o preconceito de cor ainda hoje mantido após 61 anos de abolição da escravatura brasileira[323].

Cinco anos após sua criação (1948), a UHC contava – de acordo com o Jornal União[324], publicado pelo grupo –, com representações em pelo menos dez estados do país, a saber: Minas Gerais, Santa Catarina, Bahia, Maranhão, Ceará, Rio Grande do Sul, São Paulo, Espírito Santo, Piauí e Paraná[325]. A representação do DF foi inaugurada em março de 1949[326]. Sua primeira diretoria possuía a seguinte composição: José Popílio da Hora, presidente; Dr. Célio Chaves, vice-presidente; Antonio Troizio Filho, primeiro secretário; Joviano Severino de Mello, inspetor geral; Eustáquio Correia Chagas, tesoureiro[327].

Estatuto: sonho em forma de documento

Tivemos acesso a duas versões do estatuto publicadas em ocasiões diferentes. A primeira, datada de janeiro de 1946[328], que adquirimos como

---

[322] Fonte: Folder Promocional do Clube Floresta Aurora.
[323] Fonte: Curso para divulgação do homem, ao invés do Instituto Nacional do Negro. Joviano Melo, presidente do Diretório São Benedito, da União dos Homens de Cor. *Diário Trabalhista*, ano IV, n. 1100, p. 1, 23 set. 1949.
[324] *Jornal União*, Curitiba, ano II, n. 75, mar. 1948.
[325] Idem.
[326] *O Quilombo*, p. 42, 2003.
[327] Idem.
[328] Pelo acesso à versão cartorial agradeço aos diretores do Instituto Histórico e Geográfico do RS que me indicaram onde encontrá-lo, quando de minha pesquisa de campo. O histórico livreto me foi dado pela senhora

cópia reconhecida no cartório de Registro Civil das Pessoas Jurídicas da Cidade de Porto Alegre. Neste, afirma-se que a fundação do grupo havia se dado três anos antes (1943). A segunda, impressa num livreto – em um quarto do formato ofício –, dava conta de ter sido registrada no mesmo cartório, mas com número infinitamente inferior, também datada de 1943. A versão oficial – aquela que adquirimos em cartório – foi registrada sob n.º 42391 e o livreto refere-se ao n.º 684.

Esse documento segue o formato dos estatutos da época, sendo dividido em sete títulos que seriam equivalentes a capítulos. Comparando-se o estatuto do cartório e o livreto, há uma disposição diferenciada neste último que proporciona uma divisão em 14 títulos, embora abordando os mesmos assuntos. Seguindo a mesma categoria, o livreto, pelo seu formato mais semelhante a um manual, faz-nos pensar que seu objetivo era ser acessado e lido com mais agilidade pelos sócios e interessados. O livreto possui um total de 106 artigos contra 93 do estatuto oficial.

Uma leitura atenta de ambos os documentos nos permite observar a exclusão no oficial (aquele do cartório) de uma série de parágrafos os quais poderíamos classificar de mais contundentemente críticos. Numa entrevista prestada ao jornal *Quilombo* em 1949, o Sr. Joviano Severino de Mello declara que a UHC do DF era autônoma, mas com finalidades semelhantes às daquela de Porto Alegre: "Pretendemos modificar os Estatutos da União dos Homens de Cor dos Estados Unidos do Brasil, porque foram feitos durante o regime ditatorial em Porto Alegre em 1943. Vamos enquadrar o Novo Estatuto dentro das normas democráticas"[329]. No entanto, em várias outras oportunidades (inclusive com o emprego do mesmo símbolo), a proximidade dos objetivos nos leva a crer que se tratava de uma mesma rede.

Sua declaração, por outro lado, nos dá pistas explicativas para entender a diferença de ênfase entre os dois estatutos. Ou seja, passado o período de exceção política e com a abertura do regime, o grupo reelabora a sua carta diretiva e se permite incluir comentários críticos sobre a sociedade em geral, bem como as demandas emanadas dos encontros nacionais já realizados sob a coordenação de outros grupos do movimento social negro, mas que contaram com sua participação.

Marieta da Silveira, filha do Sr. Aramis da Silveira (falecido), integrante da UHC de Rio Pardo, nascido em 1906. O exemplar me foi doado em 03/09/04, durante um curso que ministrava, na cidade de Porto Alegre em parceria com a Associação Cultural de Mulheres Negras (Acmun), MEC e Secretaria Estadual de Educação do RS.

[329] *O Quilombo*, p. 42, 2003.

Entre os artigos aduzidos no folheto e ausentes no estatuto, registrado em cartório, temos o de n.º 102 incluso nas disposições gerais.

> A União dos Homens de Côr dos Estados Unidos do Brasil, a juízo da convenção nacional, poderá ser transformada em partido político, nos moldes da legislação do país, se, para a perfeita execução dos estatutos e para que se consigam as reivindicações mínimas dos seus associados, tal medida se tornar necessária.

Sua finalidade era procurar eleger lideranças da rede UHC nas eleições municipais e estaduais. A inclusão do artigo supra (102) dava aos associados a liberdade, não apenas de estabelecerem parcerias político-partidárias e ou candidatarem-se a diferentes pleitos. Também oportunizava que a própria UHC, fazendo uso de uma rede já consolidada em estados-chave da federação, pudesse vir a tornar-se o primeiro partido negro do país. Diferentes processos eletivos a partir dos quais cada candidato aos cargos viria a ser escolhido também estavam previstos em seu primeiro documento.

> A ascenção social dos seus membros era prevista no estatuto do livreto e ausente naquele do cartório, no qual podemos ler: "Nas proximidades dos grandes centros populosos, quando possível, serão criadas granjas coletivas, para o trabalho organizado dos agricultores"[330].

A União dos Homens de Cor dos Estados Unidos do Brasil (UHC) ou Uagacê tinha como um dos seus objetivos, expressos no artigo 1 do estatuto, no capítulo das finalidades: "elevar o nível econômico, e intelectual das pessoas de côr em todo o território nacional, para torná-las aptas a ingressarem na vida social e administrativa do país, em todos os setores de suas atividades".

A última página do manual – e só neste – possui uma sessão intitulada "Nossas Reivindicações", em que cinco demandas de cunho geral para a população afrodescendente nacional, não apenas para os membros da UHC, foram elencadas:

> Nossas Reivindicações
>
> 1.º — Que se torne matéria de lei, na forma de crime punível de lesa patriotismo, o preconceito de côr ou de raça.
>
> 2.º — Que as punibilidades, nas bases dos preceitos acima, se estendam a todas as empresas de caráter particular ou pública, bem como sociedades civis e instituições de qualquer natureza.

---

[330] Extrato do estatuto, p. 22, Art. 101.

> 3.º — Enquanto não for tornado gratuito o ensino em todos os graus, sejam admitidos brasileiros de côr como pensionistas do Estado, em todos os estabelecimentos de ensino superior do país, inclusive estabelecimentos militares.
>
> 4.º — Isenção de impostos e taxas tanto federal como estadual ou municipal, a todo o brasileiro de côr que desejar se estabelecer com qualquer ramo comercial, industrial ou agrícola, com capital inferior a dez mil cruzeiros.

Embora não haja menção à data de publicação do livreto, nesta última página facilmente se observa que reivindicações presentes em documentos – aos quais me referi no capítulo anterior – constavam entre as chamadas Nossas Reivindicações. Os parágrafos de 1 a 4 são exatamente os mesmos do Manifesto à Nação, proposto pela Convenção Nacional do Negro Brasileiro (SP/1945 e RJ/1946). A única mudança está na quantia a ser utilizada como parâmetro – a que se refere o artigo 4 – para a isenção de taxas e impostos. Enquanto a convenção refere-se a 20 mil cruzeiros[331], as demandas da UHC estabelecem em 10 mil o quantitativo. Há, por outro lado, um parágrafo totalmente novo, o de n.º 5, que demanda a:

> 5.º — Doação absolutamente grátis, a todos o brasileiro de côr e seus descendentes, de lotes coloniais ou suburbanos, de formas que, com essa medida seja reparada a injustiça feita aos homens de côr do Brasil, os quais, desde a escravidão nunca receberam do govêrno, ao menos um pedaço de terra onde pudessem construir uma pequena casinha.

Tratava-se aqui de um embrião de uma campanha pelas reparações e por ações compensatórias na área da aquisição de bens agrários. Outro dado a ser observado é que o livreto se refere a um número de registro menor, o que nos levaria a interpretá-lo como tendo sido redigido em data anterior àquele registrado em 1946. Entretanto, a adição dessas reivindicações na última página demonstra que sua produção é posterior, como indica o seguinte comentário.

> A União dos Homens de Côr dos Estados Unidos do Brasil, pelos seus associados, lutará pelas reivindicações mínimas abaixo mencionadas, todas amplamente debatidas e assentadas em memoráveis Convenções de pessoas de côr do país.

Desde sua instituição em 1943, segundo rezam ambos os estatutos, a UHC era concebida como uma rede que se faria representar nacionalmente.

---

[331] NASCIMENTO, 2003.

O que deixava clara a sua concepção de coordenação centralizada, ao proclamar que tratava-se de "uma sociedade legalmente registrada para todo o país, existindo uma diretoria para toda a nação, uma diretoria em cada município com um único estatuto" (extrato do estatuto). A UHC já nasceu com o espírito de vir a ser um *network*. Diferentemente dos diversos grupos surgidos no período, que uma vez fundados numa determinada cidade à medida que estabeleciam contatos e ampliações políticas iam se reproduzindo em outras localidades. Facilmente se identifica essa tendência de extensão nacional no capítulo das finalidades (artigo 9.º), quando faz constar:

São adotadas, para fins de administração, a mesma divisão política e administrativa do país, sendo:

a) Todo o território Nacional com um Presidente Nacional,
b) Os Estados com um Presidente de Estado
c) Os Municípios com um Chefe Municipal
d) Os Distritos com um Chefe Distrital
e) Os Inspetores de Zonas nos Distritos.

Artigo 10.º – As capitais serão divididas em zonas municipais, tantos quantas sejam necessárias para a perfeita organização da União.

Discuti, no tópico anterior, que a inicial pretensão expansionista do grupo se tornou realidade quando se lê a relação nominal dos responsáveis por cada uma das coordenações estaduais, nos dez estados aos quais fiz referência.

A saúde era outra de suas metas. Desenhava-se um modelo de previdência privada, por meio da "Assistência médica a todos os membros da União"[332], a serem atendidos por profissionais especializados pertencentes à UHC, em que em cada município deveria haver um médico ou cirurgião dentista voltados aos membros da entidade. O estatuto, no entanto, deixa claro que esses voluntários deveriam "perceber honorários correspondentes aos serviços prestados". Afastava-se assim a visão de voluntariado ou assistencialismo, que mais adiante se fêz presente como uma marca do grupo. Era, isso sim, um sistema de previdência social a ser estabelecido, como forma de suprir a ausência do estado.

Apontei, no capítulo precedente, a ênfase dada à formação educacional dos afro-brasileiros pelos diversos grupos do movimento social negro do

---

[332] *Jornal Quilombo*, ano I, n. 1, p. 3, dez. 1948.

período. A UHC nesse particular segue o mesmo modelo e o faz presente em ambos os estatutos que ora estou analisando, como assinalado no Art. 61, p. 4 do estatuto: "O chefe do departamento organizará a assistência e orientação geral, a fim de que os interessados em estudos superiores possam terminar seus estudos a custa da União".

> Uma das fotos que me foram cedidas pela família do Sr. João Cabral corrobora que o sonho da construção de uma escola foi realizado em Porto Alegre[333]:
>
> A UHC tem por finalidades manter moços e moças em cursos superiores, concedendo-lhes roupa, alimentação etc. para que possam concluir os estudos... E ampla campanha de alfabetização, de forma que, dentro de 10 anos não exista um único homem de côr que não saiba ler[334].

Assim, presentes na educação, na saúde e na política institucionalizada, acreditavam os da UHC que estariam abrindo caminho para o "alevantamento moral das pessoas de côr", que era uma expressão muito em voga na fala de alguns ativistas da época.

Ações implementadas

Dentre as atividades desenvolvidas pelo grupo estavam as campanhas educacionais. A meta principal era a integração do negro na sociedade por meio da ascensão social e intelectual, a fim de permitir sua inclusão. A ideologia liberal de mobilidade social por meio dos bancos escolares era perseguida por aquele grupo de emergentes.

> Sobre o movimento cultural da União dos Homens de Côr, ainda nos informou o Sr. Eloy Guimarães que já se desenvolvem e se instalam sob a sua direção escolas de teatro, oratória, artes liberais, humanidades, já com os seus cursos iniciados[335].

De acordo com Costa Pinto[336] a UHC seria mais voltada às ações de benemerência, principalmente devido à sua associação com o Centro Espiritualista Jesus do Himalaia, fazendo uso de sua sede e cujo diretor era a segunda pessoa na hierarquia da entidade. O discurso público apresentado

---

[333] A foto foi cedida pela família, que não soube informar a localização exata do educandário.
[334] João C. Alves. *Jornal Quilombo*, ano I, n. 1, p. 3, dez. 1948.
[335] *Jornal A Tarde*, Bahia, ano XXXIX, n. 132/22, p. 8, 8 fev. 1951.
[336] COSTA PINTO, 1952.

pelo grupo na capital do país era concordante com os achados de Costa Pinto: "A UHC aponta como solução para o negro a assistência social, como meio de atender aos seus problemas imediatos de miséria econômica e social"[337]. O mesmo se dava em relação à sintonia entre o ativismo antirracista e a fé espiritualista: "A União não tem caráter racial... E para isto usamos da máxima predileta de São Benedito: – 'A Fé nos guia, dizia ele ilumina, purifica salva e cura. Enfim onde ela falta, falta tudo, absolutamente tudo'"[338].

Em muitos eventos, o grupo aproximava-se do perfil das antigas irmandades religiosas ao organizar caravanas de doação de roupas, alimentos e medicamentos aos pobres. A Uagacê, além da educação, dedicou-se a atender os problemas mais imediatos e visíveis ligados às mudanças sociais e educacionais para os negros no geral e não apenas para aqueles associados a ela. Temos nesse particular o relato do Sr. Wilson Nascimento Pinheiro, filho do Sr. Manuel Rodrigues Pinheiro Neto, coordenador regional da sede em Passo Fundo, nos anos 50.

> Houve um momento em Passo Fundo que se desenvolveu uma leptospirose, uma epidemia muito grande... Era uma doença totalmente desconhecida... Havia um preto velho que fazia uma xaropada... Os voluntários da UHC trabalhavam concomitantes com ele fazendo aquela xaropada em panelões para toda a região, não só para Passo Fundo... Foi um trabalho voluntário induzido dentro dos Homens de Cor já que eles tinham afinidade com aquele senhor. Se não me engano ele tinha oitenta e poucos anos. E ele tinha a sabedoria, o conhecimento que de forma precária, ocasional ou não, parece que resolveu o problema de aproximadamente cento e poucas pessoas e que a medicina naquele momento não tinha uma solução em curto prazo[339].

À primeira leitura do estatuto da UHC, pode-se pensar que sua tarefa fosse apenas de assistência social ou de simples iniciativas assimilacionistas. Como veremos no tópico a seguir, a prática era dissonante com o discurso. Uma observação mais atenta sobre as inúmeras atividades, em que a organização esteve envolvida, deixa transparecer uma maior abrangência de ações. Ou seja, as atividades desenvolvidas pelo grupo não eram apenas de assistência social, como se poderia pensar à primeira vista, pautado no que sugerem as declarações de seus líderes.

---

[337] Ibidem, p. 261.
[338] Fonte: Curso para divulgação do homem, ao invés do Instituto Nacional do Negro. Joviano Melo, presidente do Diretório São Benedito, da União dos Homens de Cor. *Diário Trabalhista*, ano IV, n. 1100, p. 1, 23 set. 1949.
[339] Entrevista dada, para esta pesquisa, à senhora Chica (de Passo Fundo), em maio de 2005.

Articulações políticas

Um grupo de pressão[340].

A pequena epígrafe supra define uma das faces da UHC. É dessa forma que Costa Pinto se refere às diversas ações levadas a cabo pelo grupo, como forma de demandar e questionar as autoridades estabelecidas ou os diversos poderes econômicos e sociais. O desempenho do grupo era notado em inumeráveis atividades, funcionando como um permanente *outdoor* da organização. As atuações que objetivavam tirar o grupo do anonimato e dar notoriedade às suas atividades eram exercidas com diferentes estratégias que incluíam o emprego de correspondências (cartas e telegramas endereçados à imprensa e a autoridades locais), manifestos públicos, produção de panfletos, entrevistas aos jornais de grande circulação e mesmo apoio a realizações culturais.

Dessa forma, a UHC foi responsável pela apresentação da Orquestra Sinfônica Afro-Brasileira na sua XXIV audição na Associação Brasileira de Imprensa (ABI) em janeiro de 1949. Note-se que no prospecto que divulga o evento a UHC é realçada como Sociedade Beneficente. Atividades alusivas às datas simbólicas para a luta antirracista (como o 13 de maio e o dia do Aniversário da Declaração dos Direitos Humanos) também compunham o elenco de ações coordenadas pelo grupo.

> Coincidindo o dia 4 do corrente com o primeiro aniversário da Declaração Universal dos Direitos do Homem, proclamado pela Organização das Nações Unidas, a data será comemorada pelos negros brasileiros com uma missa solene tendo para isso a concordância do Cardeal Dom Jaime de Barros Câmara. A cerimônia religiosa será realizada na Igreja de Nossa Senhora do Rosário sob o patrocínio do povo carioca e por intermédio da União dos Homens de Cor, diretoria de São Benedito[341].

Um ou mais desses artifícios eram utilizados sempre que os líderes tomavam conhecimento da ocorrência de algum ato de discriminação racial. Atuavam também quando percebiam a possibilidade de vir a suceder algum fato de modo a influenciar negativamente a vida da população afro-brasileira, como informava José Bernardo da Silva, presidente da UHC do DF, nos anos 60.

---

[340] PINTO, 1952, p. 262.
[341] São Benedito e Santa Efigênia. As solenidades religiosas programadas para data. *Diário Trabalhista*, Rio de Janeiro, ano IV, n. 1157, 1 dez. 1949.

> Assim que Getúlio Vargas fôra eleito Presidente da República, estivemos com Sua Excelência expondo-lhe as aspirações da UHC e pedindo o seu apoio. Queríamos que Vargas nos facilitasse os meios necessários para fundarmos escolas até mesmo profissionais e órgãos assistenciais em benefício dos pretos e pardos atirados à margem da sociedade e sofrendo mais que os brancos... Nada de positivo resultou dessa entrevista. A documentação que entregamos, ao então Presidente da República não sabemos que destino tomou[342].

Essa mesma visita consta do relato de Costa Pinto como o momento em que, além das reivindicações junto ao presidente no sentido de apoio econômico-financeiro para melhoria da qualificação educacional e profissional da população negra, outros objetivos motivaram a audiência. Com o intuito de melhor conduzir esta análise, sobre a pauta apresentada naquele encontro, divido o seu teor em três campos principais: a demanda, o protesto e o agradecimento:

a. Agradecimento:

- À sanção da Lei Afonso Arinos.

b. Protesto:

- Contra os cartazes oficiais pelo 1 de maio, ocasionado pela não inclusão de figuras negras.
- Contra a ausência de negros nos quadro diplomáticos brasileiros.
- Contra a ausência de negros na delegação brasileira participante da mais recente Assembleia da ONU (Paris).

c. Demanda:

- Instaram pela indicação de um ministro de Estado que fosse negro, de modo a provar a inexistência de racismo no âmbito governamental.
- Instaram pela inclusão de negros nas propagandas oficiais.

Muitas são as atividades que testemunham a adoção, por parte dos líderes, de uma metodologia que mantivesse a UHC constantemente tornada visível. O que permitia o crescimento do grupo, no estado onde

---

[342] *Jornal do Centro Jesus do Himalaia*, Rio de Janeiro, p. 3, maio 1962.

havia sido constituído. Nessa mesma linha, João Alves Cabral, quase dez anos após a fundação do grupo, e com a rede já consolidada em diferentes estados do país, continuava em sua lide expansionista. Um exemplo dessa estratégia foi a visita de seu criador a Passo Fundo como integrante da comitiva de Getúlio Vargas, no início dos anos 50, e que atraiu lideranças locais.

O Sr. Manuel Rodrigues Pinheiro Neto, respeitado na cidade por ser dono de um posto de gasolina e por ter sido o primeiro motorista de praça local, acabou transformando-se inicialmente num membro da rede e, a seguir, numa de suas lideranças referenciais. Seu ponto de mudança e adesão se estabeleceu a partir do primeiro encontro com a carismática figura de João Alves Cabral. A partir daí, foi possível se estabelecer na cidade um dos núcleos centrais da rede, como relata um participante da UHC.

> João Alves Cabral veio a Passo Fundo, aproveitado a oportunidade e tirou proveito político da chegada de Getúlio Vargas a Passo Fundo, compondo a caravana. O Getúlio Vargas retornou ao Rio, ao Palácio do Catete e ele permaneceu na cidade. Ele usufruiu daquela abertura que Getúlio Vargas deu para que naquela época o prefeito... desse uma cobertura e ele conseguiu conglomerar na única emissora de rádio que tinha naquela época uma reunião com todos nós de cor, com aproximadamente 180 participantes. Foi elaborado um documento que Passo Fundo teria a UHC... Lembro que naquela oportunidade a prefeitura chegou a ceder um terreno até de grandes proporções, tipo de 40 X 60 para que ali fosse constituído o escritório regional da UHC[343].

Sendo um de seus objetivos o *"combate a todo tipo de discriminação racial"* (retirado do estatuto), outra tática adotada era promover movimentos de pressão que davam visibilidade e serviam como denúncia pública de situações de racismo e discriminação racial. Costa Pinto refere-se à visita feita por um dos coordenadores à firma norte-americana Sydney Ross em companhia da imprensa. A meta era exigir um ato de desagravo por parte do gerente que negara emprego à uma mulher negra. O fato foi acompanhado de denúncias na mídia (impressa e radiofônica) e envio de correspondência ao referido gerente. O grupo deu ao episódio uma magnitude tal que o gerente viu-se obrigado a redigir uma carta pública alegando ter sido outro, e não

---

[343] Entrevista concedida pelo Sr. Wilson Nascimento Pinheiro (filho do Sr. Manoel Rodrigues Pinheiro Neto), em maio de 2004, à Sr.ª Francisca (Chica, coordenadora do Movimento Negro de Passo Fundo e coordenadora do grupo Acmun, Associação Cultural de Mulheres Negras de Porto Alegre), que mui gentilmente colaborou com esta pesquisa.

racismo, o deflagrador da recusa de emprego[344]. A discriminação racial no mercado de trabalho era uma preocupação recorrente nas ações de denúncia do grupo e nos protestos dos líderes.

> Como evitar o abuso que se verifica na Holerith, Cia Telefônica Brasileira e outras empresas estrangeiras, que não aceitam nos seus serviços negros negras e assemelhados? Creio na necessidade de uma lei rigorosa, dando corpo e feição prática ao postulado de igualdade assegurado nos parágrafos 1.º e 2.º do artigo 141 da constituição[345].

A UHC valia-se da estrutura política já estabelecida nos locais em que estivesse presente. Assim, deputados, médicos, advogados, jornalistas e homens negros com visibilidade social e política eram membros da UHC e tinham na rede um sustentáculo. Ou seja, essas lideranças fortaleciam-se politicamente, na esfera local, por estarem ligadas a uma conexão nacional de homens negros com destacada atuação social e política nas suas regiões. Ao mesmo tempo, auxiliavam a Uagacê na expansão dos seus tentáculos que se espraiavam nas capitais, e sobretudo nos municípios de cada estado, sob a orientação de uma direção estadual, como determinado por seu documento de fundação.

> Queremos ter homens de cor Ministros de Estado, Senadores, Deputados, Prefeitos, Juízes, Diplomatas... Estamos arregimentando os intelectuais negros, os portadores de diplomas superiores, afim de nos ajudarem. A presença entre nós, desses médicos, advogados, professores, engenheiros, dentistas, assistentes sociais, serviria ainda como incentivo aos estudantes de cor em seus possíveis complexos[346].

Vários são os exemplos que poderiam ser dados para registrar esse fato, em que homens negros socialmente destacados são incluídos na rede. Um deles, o presidente da UHC do Paraná em 1948, Dr. Nilton Oliveira Condessa, era advogado, jornalista e professor da Faculdade de Ciências Econômicas do Estado. O médico baiano, radicado em Londrina e deputado estadual, Dr. Justiniano Climático da Silva, também era membro da organização[347]. Mais um exemplo é o do Dr. Antenor Pompílio dos Santos, vereador em Curitiba, em 1948, pelo PSD. Um dos números do *Jornal União* estampa a foto do Dr. João Estevam dos Santos, acompanhada da seguinte coluna:

---

[344] PINTO, 1952.
[345] Joviano Severino de Melo. *Diário Trabalhista*, ano IV, n. 1100, p. 1-223, set. 1949.
[346] *O Quilombo*, p. 42, 2003.
[347] *Jornal União*, Santa Catarina, 1948.

> Por ato do Sr. Governador do Estado acaba de ser designado para servir junto à Chefatura da Polícia desta capital o Sr. João Estevam dos Santos, distinto inspetor estadual de nossa Sociedade, seção Paraná... que é elemento afeito às cooperações a bem do seu estado, tem ocupado vários cargos de responsabilidade não só no Paraná, como no país, sendo natural de Paranaguá. É diplomado pela Escola Normal de Direito e Superior de Agricultura do Paraná[348].

A divulgação do desempenho profissional alcançado por um dos líderes da rede, realçando o fato de ter sido laureado pelo governador do Estado, reforçava o objetivo de mostrar o grupo como composto por afro-brasileiros bem-sucedidos. O próprio José Bernardo da Silva (UHC/DF) assomou-se aos quadros da organização quando já era uma personagem pública no Rio de Janeiro, havendo sido candidato a deputado, fundador da entidade espírita Jesus do Himalaia, homem de rádio e jornalista. Como coordenador de obras assistenciais, por mais de três décadas, sua adesão aos quadros da organização agregou-lhe prestígio e visibilidade. Ainda nesse mesmo espírito posso citar o Dr. Heleno da Silveira, professor catedrático da Faculdade de Medicina do Paraná e Capitão do Exército, que dirigia o departamento de saúde da seção daquele estado.

A UHC trazia desde a formulação do seu primeiro estatuto as indicações precisas de que ambicionava transformar-se numa teia nacional de mulheres e homens negros, estimulados em direção à busca por poder econômico e político. Por outro lado, a visibilidade, que logrou alcançar, nos estados por onde passou, fez com que lideranças aderissem à rede, tornando-se membros da UHC. Ocorria, então, uma troca de interesses. Ou seja, a rede desenvolvia-se por meio de sua aproximação com representantes de grupos e líderes locais. Essas personalidades, por seu turno, eram destacadas em suas bases mais próximas, pelo seu pertencimento a uma rede de alcance nacional. Com esse perfil posso citar vários nomes, entre eles, de João Cabral Alves (RS), criador da rede que passou a integrar a comitiva de Getúlio Vargas, quando de sua campanha para a presidência no início dos anos 50. Temos também Sofia Campos Teixeira (SP), uma das diretoras conselheiras na capital paulista, que ao se assomar à rede já vinha de um ativismo afro-brasileiro ao lado de uma militância partidária. Seu nome consta da lista dos signatários do Manifesto à Nação, elaborado pelos participantes da Convenção Nacional do Negro de 1945.

---

[348] *Jornal União*, Santa Catarina, 1948.

Uma das habilidades adotadas pelos coordenadores era organizar-se a partir do estabelecimento de parcerias e alianças com personalidades e autoridades locais, negras ou não, que se mostrassem sensíveis a uma cruzada antirracista no país.

> Na câmara dos vereadores de Curitiba, a figura de Antenor Pâmfilo dos Santos é de relevo dentre os seus pares do PSD, pois S. Exa. vem se conduzindo com muito acerto em todas as oportunidade que se lhe oferecem para revelar sua grande capacidade. É o Dr. Pânfilo dos Santos um homem de cor, que se revelou no conceito da sociedade a que pertence pelas admiráveis qualidades intelectuais que possui e pela lhaneza de seu trato. Recebe S. Exa. as nossas homenagens[349].

Havia como que um devotamento e uma deliberação em tornar conhecida a um público maior a existência de afro-brasileiros nas diversas casas legislativas. Assim, além da publicação da foto – o que não deixava dúvidas a respeito do pertencimento étnico dos homenageados –, os pequenos informes enaltecedores os complementavam com denodo, como exemplificado a seguir:

> Dr. Justiniano Climaco da Silva, baiano de nascimento, mas paranaense de coração, é um dos deputados estaduais que formam condignamente ao lado de todos os empreendimentos do governo do Exmo. Governador Moysés Lupion. Radicado em Londrina, de longa data impôs-se no conceito público por suas excelsas qualidades de médico fulgurante e pelas virtudes que acrisolam seu caráter... Nas lides jornalísticas é acatado e respeitado, pois como verdadeiro bandeirante proporcionou ao povo londrinense oportunidade feliz para ter a sua própria imprensa, fundando e dirigindo ali o "Paraná Jornal"[350].

Um fato emblemático desse sistema de estabelecimento de parcerias, com pessoas representativas da sociedade – sendo elas afrodescendentes ou não –, deu-se quando a UHC do RJ realizou uma homenagem por ocasião do centenário de José do Patrocínio, para a qual afluíram importantes lideranças locais, da cidade de Campos (RJ), em 1949. A atividade foi possível devido ao concurso de um deputado estadual, cujo projeto teria permitido a realização da homenagem. Nessa tática de arrebanhar presentes e futuros aliados, as palavras finais do conferencista nos permitem vislumbrar essa metodologia.

---

[349] Ibidem, p. 5.
[350] Ibidem, p. 4.

> [...] Quero pedir ao deputado Celso Peçanha, autor principal do projeto que tanto serviu para dar a esse preito de veneração um cunho menos regional, que não se esqueça de que é campista e carrega a responsabilidade do sobrenome daquele que serviu de amparo ao sonho do homenageado. Os homens vigilantes sois vós campistas, que certamente providenciareis para que o grupo étnico que vos deu um Patrocínio dê centenas de outros Patrocínios a fim de que se projetem todos eles pelo Brasil inteiro e lutem pela culturação e educação de seus irmãos de côr[351].

José do Patrocínio esteve prestes a criar um dirigível e foi por isso duramente combatido pelos políticos e autoridades da época. Dentro do pequeno grupo de defensores estava Nilo Peçanha, de quem o aludido deputado era herdeiro. Assim, ao evocar esse fato histórico, cem anos depois, usando o sobrenome do deputado presente, o orador procurava comprometê-lo numa causa mais ampla, que ultrapassasse o momento da homenagem a uma liderança histórica e que se transformasse num compromisso público para com os afro-brasileiros, no geral[352].

A rede procurava se robustecer a partir de um diálogo intenso com diferentes momentos de congraçamentos nacionais. Seus líderes estiveram presentes nas três conferências nacionais às quais me referi anteriormente. Propunha-se também a ser um órgão difusor das metas estabelecidas ao final daqueles conclaves. Tanto que no livreto do estatuto estão publicados com o título "Nossas Reivindicações", como dito anteriormente, quatro dos mais importantes parágrafos presentes em diferentes documentos produzidos pelo movimento social negro do período.

Essa participação, no entanto, nem sempre se dava de forma serena. Costa Pinto reproduz em seu livro algumas das demandas apresentadas por José Bernardo da Silva da UHC/DF, numa atitude crítica ao I Congresso do Negro Brasileiro. O líder fluminense via o encontro, no seu formato acadêmico, como algo sem alcance prático para os afro-brasileiros[353]. Com esse objetivo, o representante da UHC passava a relatar o que, no seu entender, seriam as metas capazes de propiciar a solução para os problemas vividos pelos afrodescendentes.

---

[351] José Bernardo da Silva. *Jornal União*, p. 4, out. 1950.
[352] José do Patrocínio, Cruz e Souza, Luiz Gama e Henrique Dias eram os grandes heróis negros homenageados por diversos grupos a nível nacional. Devemos lembrar que a construção de Zumbi dos Palmares como líder negro de abrangência nacional se inicia a partir dos anos 70, num empreendimento do Grupo Palmares, de Porto Alegre.
[353] COSTA PINTO, 1952; NASCIMENTO, 1982.

> 1. Combate a toda e qualquer discriminação racial.
>
> 2. Amparo material, cultural e moral ao negro de qualquer nacionalidade, condição social, crença política ou religiosa; e a qualquer membro dos demais grupos étnicos desde que não sejam inimigos dos negros;
>
> 3. fundação de escolas, postos médico-assistenciais, pequenas cooperativas de víveres, roupas e calçados nas favelas, nos sertões e nos litorais;
>
> 4. criação de grupos educacionais sob a orientação de competentes educadores sociais, escolhidos pela sua elevação cultural e seus princípios humanitários e cristãos;
>
> 5. incrementar e difundir a alfabetização das crianças, adolescentes e adultos do étnico afro-brasileiro, a começar pelo âmbito familiar;
>
> 6. providenciar sobre a criação de um órgão econômico capaz de financiar devidamente os empreendimentos indicados.[354]

O Sr. José Bernardo da Silva postulava a ampliação de um programa de amparo social que em muito se assemelhava com o trabalho já desenvolvido por ele no Centro Espiritualista Jesus do Himalaia, fundado em 1926. Voltamos a frisar que a UHC – que fazia uso da mesma sede – teve seu início em 1949. Os pontos 4 e 5 que referem-se à intervenção social, na área da educação, em que o último dá atenção especial à alfabetização de adultos e crianças, já era preconizada em ambos os estatutos, redigidos em Porto Alegre, sete anos antes: "Será procedida a alfabetização total da União. Todo membro da Uagacê que souber ler, deverá contribuir para a alfabetização total da União, ensinando pelo menos uma pessoa analfabeta"[355].

Por haver tido acesso aos originais das teses apresentadas no referido congresso[356], Costa Pinto critica a ausência, no corpo do documento, de alguma indicação da fonte financiadora por meio da qual essas demandas poderiam vir a ser implementadas. O autor da tese, o Sr. José Bernardo da Silva, por seu turno, recomendava que tais suportes econômicos deveriam ser conseguidos "sem o auxílio do que anda por aí com o nome de Estado Nacional"[357]. A tese era, na visão de José Bernardo da Silva, plenamente exequível, sem a interferência do governo federal. O autor tinha em vista o Centro Jesus do Himalaia que àquela

---

[354] José Bernardo da Silva. *Jornal União*, p. 4, out. 1950.
[355] Extrato do estatuto. Art. 60 do Serviço de Educação e Saúde.
[356] Abdias do Nascimento relata a apropriação de parte dos originais por Costa Pinto para a pesquisa Unesco e a não devolução deles (NASCIMENTO, 1982).
[357] COSTA PINTO, 1952, p. 262.

altura já conseguira, por meio de doações individuais, tornar realizáveis – numa micro experiência – parte considerável do que ele compreendia como pontos indispensáveis para solucionar as condições de desigualdade social em que se encontrava grande parte da população afro-brasileira.

Mais uma vez, os estatutos da organização podem ajudar a corroborar que aquelas declarações não eram apenas devaneios do autor, como a crítica ácida de Costa Pinto nos leva a pensar. Suas propostas apoiavam-se num plano de sustentabilidade já elaborado pelos iniciadores da rede, oito anos antes e que em vários pontos do território nacional eram praticados por grupos do movimento social negro, principalmente na área da educação, como visto no capítulo anterior.

Ainda nessa estratégia de estabelecer articulações, temos mais uma atividade exemplar do grupo. O racismo brasileiro acabava sendo visibilizado internacionalmente com a participação da UHC no Conselho das Organizações não Governamentais pertencente ao escritório da Unesco no RJ. Ao mesmo tempo, a atualidade sobre as ideias concedâneas do mundo e na ausência de maiores instrumentos legais aos quais se referir – a Lei Afonso Arinos ainda não havia sido sancionada –, a Declaração Universal dos Direitos Humanos, recém-publicada pela ONU, passou a servir de parâmetro a subsidiar aquela rede.

Embora possuindo seu próprio jornal (o Himalaia), a UHC/DF mantinha viva a chama do debate sobre a existência de racismo e discriminação racial, garantindo assim a construção de uma massa crítica sobre o tema. As críticas à organização eram respondidas fazendo uso dos jornais de grande circulação da cidade, transformando-os em tribuna e peça publicitária.

> Negros, pardos e brancos constituem os grupos étnicos da nossa nacionalidade. No Brasil, nem o branco apenas deve mandar, instruir-se e educar-se melhormente, nem gozar dos direitos constitucionais da nossa Carta Magna como grupo privilegiado; nem o negro ou pardo tampouco. Se três são as raízes de nossa formação étnica, direitos e deveres iguais, todos são obrigados a tê-los e cumpri-los. Disto não se afastará a União dos Homens de Cor na sua luta contra aqueles que desejam ver este ou aquele dos três grupos predominantes sobre os outros... Há quem julgue que a União pretende dar ao grupo afro-brasileiro, ao negro, finalmente essa predominância. Aos que afirmam por maldade, combateremos e chamá-los-emos de confusionistas a serviço do racismo[358].

---

[358] A União dos Homens de Cor esclarece e adverte. *Diário Trabalhista*, ano V, n. 1385, p. 7, 30 ago. 1950.

Dessa forma, os líderes sustentavam no meio político e na grande imprensa o tema das tensões raciais na sociedade brasileira, mantendo-o ao alcance da opinião pública. Ajudavam assim a construir um contínuo debate sobre um assunto tabu, que era a existência de racismo ou discriminação racial no Brasil. Se, por um lado, a mestiçagem era usualmente empregada na sociedade para dissuadir qualquer movimentação, no sentido de construir reivindicações para os afro-brasileiros, o discurso da UHC, num grande jornal, era no sentido inverso. Ou seja, exatamente pela existência das três raças formadoras é que os negros deveriam ter mais direitos concedidos, uma vez que até aquele momento os brancos haviam sido os detentores das vantagens e benesses. A estratégia midiática de difusão do nome da organização pode ser notada nesta matéria de um importante periódico da capital do país.

> A questão racial foi assunto que empolgou a transcrição dos anais. Um manifesto da União dos Homens de Côr do Brasil, protestando contra o preconceito de côr existente no Brasil, à margem da própria lei básica do país, que não permite as discriminações. Isso serviu de ensejo para que vários vereadores ocupassem a tribuna. O vereador Magalhães Junior, dizendo-se descendente de negros, protestou contra essa discriminação velada e sub-reptícia que se nota no seio da sociedade brasileira, que se nota a ponto de eliminar o negro das escolas e, até mesmo, de determinados serviços do Estado qual seja o Ministério das Relações Exteriores[359].

Note-se que por iniciativa do grupo, o tema amplia seus contornos e passa a inserir-se não apenas no discurso dos afro-brasileiros. Temos, então, um homem público, de uma família tradicional do país, empunhando a bandeira da denúncia sobre o cerceamento do ingresso dos afro-brasileiros nos bancos escolares e no âmbito da diplomacia.

Assumindo uma postura crítica

Quando abordei o capítulo anterior vimos que as conferências nacionais do movimento social negro, no período que se seguiu à destituição do Estado Novo, tinham como característica trazer a público a sinergia – nem sempre sem tensão – entre ativistas e acadêmicos. Também os jornais, editados pelos diversos grupos, procuravam atualizar os ativistas com uma

---

[359] Empolgada a câmara municipal com a questão racial. *Diário Trabalhista*, Rio de Janeiro, ano VI, n. 1626, p. 2, 20 jun. 1951.

literatura sobre raça, mesmo aquela produzida fora das fronteiras nacionais. Desde a primeira fase da imprensa negra – como nos informa Correia Leite referindo-se ao *Jornal Clarim da Alvorada*, publicado nos anos 30 –, tal fato já podia ser registrado.

> O Mário de Vasconcelos começou a mandar lá da Bahia colaboração já traduzida... sobre o trabalho do movimento negro nos Estados Unidos e outras partes... Começou a publicar as teses de um congresso que houve nos Estados Unidos e que se opunham à cultura do branco, aos ensinamentos do branco... Nós fizemos uma seção dentro do Clarim d'Alvorada com o título 'O Mundo Negro' que era justamente o título do jornal que o Marcus Garvey tinha nos Estados Unidos; 'Nigro World'[360].

Seguindo nessa mesma linha de buscar informações que pudessem subsidiar as análises e reflexões dos ativistas, diversas foram as atividades coordenadas pelo movimento em que reconhecidos acadêmicos se faziam presentes, com suas contribuições. Gilberto Freyre, Roger Bastide, Edison Carneiro, Florestan Fernandes e Costa Pinto são alguns dos nomes que podem ser encontrados com certa frequência, integrando as listas das autoridades participantes e amplamente divulgados na imprensa da época. É nessa ambiência, em que ativismo e academia – embora mantidos em campos distintos – muitas vezes se tornaram complementares, que podemos perceber algumas análises críticas dos membros da UHC, ao campo dos estudos sobre raça, disponíveis naquele momento.

> A UHC, por intermédio do seu presidente faz apêlo para que seja abandonada a idéia geral que é a falta de cultura que caracteriza o desajustamento do negro na sociedade brasileira. Nós temos negros de valor... Isto demonstra ao mundo que não há raça superior em face das raças judaicas e negras, as mais perseguidas no mundo[361].

Assim, os líderes da UHC – e não somente eles – demonstravam estar atualizados com o fluxo de discussões acadêmicas e científicas da época, por meio das reflexões pioneiras que provocavam. Um de seus jornais, publicados no Paraná, estampa uma frase da autoria de Donald Pierson. Outro exemplo, nesse sentido, é um trecho do discurso, pronunciado durante as festividades do centenário de José do Patrocínio (1949), pela segunda pessoa na hierarquia da entidade no DF:

---

[360] CUTI, 1992, p. 77.
[361] José Bernardo. *Jornal alvorada*, São Paulo, ano II, n. 16, p. 1, jan. 1947.

> Nós da União dos Homens de Côr temos sido combatidos no nosso sonho humanístico de vermos os pretos e pardos do Brasil dignificados pela cultura, educação e moral... Uns nos combatem por não saberem dos nossos reais intuitos, outros fazem isto por adotarem as idéias de Gobineau, um dos pais do racismo [362].

O tom quase intimista com que Gobineau é citado nos permite observar que as teses científicas se transpunham dos compêndios acadêmicos e eram lidas pelas lideranças negras da época. Assim, um dos artigos refere-se à

> [...] lastimável incúria, em que estiveram os estudos sobre o negro no Brasil, demonstra-se pela inexistência de dados diretos, como pela raridade de trabalhos modernos sobre o assunto. Para as primeiras lacunas, o suplemento natural seria as estatísticas aduaneiras e história do tráfico.[363]

O articulista segue numa crítica densa, em relação aos trabalhos de Spix e Martius e de como *"a autoridade de ambos"* teria levado a conclusões equivocadas a respeito das populações africanas chegadas ao Brasil. Reiterando a tese da destruição dos documentos (feita por Rui Barbosa), que poderiam atestar os números e a origem real dos africanos trazidos ao Brasil, o jornal passa por Silvio Romero, critica negativamente o seu trabalho e conclui fazendo uma longa enumeração dos vários povos africanos que aqui vieram e para quais estados ou regiões foram transportados[364]. Seus líderes chegavam, algumas vezes, a sugerir uma possível crítica ao sistema, sem, contudo, reivindicar uma postura de confronto com o estado ou seus representantes. "Os administradores em 63 anos de abolição, não fizeram jus, de um certo modo, às reivindicações da causa abolicionista. Porque nós vivemos geralmente afastados dos altos cargos da administração pública"[365].

Grande parte do diálogo com a opinião pública era no sentido de defesa diante da possibilidade de serem alvo da pecha de racistas. A preocupação em definir os objetivos da rede podia ser observada em muitas das páginas, quer próprias ou dos grandes jornais, a cada vez que a oportunidade se apresentava.

> Dirão: 'Mas a UHC bate-se mais pelos negros e pardos do que pelos brancos'... É o que parece. Nós, os dirigentes desse movimento anti racista e nacional gostaríamos de trabalhar

---

[362] *Jornal União*, Curitiba, out. 1950.
[363] *Jornal União*, Curitiba, out. 1950.
[364] *Jornal União*, Curitiba, out. 1950.
[365] *Jornal União*, Curitiba, jan. 1948.

> com método e objetivamente. Ao vermos que dos grupos étnicos de que se constitui a nação brasileira e dos negros e seus familiares é o que mais sofre tôda a espécie de desajustamentos econômicos e morais nosso dever não podia ser outro senão o de atacar as causas desses desajustamentos nas suas raízes mestras. Verificando que todo mal-estar comum aos afro brasileiros é produto da péssima organização social e do excesso de consideração e segurança que certos grupos de brancos de mentalidade escravagista cultivam; colocamo-nos ao lado dos negros e seus familiares, sem esquecermos os brancos que esses mesmos grupos exploram e tiranizam. Essa atitude nossa não foi tomada de afogadilho. Estudamos, perquirimos, observamos antes de adotá-la[366].

Nesse particular, a crítica negativa não era o único diálogo dos dirigentes com as autoridades estabelecidas. Ações de governo que pudessem reverter, direta ou indiretamente, em benefícios à população negra eram focalizados e relatados no seu periódico.

> A notícia de que a Fundação Casa Popular irá construir 240 casas nesta capital, para serem vendidas a prazo longo e sem juros, constitui, sem dúvida nenhuma, um fato altamente auspicioso... A crise na habitação ainda afigura entre os grandes problemas atais... Entre os benefícios que, de modo mais direto e sensível, recaem sobre a população, esse empreendimento figura como um dos mais expressivos e oportunos[367].

Apontei inicialmente que uma das preocupações do grupo, desde a elaboração de seu estatuto, era com o acesso à moradia para os negros brasileiros. A publicação da nota, embora não o expresse claramente, justifica-se por saber que estando grande parte dos negros nos mais baixos escalões socioeconômicos, seriam, nesse particular, os grande beneficiados por aquele projeto de governo.

Surgem os filhos da UHC

Algumas dissidências ou mesmo derivações foram produzidas a partir do seio da rede UHC. Surgiram grupos que, embora com uma pequena variante no nome, inspiravam-se no mesmo modelo e formato, no que

---

[366] José Bernardo da Silva, orientador da União dos Homens de Cor do Distrito Federal. *Diário Trabalhista*, n. 1385, p. 7, 30 ago. 1950.
[367] 250 Casas Populares – Realização admirável do governo Lupion. *Jornal União*, n. 75, p. 6.

concerne à distribuição por departamentos (saúde, educação, jurídica) ou na semelhança das atividades (assistência jurídica, comemorações em datas festivas, ação de processos em defesa dos seus sócios), era incluída também a realização de concursos de beleza, mais aos moldes dos clubes sociais da época. Nesse sentido, temos três exemplos emblemáticos: a União Catarinense dos Homens de Cor (UCHC) de Blumenau (SC); a União Cultural Brasileira dos Homens de Cor (UCBHC) de Duque de Caxias (RJ); e a União Cultural dos Homens de Cor (UCHC) do Rio de Janeiro (RJ).

União Catarinense dos Homens de Cor (UCHC) de Blumenau (SC)

Tenho enfatizado, desde o início, sobre a abrangência geográfica e temporal daquele momento de realizações dos diversos grupos negros. Assim, continuando mais uma etapa de nosso sobrevoo, temos em Blumenau, em 1962, a fundação da União Catarinense dos Homens de Cor (UCHC) criada por Avandié Inácio de Souza, conhecido como o Príncipe Negro, pseudônimo adquirido na sua trajetória de cantor popular.

> [...] Desde a fundação dessa Sociedade, anos atrás, em Blumenau... venho me perguntando se esse movimento tem, realmente, alguma utilidade social... nos Estados do Sul... não temos preconceitos de cor, nem de raça. Os indivíduos de pele negra são, para nós, seres iguais aos demais homens... como nossos semelhantes, como nosso próximo, em tudo igual a nós diante de Deus e das leis do Estado e da Igreja. Por que, então, os homens de cor organizarem-se em sociedade, planejando congressos... pronunciando conferências... Não estarão estes pretos, eles sim, lançando as sementes da discriminação racial no Brasil? Se há... algumas prevenções de brancos contra negos... simplesmente, a diferenças de educação e a método de vida. Entre nós, o preto é, em geral, pouco amigo de limpeza, da higiene... Isso, nem por sombras, é razão para justificar a criação da UCHIC, para conferências de negros. Seria, quando muito, para a criação de cursos para aprimoramento dos métodos de higiene, de comportamento social[368]...

Essa longa citação nos ajuda a perceber o ambiente de animosidade, ainda nos anos 70 – quando a carta foi redigida –, em relação a um grupo fundado quase uma década antes. Por outro lado, ao demonstrar preocupa-

---

[368] Extrato da carta do Sr. J. Ferreira, ex-prefeito e ex-vereador de Blumenau, à época diretor da Biblioteca Pública, ao então arcebispo de Curitiba, Dom Pedro Fedalto, datada de 21/07/1970.

ção com a instituição do grupo, o autor da carta tornava de âmbito público uma série de atividades realizadas pela UCHC, como congressos, palestras e conferências. Iniciada em 1962, a UCHC – inicialmente grafada sem I – tem sua história estendida até os anos 80, quando entre outras atividades presta homenagem ao embaixador do Senegal e à sua comitiva, no mês de novembro de 1980.

Concursos de beleza que se iniciaram sob os seus auspícios em 1961 se espraiaram por diversas cidades tais como Itajaí, Tijucas, Florianópolis, Criciúma, Laguna, Araranguá, Jaraguá do Sul, Araquaré, Rio do Sul, Ituporanga, Lajes, São Joaquim, Porto União e Capivari[369]. O panfleto de divulgação convidava para o baile de confraternização por motivo do 1.º aniversário de fundação, em que a expressão *"Sem preconceito raciais"* ocupava lugar de destaque no centro da impressão e era complementada pelo seguinte texto, que nos dá uma ideia aproximada da extensão daquela rede.

> Avandié de Oliveira não criou a mulata, mas lançou o concurso Miss Mulata... que recebeu todo o apoio das autoridades e comunidade de Blumenau... O concurso estendeu-se por 22 cidades catarinenses, com retumbante êxito. Assim, o Príncipe Negro fez surgir do anonimato 22 belíssimas mulatas para a admiração do povo catarinense[370].

A UCHC reputa para si a organização do Congresso do Negro em 1967 no Teatro Álvaro de Carvalho em Florianópolis. Entre as autoridades presentes estava um dos ex-governadores do estado, Ivo Silveira. O grupo procurava se solidificar na sociedade local a partir de um estreito relacionamento com países africanos e seus representantes em Brasília. Dessa forma, a organização, na pessoa de seu idealizador, o príncipe negro Avandié Inácio de Oliveira, recepcionou em três ocasiões distintas as delegações do Senegal (1965), da Nigéria (1980) e da República do Togo (1982). O ano do centenário da Abolição (1988) foi marcado em Blumenau com as comemorações dos 25 anos das UCHC e sua presença com grande visibilidade na imprensa local.

Ao longo deste trabalho tenho me reportado às inúmeras formas utilizadas pelos grupos e suas lideranças com o fito de fazê-los visíveis e aceitos pela sociedade. A UCHC não foi diferente. Mediante a dificuldade inicial de atrair os negros locais para sua causa, o Príncipe Negro fez uso de duas estratégias principais: a primeira de cunho moral e outra que se preocupava

---

[369] Fonte: Prospecto de divulgação do "Concurso Individual Cultural Estadual Miss Mulata de Santa Catarina" de 1962.
[370] *Jornal de Santa Catarina*, 27 ago. 1988.

em atuar diretamente na elevação do orgulho racial dos negros da cidade e de seu entorno. Num dos *folders* do grupo, além de enumerar os objetivos da organização e dispô-los como num fragmento de estatuto, o Príncipe Negro apelava aos sentimentos de solidariedade dos afrodescendentes.

> Lembrem-se distintos que a união da qual necessitamos, não é apenas artificial ou lendária mas, uma união sólida e firme, cheia de boa vontade e trabalho... Lembra-te de uma coisa: O que fizeste até agora em benefício desta família de cor?... Criaste alguma escola para alfabetizar os pequeninos de cor? Ocupastes sempre que foi possível alguns microfones de emissoras ou palco perante multidões de pessoas para falar bem de sua raça? Escrevestes sempre artigos e mais artigos dignos, lógicos e consoantes a bem dos seus irmãos de cor?... Não é com danças, gingas e requebros que se eleva a dignidade de uma raça nos meios sociais... Associe-se conosco e ajude-nos a buscar assim dias melhores que virão tirados do nosso esforço[371].

O empenho, no sentido de conclamar as mulheres e homens negros para que se somassem a um grupo organizado, percorre grande parte dos documentos produzidos pelas lideranças negras da época. O diferencial nesse caso é o tom quase pastoral que é assumido pelo Príncipe Negro. O autor não só convida para a organização, como coloca a si mesmo como um exemplo a ser seguido.

Se observarmos com atenção perceberemos que a pronúncia da sigla UCHC é *uchic*. Assim Avandié de Oliveira passou a ser membro da "uchic", que contribuiu para atrair para o grupo os negros da cidade. Afinal era *"chic"* (elegante) ser membro da UCHC (pronúncia *uchic*). Posteriormente os membros do grupo começaram a denominar-se de uchiquianos e o nome do grupo passou a ser grafado com a letra i, transformando-se em Uchic (União Cultural dos Homens de Cor do Interior e Capital). Esta foi, portanto, a segunda estratégia de atração. Construir uma identidade que além de racial era também de classe.

O grupo publicava o jornal *O Colored*, com tiragem de 2 mil exemplares, cujo noticiário era mais voltado para o cotidiano dos negros no continente africano. As cidades de Brusque, Itajaí e Blumenau, como parte da comemoração dos 25 anos da UCHC (ou Uchic), receberam ao longo de seis dias o embaixador Dr. Adjaburbú Nana, da República do Togo. Durante sua estada, o diplomata foi sempre acompanhado por Avandié de Oliveira, que se transformara, ele mesmo, num *outdoor* da organização.

---

[371] Fonte: Prospecto de divulgação do grupo. Assinado por: Avandié de Oliveira, *"Príncipe Negro"*.

União Cultural Brasileira dos Homens de Cor – Duque de Caxias/RJ

O estudo de Costa Pinto, por estar circunscrito à região metropolitana do Rio de Janeiro, procura analisar a UHC (ou Uagacê) do Rio de Janeiro. Não há na obra qualquer menção à rede e à sua presença em outros estados da Federação, nem mesmo ao seu concedâneo em Duque de Caxias, região da Baixada Fluminense onde o estudo do autor procurou analisar as práticas das religiões afro-brasileiras, sob a influência de Edson Carneiro. O Grupo de Duque de Caxias surge em 1949[372]. A gestão de 1954 era composta pela seguinte diretoria: Tenente Ambrosino de Almeida do Nascimento e Dr. João Alvarenga de Oliveira, presidentes de honra; Dr. José Rogério dos Santos, vice-presidente; Prof. Theodorico dos Santos Araújo, secretário geral; Edson Carlos Rodrigues, primeiro secretário; Antonio Rodrigues, segundo secretário; Aristides de Carvalho Chaves, primeiro tesoureiro; Prof. Manuel Floriano dos Santos, segundo tesoureiro; João Virgílio de Oliveira, primeiro bibliotecário; José Mendes, segundo bibliotecário; Dr. Walter Joaquim Barbosa, procurador geral[373].

O atendimento social era exercido por meio dos departamentos médico e dentário. Completavam o quadro diretivo os departamentos de propaganda, feminino e cultural. O grupo estava sediado no centro da cidade, com uma pequena rede de mais dois escritórios, sendo um em Parada Angélica, no próprio município, e outro em Tinguá, no município vizinho de Nova Iguaçu. O tradicional concurso de beleza também foi adotado pela UCBHC, de Caxias (RJ). Em 1954 registrou-se a eleição de sua rainha provocando grande comoção na cidade, em que entre as diversas candidatas a vencedora recebeu 4521 votos, resultantes de uma intensa campanha liderada por seus cabos eleitorais[374].

União Cultural dos Homens de Cor – Rio de Janeiro/RJ

Outra citação encontrada na literatura acadêmica a respeito da UHC é no trabalho de Thales de Azevedo para o Projeto Unesco. Azevedo, após fazer um breve resumo acerca de algumas organizações negras na Bahia, refere-se a "um médico de modesta clientela e professor de escolas secundárias"[375] que estaria interessado em levar para Salvador uma sucursal da

---

[372] Três anos anteriores à pesquisa de Costa Pinto, no Projeto Unesco. Fonte: SOUZA, 2004.
[373] LEMOS, 1980, p. 78.
[374] LEMOS, 1980; SOUZA, 2004.
[375] AZEVEDO, 1955, p. 160.

UHC. Em sua pesquisa, que empregou como fontes os grandes jornais da capital baiana, o estudioso encontra a notícia da visita de um dos membros da UHC do Distrito Federal à cidade de Salvador.

> Encontrando-se entre nós, onde veio em visita à família e amigos, o Sr. Eloy de Freitas Guimarães, secretário geral da União Cultural dos Homens de Cor... Depois de referir-se à boa divulgação que está tendo a União de maneira a ser considerada como um movimento nacional, o Sr. Eloy Guimarães declara que até na ONU a associação dos homens de côr já tem representantes, nas pessoas do seu delegado Dr. José Pompilio da Hora, bacharel em Direito pela Universidade de Nápoles, advogado e professor de Grego e Latim no Rio de Janeiro e ele próprio, ambos eleitos por sufrágio de seus companheiros de diretoria e assembléia geral... Disse-nos... que, além de interesses ligados àquela associação, um dos motivos que o trouxeram a Bahia foi o semanário "Redenção"[376].

Fruto de uma dissidência, o que inicialmente havia sido um braço da UHC do DF passou a ser a União Cultural dos Homens de Cor (UCHC), e era dirigida por José Pompílio da Hora[377]. Em 1950, durante a realização do I Congresso do Negro Brasileiro, o coordenador da UCHC já se posicionava como pertencente a um grupo independente e declarou-se desejoso de dirimir possíveis dúvidas acerca da existência de duas organizações diferentes, embora com nomes assemelhados[378]. Com sede própria organizou cursos de alfabetização e outros voltados para a capacitação de empregadas domésticas, tais como culinária e corte e costura[379]. De acordo com Costa Pinto essa era uma tendência da época, em que um número considerável de empregadas domésticas sonhava adquirir uma máquina de costura (Singer) e assim poder mudar de profissão e padrão de vida. O autor classifica a máquina como o *"terror das patroas"*

Conclusão

> *It was the age of decolonization and revolt in Africa, Asia, and Latin America... In 1945, black people from around the globe gathered in Manchester, England, for the Fifth Pan-African Congress to discuss the*

---

[376] *Jornal A Tarde*, Bahia, ano XXXIX, n. 132/22, p. 8, 8 fev. 1951.
[377] COSTA PINTO, 1952.
[378] NASCIMENTO, 1982.
[379] COSTA PINTO, 1952.

> *freedom and the future of Africa... in 1955, representatives from the non-Aligned Nations gathered in Bandung, Indonesia, to discuss the freedom and future of the third world... Revolt was in the air. Malcolm X once described this extraordinary moment, this long decade from the end of the Second World War to the late 1950s, as a tidal wave of color*[380].

Essa epígrafe me ajuda a ilustrar o que vim tentando demonstrar ao longo deste livro: *"Revolt was in the air",* como afirma Kelly supra. Dito de outra forma, nos anos que se seguiram ao final da II Guerra Mundial, havia uma insurgência que conduzia os africanos e seus descendentes, no interior das fronteiras de diferentes estados nacionais, a se rebelarem contra o racismo, com ações diversas nas muitas esquinas do mundo. Assim sendo, grandes eventos (nacionais e internacionais) marcaram a segunda metade dos anos 40 e foram influenciadores diretos da constituição do movimento social dos negros brasileiros, naquele período.

O primeiro deles, no âmbito internacional, refere-se ao fim da II Guerra Mundial que deixou como saldo para a sociedade global a constatação de que o racismo e suas práticas – longe do que se acreditava – não haviam sido desterrados com a formulação das novas teorias culturalistas, capitaneadas por Franz Boas, na virada do século. O fantasma do racismo e da discriminação racial rondava o mundo do pós-guerra. Faz-se necessário, portanto, situar que aqueles eram anos de conflitos raciais nos EUA. Ao mesmo tempo, os países africanos davam os primeiros passos rumo à independência.

Num estudo comparativo entre os movimentos sociais negros na África do Sul e nos Estados Unidos, Friedrickson[381] observa que os afro-americanos, em diferentes momentos de sua organização social, tinham na África pré-colonial uma referência de orgulho da qual podiam traçar sua identidade. Ao mesmo tempo, os negros sul-africanos (incluídos pelo autor nessa categoria além dos descendentes da língua Bantu, os indianos e os *"colored"*) aludiam ao progresso alcançado por seus pares nos EUA como parâmetro referencial para a capacidade ascensiva da população negra.

---

[380] "Foi uma era de descolonização e revolta na África, Ásia e América latina... Em 1945, os negros do mundo se reuniram em Manchester, Inglaterra, no Quinto Congresso Pan – Africano para discutir a respeito de liberdade e do futuro da África... Em 1955, representantes das Nações Não Aliadas reuniram-se em Bandung, Indonésia, para discutir a respeito da liberdade e o futuro do Terceiro Mundo... A revolta estava no ar. Malcolm X certa vez, descreveu este extraordinário momento, esta década entre o final da Segunda Guerra Mundial e o final dos anos cinquenta, como uma pororoca de cor". Fonte: A Poetics of Anticolonialism by Robin D. G. Kelley. *Discourse on Colonialism by Aimé Césaire*, v. 7. Tradução livre.
[381] FRIEDRICKSON, 1997.

O autor usa essas duas visões convergentes para basear sua teoria de que esses movimentos demonstravam estar cientes de que não se encontravam isolados em suas realidades específicas. Não estavam também em oposição única e direta contra seus opressores domésticos. Em outras palavras, sua luta era dirigida a alvos situados não somente no interior das fronteiras de seus estados nacionais. Friedrickson[382] data a partir de meados do século XIX – e que se estendeu no pós-guerra – a existência de uma consciência em ambos os grupos (nos EUA, e na África do Sul). Tratava-se de uma luta mais ampliada de africanos e seus descendentes em diferentes partes do mundo contra a escravidão, colonização e segregação.

Mencionando a trajetória da National Association for the Advancement of Colored People (Naacp) nos EUA, Méier e Rudwick[383] afirmam que a organização – que surgiu na primeira década do século XX – radicalizou sua postura a partir do pós-II Guerra. Alavancada pela massiva migração de negros provenientes do sul do país, o poder de barganha alcançado pelo voto trouxe uma potencialidade de demandas, com ênfase nunca antes testemunhada. A reivindicação por direitos civis passou a integrar as agendas eleitorais, em grande parte estimulada por aquele grupo. Paralelamente crescia, inspirado nos ensinamentos de Mohandas K. Gandhi, uma forma organizada de luta contra o racismo intitulada de *"resistência passiva"*, *"ação não violenta direta"* e/ou *"não violência militante"*[384]. Essa nova manifestação antirracista ganhou as ruas dos EUA e África do Sul nas décadas de 40 e 50[385], tendo no período pós-II Guerra alcançado um dos seus pontos de maior aceitação, por um grande número de seguidores.

Diante do trauma deixado pela guerra, a ideia de protestos pela resistência pacífica passou a ser largamente aceita. Igualmente, no início dos anos 50, a desobediência civil era uma das principais estratégias de reação contra o apartheid na África do Sul. Nos EUA, também sob inspiração de Gandhi – mais do que sob a dos negros sul-africanos –, suas ações principais e mais referidas eram boicotes, greves, marchas e demonstrações[386]. De tal modo, tanto os negros sul-africanos quanto os afro-americanos estavam, segundo o autor, incluídos numa torrente internacional de ideias que servia para inspirá-los mutuamente.

---

[382] FRIEDRICKSON, 1997.
[383] MÉIER, 1971; RUDWICK, 1971.
[384] FREDRICKSON, 1971.
[385] É nesse período que surge na Bahia (1949) e no Rio de Janeiro (1950) o Bloco Afoxé Filhos de Gandhi.
[386] FRIEDRICKSON, 1995.

O significante aqui é apontar que mais revelador que o fato de haver um elemento instigante ou um diálogo entre os dois movimentos, ocorria – Friedrickson[387] evidencia em seu estudo – um fluxo em torno da busca por direitos e igualdade entre os negros. Essa era a tônica em cada um dos países e que contribuía para um estímulo a mais no processo organizativo de diferentes descendentes de africanos em diversas partes do mundo, incluindo o Brasil.

Em termos brasileiros, o novo momento político e econômico da redemocratização após a ditadura Vargas estimulou o aparecimento de manifestações negras de diversas naturezas, como tive oportunidade de discutir ao longo deste trabalho. O movimento social dos negros estava, então, em constante interlocução com os mecanismos estabelecidos pela sociedade buscando influenciá-la e sendo por ela influenciado. As ideias de Sartre – no seu Orpheu Negro – e as de Richard Wright, entre outros, expressas na *Revista Présence Africaine,* chegavam aos nossos líderes afro-brasileiros por diversas vias, inclusive pelo jornal *Quilombo*, criado pelo Teatro Experimental do Negro, ao final dos anos 40.

Nesse contato à distância o *Jornal Alvorada*, publicado pela Associação do Negro Brasileiro, de São Paulo, como já apontado neste trabalho, também contribuía para divulgar as iniciativas tomadas a seu cargo pelos negros estadunidenses. Ou seja, repetindo Kelley – citado na abertura desta conclusão – havia uma pororoca de cor (*tidal wave of color*) naquele momento. Isto é, os povos de cor se levantavam em diferentes maneiras e locais, propiciando uma insurgência que percorria o mundo.

Essa ambiência pode ser arrogada como propiciadora da constituição de uma rede nos moldes da União dos Homens de Cor. A criação e a expansão da UHC foram precipitadas, então, por quatro fatores principais: em primeiro lugar havia a discrepância entre a identidade de racialmente inferiores, atribuída aos negros, e sua crescente ascensão social e cultural. Esse descompasso acabava por criar barreiras socioestruturais para a sua inclusão político-social. Daí, a constante interpelação, em sua imprensa, aos estudos teóricos sobre raça efetuados até então.

Em segundo lugar, havia o surgimento de diversas formas organizativas que permitiam aos negros aglutinarem-se em torno de questões com as quais se identificavam, bem como entre os seus iguais. Ou seja, ocorria uma atmosfera que estimulava a criação de novos grupos e aquecia os debates

---

[387] *Idem.*

em torno dos direitos a serem conquistados. Pudemos testemunhar alguns desses nascituros no Capítulo 2, em que percorremos uma parte da história e das estórias de algumas das organizações negras daquele momento.

O terceiro fator seriam as organizações dos negros em diversas partes da diáspora e da África, que fortaleciam as reflexões e atuavam como mirantes exemplares a estimular os desejos de ascensão e mudanças. O de número quatro repousa na influência da circulação de ideias no mundo, em que o retorno da racialização preocupava a todos. Era a luta contra o racismo empreendida a nível mundial dentro do espírito político e ideológico do pós-guerra, em que os documentos da ONU, criados para esse fim, ajudavam a estabelecer bases e critérios para uma cruzada antirracista.

Ao longo de sua trajetória, que se iniciou no pós-guerra, estabeleceu-se nos anos 50 e expandiu-se pelos 60, a UHC buscava, portanto, reconhecimento para os negros no âmbito do estado nação brasileiro. Se considerarmos que, pautado no discurso liberal e universalista, o nacionalismo tende a estimular a negação das diferenças[388], o estado brasileiro era em sua formação excludente e discriminador. Então, a UHC e muitos dos grupos, seus contemporâneos – mais do que tratar de inclusão e ascensão social –, buscavam a participação dos negros no projeto nação brasileiro.

A luta era, então, contra o estado, na sua forma racializada. Um exemplo que poderia citar a esse respeito seria a preocupação constante – demonstrada em suas publicações – em inserir seus representantes nas campanhas a cargos eletivos. Contribuía para essa estratégia a atração de negros parlamentares (estaduais ou municipais) para aliarem-se aos quadros da organização. Em última análise, suas ações buscavam inseri-los no estado-nação, a partir da participação igualitária nas instâncias de poder nacionais.

O movimento na direção do poder institucionalizado era complementado por duas ações: a primeira, no sentido de apoio direto aos negros em situação econômica inferior, com as caravanas de doações e suporte imediato quanto à saúde e à educação. O outro impulso se dava na participação crítica de seus líderes nos encontros nacionais dos movimentos negros, assumindo os ditames estabelecidos por suas conclusões finais e fazendo-as conhecidas para um público maior, por meio da imprensa. Dessa forma, a UHC assumia para si três grandes frentes de atuação. Ou seja, mirava o poder constituído, mediante a participação nos pleitos eleitorais;

---

[388] ANDERSON, 1994; MAUSS, 1969.

auxiliava na ascensão social daqueles na base da pirâmide e se incluía numa articulação mais ampla do movimento social negro em âmbito nacional, por meio de suas mais diferentes regiões.

O segundo capítulo deste estudo permitiu apresentar uma plêiade de organizações negras, em distintas cidades, surgidas a partir da segunda metade dos anos 40 e parte da seguinte. Diferentes são os motivos que determinaram o fato de elas não mais existirem. Dentre eles poderia citar o falecimento de sua liderança principal, como no caso da Orquestra Afro-Brasileira (RJ) ou da Associação José do Patrocínio (BH); mudanças dos objetivos iniciais do grupo organizador, provocando dissidências; mudança de local de residência do coordenador, como no Caso do Teatro Popular Brasileiro (TPB), ou o novo momento político do país, como no caso do Teatro Experimental do Negro. Mesmo essas razões que enumerei aqui são apenas alguns dos aspectos que um estudo aprofundado sobre cada uma das organizações – que não é o meu objetivo – poderia corroborar.

A UHC, por ser uma rede, alcançava níveis de articulação diferenciados, em cada lugar que atuou. O que significa dizer que qualquer das razões apontadas como as que contribuíram para o cessar das atividades dos grupos anteriores pode ser aplicada às inúmeras seções da rede. Nesse sentido, a morte de João Alves Cabral, o grande inventor da rede e o responsável pela manutenção de um elo nacional, atuou como um ponto de abalo na estrutura. Por outro lado, as lideranças que por ela foram consolidadas ou constituídas seguiram seus destinos no movimento social, tornando-se figuras proeminentes, seja no ativismo, seja na vida pública. Esse é o caso, por exemplo, de José Bernardo da Silva (UHC/DF), eleito deputado federal por dois mandatos consecutivos a partir de 1954.

Nesse sentido, acredito que se possa falar em transformação da UHC, ao invés de seu desaparecimento puro e simples. Temos em socorro a essa afirmação a Uchic de Avandié de Souza, de Blumenau, que ainda nos anos 80 seguia os mesmos moldes e denominação similar àquela instituída pela UHC, em 1943, em Porto Alegre. Da mesma forma que o surgimento da UHC deve ser visto, como procuro fazê-lo aqui, a partir dos diferentes movimentos nacionais e mundiais do pós-Guerra e pós-Estado Novo, o mesmo se dá em torno da sua desagregação. Dito de outra forma, a instauração da ditadura militar contribuiu para o arrefecimento de vários grupos dos movimentos sociais, e a UHC não ficou imune àquela conjuntura política.

Um dado que chama atenção, quando observamos a atuação da UHC, é a sua quase ausência da literatura acadêmica que se preocupa em analisar os movimentos sociais negros, embora ela haja sido atuante em distintas cidades do país. Percebo, portanto, uma tensão entre o que aqueles autores acreditaram ter sido as interferências e poder de inserção daqueles grupos e a fala dos seus agentes, retratadas nos documentos produzidos por estes últimos. Por esse motivo, no próximo capítulo travarei um diálogo com alguns dos autores que têm estado mais proximamente refletindo sobre a constituição dos movimentos sociais, dentro e fora do Brasil. Meu alvo é poder entender algumas das razões que contribuíram para que a relevância daqueles grupos não fosse ressaltada. Discutirei à luz dessas novas formulações os pressupostos por meio dos quais se possa entender o fator que permitiu que o desempenho daquela rede não fosse abordado em alguns dos trabalhos sobre o tema.

CAPÍTULO 4

NOVOS E VELHOS MOVIMENTOS SOCIAIS: CATEGORIAS CAMBIANTES

Três das obras que compuseram o grupo de pesquisas que se convencionou chamar de Projeto Unesco foram abordadas no Capítulo 2. O que me ajudou a ressaltar as conclusões daqueles autores sobre democracia racial e os passos iniciais de alguns grupos do movimento social negro, nas realidades estudadas. As cidades de Salvador, Rio de Janeiro e São Paulo foram os campos a partir dos quais os autores puderem tecer suas conclusões a respeito das relações raciais brasileiras. Eles procuraram realizar um diagnóstico dos grupos componentes do movimento social negro no período. Reconheço o ineditismo daquelas três obras quando me refiro ao estudo dos movimentos sociais negros. Algumas das conclusões daqueles acadêmicos levam-me a pensar numa fragilidade e incompatibilidade desses grupos em relação ao momento econômico e sociocultural em que estavam localizados.

Vale lembrarmos a existência de uma articulação da sociedade civil organizada no período, que ultrapassava os limites das fronteiras das cidades aqui mencionadas (Rio de Janeiro, São Paulo e Salvador), como apontado anteriormente. Procurei evidenciar – nos Capítulos 2 e 3 – que havia um variado número de formas organizativas, em diferentes regiões do país, que excediam aquelas presentes nos trabalhos do Projeto Unesco. Acrescente-se a isso a delimitação geográfica estabelecida para a pesquisa. Ou seja, não era objeto daqueles autores estudar as relações raciais numa amplitude que abarcasse todo o território nacional brasileiro. As análises sócio-históricas, nos três trabalhos, eram de âmbito mais voltado para a constituição do estado-nação e a conformação de raça dentro deste. Por outro lado, os aspectos etnográficos dos trabalhos restringiram-se ao campo mais próximo de cada autor.

Acredito que a razão desse descompasso, entre o visto e o existente, reside na metodologia empregada por cada um. Atribuo também às ferramentas teóricas disponíveis naquele preciso momento da constituição das Ciências Sociais no país. É esse entendimento que me move na elaboração deste capítulo que ora se inicia. Dialogarei com alguns autores mais contemporâneos, no sentido de observar como têm sido construídas, nas ciências sociais, as categorias movimentos sociais e movimentos negros. Mais ao final, procurarei discutir algumas das principais influências teóricas que poderiam ter contribuído para os achados dos autores estudados no Capítulo 1.

Movimentos sociais: notas para uma definição

Gohn[389] considera em seu trabalho autores clássicos e contemporâneos, advindos de paradigmas europeus, norte-americanos e latino-americanos dos estudos de movimentos sociais. A autora conclui sobre a impossibilidade de se pretender uma teoria unificada ou uma definição do mesmo porte, acerca desses movimentos. Tanto as teorias como os paradigmas que procuram explicar os referidos movimentos são múltiplos. Todos variam em relação à escola de pensamento que os abriga, influência do momento histórico em que estão sendo produzidos e ao campo analítico a partir do qual estão sendo observados.

A categoria *"movimento social"* é, portanto, datada e surge a partir de meados do século XIX. Estava situada numa Europa que convivia com a *"novidade"* do comunismo e do socialismo, além da organização do proletariado na França[390]. Nesse momento, o nome de Lorens Von Stein é referencial como um dos primeiros autores a defender a importância do desenvolvimento de estudos voltados àquela temática. Com essa apresentação, Gohn aproveita para nos lembrar que ao contrário do que se poderia pensar, os estudos dos movimentos sociais não são resultantes de uma década estabelecida ou de determinadas correntes de estudos das ciências sociais. Segundo a autora, sua gênese se confunde com a sociologia, desde o período de sua constituição enquanto ciência.

Quanto à sociologia norte-americana, a Escola de Chicago delineia os estudos sobre movimentos sociais e a influencia fortemente até os anos 70. Iniciados por Park e desenvolvidos pelos estudos de Simmel e Blumer, os movimentos sociais eram analisados como uma *"disfunção da ordem"*[391]. Naqueles primeiros estudos, de acordo com Gohn, os movimentos sociais foram divididos em *"gerais"* e *"específicos"*. O início da década de 50 (1951) vê

---
[389] GOHN, 1993.
[390] *Ibidem.*
[391] *Ibidem*, p. 328.

ser publicado o livro *Social Movements*, primeira obra inteiramente dedicada ao assunto. Nesses trabalhos pioneiros, a sociopsicologia tomava lugar de destaque e via as ações coletivas como ações de massa, em que os aspectos biológicos e culturais serviam como determinantes para o comportamento social, provocando uma ruptura, lembra Gohn. Essa chave analítica com forte influência da psicologia foi dominante na sociologia estadunidense até os anos 60. Seu campo privilegiado foi o movimento operário.

Em relação ao período dos estudos que estou abordando neste trabalho (pós-II Guerra Mundial), gostaria de chamar atenção particular às afirmações de Gohn:

> Podemos dizer que nos anos 50 e parte dos anos 60, os manuais de ciências sociais, e parte dos estudos específicos, abordavam os movimentos no contexto das mudanças sociais, vendo-os usualmente como fontes de conflitos e tensões, fomentadores de revoluções, revoltas e atos considerados anômalos no contexto dos comportamentos coletivos vigentes[392].

As tensões sociais é que provocariam os movimentos sociais. As reações eram tomadas como desordenadas e fruto de uma sociedade perplexa diante das inexoráveis mudanças trazidas pela crescente modernização. Eram movimentos, segundo os autores do período, cujo processo evolutivo seguia uma linha evolutiva que ia do surgimento à propagação, passando pelo crescimento[393]. Movimentos ruptores e eivados de emoções, de medo e frustrações que os impediam de serem satisfatoriamente organizados, a ponto de influenciar o sistema político, contra o qual se debatiam: "o sistema político era visto como uma sociedade aberta a todos, plural, permeável. Mas os movimentos sociais não teriam a capacidade de influenciar aquele sistema devido às suas características espontâneas e explosivas"[394].

A autora prossegue informando que naquelas duas décadas (50/60) os autores analisavam os movimentos sociais dentro de caracterizações duais e antagônicas tais como: *"violentos – pacíficos, reformistas – revolucionários"*[395]. Entendia-se que os movimentos sociais eram revolucionários em seu cerne. Assim, o nazismo, o fascismo, as lutas de libertação nacionalista e mesmo a guerra eram exemplos propícios de movimentos sociais. Nesse contexto os

---

[392] GONH, 1997, p. 330.
[393] *Ibidem*.
[394] *Ibidem*, p. 332.
[395] *Ibidem*, p. 330.

movimentos podiam ser *"reformistas, reacionários ou revolucionários"*[396]. Caracterizações que estavam em concordância com a teoria marxista que subsidiava aquelas análises. Dentro desse campo de estudos um movimento social seria exitoso quando ao fim e ao cabo houvesse conseguido a *"transformação"* da sociedade, ao ver suas reivindicações se tornarem realidades concretas. Posteriormente, na década de 60, o fortalecimento dos movimentos pelos diretos civis nos EUA – entre outros – provocou a formação de novos paradigmas.

Segundo Scherer-Warren, a década de 50 foi aquela em que os estudos sociológicos – até então influenciados mais pelo marxismo – deixaram de preocupar-se com a tipologização dos movimentos e voltaram-se mais para a análise de sua influência direta na mudança social. Nesse sentido, a autora nos apresenta uma definição à luz dos estudos acadêmicos do âmbito da sociologia europeia surgida a partir dos anos 40. Os movimentos sociais foram caracterizados como:

> Um grupo mais ou menos organizado, sob uma liderança determinada ou não; possuindo um programa, objetivos ou plano comum; baseando-se numa mesma doutrina, princípios valorativos ou ideologia; visando um fim específico ou uma mudança social[397].

Continuava então a tentativa de distingui-los como algo unitário e de características previamente definidas.

O segundo período do capitalismo, na visão de Santos[398], dá lugar à emergência do que o autor classifica de *"cidadania social"*. Essa categoria pode ser traduzida como inserção, nas relações de trabalho, dos direitos sociais (saúde, educação, segurança social). Cada um deles auferidos como conquistas dos trabalhadores a partir de suas entidades organizadas, tais como sindicatos, cooperativas e partidos operários, entre outros. O autor lembra que não se pode falar em cidadania sem levar em consideração que grupos sociais, histórias sociais, direitos e instituições diferenciados farão com que ela seja plural e multifacética.

É nessa linha analítica que Santos[399] se reporta à *"crise da cidadania social"* com a agitada conjuntura do Estado-Previdência e a ascensão do

---
[396] *Ibidem*, p. 330.
[397] SCHERER-WARREN, Ilse. *Movimentos Sociais*: um ensaio de interpretação Sociológica. 2. ed. Florianópolis: Ed. da UFSC, 1987. p. 13.
[398] SANTOS, Boaventura de Souza. *Pela Mão de Alice:* O social e o político na pós-modernidade. 5. ed. São Paulo: Cortez, 1999.
[399] *Idem*.

movimento estudantil, nos países de economia central, nos anos 60. Esses momentos sócio-históricos vão contribuir diretamente para a constituição dos Novos Movimentos Sociais (NMSs). Por sua pluralidade – não só de temas defendidos, como de formato e especificidades regionais –, estes últimos deixam ao autor a difícil conclusão de que as definições até agora apresentadas, por outros autores, não fazem jus à sua natureza.

Os Novos Movimentos Sociais analisados por Santos revertem-se de primazia por terem sido os responsáveis por introduzir na sociedade "uma crítica da regulação social capitalista", ao lado de "uma crítica da emancipação social socialista tal como foi definida pelo Marxismo"[400]. Assim, completa o autor, os NMSs tornam identificáveis formas de opressão alienígenas às relações de produção, tais como *"o machismo, a guerra, a poluição e o racismo"*, entre outros. Dessa forma denunciam os movimentos emancipatórios anteriores que não perceberam – ou em algumas ocasiões chegaram a reforçar – diferentes formas de opressão. Explicada por não se inserir na dicotomia direta entre capital e trabalho.

Para Santos, a cidadania vista por meio da transformação dos fenômenos sociais e/ou culturais em políticos permite uma ampliação nunca antes experimentada. É importante marcar que os movimentos sociais contemporâneos – de juventude, feministas, ambientalistas, etno-nacionalistas ou pacifistas – não provocaram apenas ações de conflito ou questões atinentes a uma forma de luta tradicionalmente empreendida no capitalismo industrial. Eles tornaram visíveis a "ineficiência" das tradicionais formas de representação política diante das novas agendas sociais trazidas por aqueles movimentos[401].

Analisando diferentes autores que têm se dedicado a estudar os movimentos sociais modernos, Melluci[402] resume em duas as conclusões principais a que chegaram no que concerne à motivação para o seu surgimento. A primeira razão seria em consequência de uma crise econômica, em que o desemprego, a baixa qualidade de moradia e a imigração, entre outros, estariam incluídos. A segunda refere-se à busca por integração e legitimação política num sistema que haja excluído um determinado grupo. Nesse último caso estariam os movimentos estudantis, os de mulheres e os de base étnico-racial.

---

[400] SANTOS, 1999, p. 258.
[401] MELLUCI, 1996.
[402] *Idem.*

Desse modo os movimentos passam a ser entendidos como pertencentes apenas a dois grupos: os que desejam a manutenção da *"ordem social prevalescente"* para se beneficiarem dela e os que desejam destituí-la. Melluci lembra que embora se possa encontrar grupos que caibam inteiramente nessas duas chaves analíticas, elas deixam de incluir o *quantum* de antagonismo presente em vários movimentos sociais e que se tornam comuns nas sociedades mais recentes. Assim, afirma o autor: *"O fenômeno emergente nas sociedades complexas não pode ser tratado simplesmente como reações às crises, como meros efeitos da marginalidade ou desvio ou simplesmente como problemas que surgem da exclusão do mercado político"*[403].

Numa sociedade complexa é importante que, para além desses aspectos, os movimentos sociais sejam analisados também no seu nível de conflitos e incompatibilidades. Os meios econômicos ou a ausência de acesso a eles não são os únicos motores de ocorrência de um movimento social. De há muito a produção e a divisão do trabalho deixaram de ser as únicas formas de transformação de bens naturais e humanos para aquisição de bens. O mercado não dá mais a última palavra em termos de articulação de mercadorias. Da mesma forma, símbolos, identidades e pertencimentos são negociados. As necessidades individuais, as identidades várias e as construções simbólicas também constituem o aparato mobilizador para um movimento social, lembra Melluci.

Gidens vê os movimentos sociais como os que "fornecem pautas para potenciais transformações futuras"[404]. O autor reitera – tal como Melluci[405] – o fato de os autores com forte influência marxista realçarem os movimentos trabalhistas, como os que respondem por uma *"vanguarda"* histórica. Gidens[406] também se coloca criticamente diante desses autores por não reconhecerem dois pontos principais: o primeiro que aqueles movimentos são datados e como tal foram agentes de mudança importantes numa fase de expansão do capitalismo e do *"desenvolvimento das instituições modernas".* O segundo ponto de crítica apresentado por Gidens[407] é que aqueles autores ao relevarem os movimentos trabalhistas destituem de importância movimentos sociais cujas agendas não se incluem nas demandas do capital e trabalho. Isso acontecendo

---

[403] *"Emerging collective phenomena in complex societies cannot be treated simply as reactions to crises, as mere effects of marginality or deviance, or purely as problems arising from exclusion from political market"* (MELLUCI, 1996, p. 99).
[404] GIDENS, 1991, p. 158.
[405] MELLUCI, 1996.
[406] GIDENS, 1991.
[407] *Ibidem.*

num período em que um se colocava numa constante oposição ao outro, mantendo-se como campos opostos e *"puros"* um do outro.

Gidens[408], no entanto, insere uma nova reflexão no sentido de que os movimentos sociais fora desse âmbito podem e devem ser vistos não somente como excludentes entre si. Nesse sentido, afirma que, ao contrário, *"os interesses dos oprimidos não são uniformes e freqüentemente colidem entre si"*[409]. Dito em outras palavras, também os movimentos sociais que tratam de temas fora daqueles privilegiados por uma reflexão marxista são diversos e diferenciados entre si.

A interferência dos movimentos sociais nas agendas sociais diversas trouxe como resultados mudanças substanciais nas atitudes e pensamentos públicos[410]. Mudanças também operadas na estrutura do movimento, se compararmos com aqueles ligados aos sindicatos ou aos partidos políticos. Agora, na visão do autor, os movimentos que se constituem no interior das sociedades complexas se compõem como uma *"rede escondida de grupos"* (Hidden networks of groups) com vários locais de encontro e um certo circuito de solidariedade interna que atua como uma *"estrutura latente".* Toda essa rede não visível só vem à luz em determinados momentos e depois *"submerge novamente na vida cotidiana".* Outra característica desses movimentos é a miscibilidade entre a ação coletiva e a identidade individual. Ambas fazem com que a solidariedade grupal e a coletividade intergrupal sejam mescladas com as questões pessoais do dia a dia, dos membros da rede.

Necessário se faz, entretanto, que se perceba a diferença entre as *"formas relativamente permanentes de redes"* e mobilizações de luta que provoquem momentos e reuniões com fins específicos. A rede está constantemente acionada, embora nem sempre visível para aqueles externos ao meio. Por outro lado, a mobilização é o momento em que o movimento e suas demandas vêm a público de forma a pressionar a sociedade. É por meio da mobilização que a rede do movimento se solidifica e dá aos membros a ideia real de sua extensão e poder de alcançar, ou não, seus objetivos. Mostra, portanto, a força e os pontos fracos do movimento.

A mobilização, segundo Mellucci, dá-se em torno de um tema ou demanda específica voltada para o presente, com objetivos definidos e consecução a prazo curto. Permitindo, dessa forma, um sucesso rápido e que

---

[408] Ibidem.
[409] Ibidem, p. 154.
[410] MELLUCCI, 1996.

possa manter unidos e unificados os seus membros, diante do atendimento de suas expectativas e necessidades. Ao passo que uma organização política, como tal, deva perseguir metas de longo prazo, a mobilização objetiva metas mais imediatas. O sucesso dos movimentos sociais será, então, à luz das reflexões de Mellucci, um constante adequar da mediação entre metas de longo e curto prazos. Essa dinâmica tem que ser mantida para obter a continuação dos interesses aos quais deve representar.

Por outro lado, aduz Mellucci[411], a natureza fragmentada e descentrada que define os movimentos sociais nas sociedades complexas só pode ser mantida se junto a eles houver alguma forma de representação política. Surge, então, um paradoxo. Por um lado os movimentos sociais modernos se tornam independentes das estruturas formais de participação política. O que lhes permite acentuar a individualidade como sujeitos políticos. Esse ato, no entanto, acaba levando-os à reafirmação de que a politização da individualidade é que os mantém num constante diálogo com a sociedade.

Assim, vemos que numa linha comum, os autores aqui abordados[412] são unânimes em referir-se à dificuldade de se obter uma definição de movimentos sociais que abarque todas as inúmeras configurações que os constituem em tempos, locais e realidades diferentes. Em síntese, essa dificuldade se apresenta diante das muitas faces que estes adquirem em situações locais, momentos históricos e demandas que apresentam. Vimos também que no mesmo período em que se realizavam no Brasil os estudos Unesco (anos 50), forte era a influência marxista sobre os autores que realizavam estudos sobre movimentos sociais, tivessem eles com uma formação europeia ou estadunidense. Essa pode ser a chave para nos ajudar a pensar alguns aspectos do Projeto Unesco. Voltarei a esse assunto mais tarde. De posse dessas reflexões, passarei agora para a observação da categoria movimento social negro brasileiro.

Os movimentos sociais negros nos estudos de movimentos sociais urbanos

Os estudos sobre movimentos sociais na América Latina surgem numa conjuntura específica nos anos 70 a partir da escalada dos governos autoritários na região, segundo Cardoso[413]. Para a autora, a elaboração teórica

---
[411] Ibidem.
[412] GONH, 1997; SCHERER-WAREN, 1987; SANTOS, 1999; MELUCCI, 1996; GIDENS, 1991.
[413] CARDOSO, 1987.

surgida naquele período esgotou-se em si mesma, diante da contradição entre o que se esperava como reação do povo e o seu posicionamento em relação ao Estado. As teorias marxistas, por si só, não conseguiram explicar aquela realidade. Nesse ambiente de ausência de paradigmas, os estudos de casos, em que se pudesse avaliar a participação popular, passaram a ser preferidos. Tal mudança interferiu diretamente na construção da noção de movimentos sociais urbanos. Haveria, então, uma linha comum entre os autores que ao caracterizá-los ressaltavam três aspectos principais: o primeiro seria a sua independência em relação aos partidos e aos sindicatos. Dessa forma, eles passam a ser considerados *novos*, quando comparados com os seus antecessores. A segunda característica seria a sua posição de desafio ao Estado. Por último, os movimentos eram vistos como *"transformadores de uma estrutura de dominação"*[414].

Um dos pontos sobre a forma como são construídos os movimentos sociais urbanos, nos estudos sobre o tema, é o seu constante embate com o Estado. Para Cardoso, esses estudos possuem tais características devido, principalmente, ao momento histórico em que surgiram. Ou seja, a reestruturação dos esquemas marxistas (na teoria e na política) e a reflexão inicial sobre movimentos urbanos, oriundos da Europa, teriam influenciado diretamente os estudos na América Latina. Houve uma transposição teórica da contradição capital/trabalho, aplicada aos novos movimentos sociais da região. A ausência de uma análise mais acurada teve como consequência – num primeiro momento – a exclusão da designação de movimentos sociais de todas aquelas lutas que não estivessem dialogando diretamente com o Estado. De acordo com essa visão, "as lutas feministas, anti-racistas e ecológicas ou de defesa do patrimônio urbano"[415] não seriam vistas como movimentos sociais.

Seguindo essa linha de análise, movimentos sociais urbanos seriam aqueles localizados na seara das reivindicações das classes populares. Os demais, oriundos e desenvolvidos por uma "mobilização interclassista", receberiam outra denominação. Os "verdadeiros" movimentos sociais seriam aqueles que representassem uma manifestação da classe operária. Inspiravam a esperança de "transformação" da sociedade, por meio da luta contra o Estado, que por seu turno estava inspirado num modelo europeu.

---

[414] *Ibidem*, p. 29.
[415] *Ibidem*, p. 30.

Outro aspecto apontado pela autora é a leitura apressada da história que não percebe uma tradição de participação popular na América Latina. Assomava-se a essa visão a pecha de ausência de espontaneidade de manifestação política das camadas populares. O fator que contribui para a definição de "novidade" atribuída aos movimentos sociais é o contraste que se estabelece ao compará-los com movimentos de períodos anteriores. Assim, continua a autora, esse método impede uma definição, produzindo apenas a classificação "antigo" e "novo". Cardoso fala de uma quase perplexidade dos teóricos nos anos 70 ao observarem a organização popular na América Latina. A autora atribui a isso um desconhecimento da história organizativa dessas classes, em décadas anteriores.

No que se refere aos estudos sobre o movimento negro, quando os autores dedicam-se a fazer um recorte longitudinal, há uma periodização que se inicia com os jornais negros, nos anos 20, chegando à Frente Negra em São Paulo, na década de 30. Depois abordam o TEN (Teatro Experimental do Negro), no Rio de Janeiro, em meados dos anos 40[416]. Voltando a marcar sua ressurgência apenas com o Movimento Negro Unificado (MNU), na década de 70. Proponho, então, um olhar mais acurado sobre os estudos de Andrews e Hanchard.

Andrews inicialmente aborda a escravidão e a Abolição, num período que vai de 1800 a 1890. Seu trabalho aponta a existência de alguns quilombos e o aumento das revoltas escravas. Mais adiante o autor refere-se ao declínio das organizações negras, em São Paulo, durante o Estado Novo, mas não concorda com o seu desaparecimento. Assim, segundo ele, apesar do banimento da Frente Negra, os clubes sociais e associações cívicas continuaram a se organizar. A Associação José do Patrocínio (SP), por exemplo, teria apresentado em 1941, ao presidente Vargas, uma documentação solicitando a proibição dos anúncios discriminatórios contra os trabalhadores negros. Seu pedido teria sido atendido 14 meses mais tarde. O fim do Estado Novo permitiu uma renovação do movimento negro, de acordo com a interpretação do autor. No pós-II Guerra Mundial, Andrews fala da Associação Cultural do Negro (ACN) fundada em 1954 e que teria durado até 1970.

O autor refere-se também a um grande número de jornais que ressurge naquele momento, na capital paulista. Esses grupos seriam sensíveis às críticas dos brancos. Por conseguinte, preocupavam-se em deixar clara a

---

[416] WINNANT, 1994; HANCHARD, 1998; ANDREWS, 1991. Excetue-se, nesse sentido, o trabalho de NASCIMENTO, E. L. *Sortilégio da cor*: identidade afro-descendente no Brasil. São Paulo, 1999, que além do TEN inclui a UHC.

intenção não conflituada de organizar-se racialmente. Consequentemente, mudam sua estratégia de ação e optam por atuar na área da educação, da ajuda mútua e de projetos de solidariedade. Dessa forma, o autor aborda a ocorrência do medo de um possível confronto, por parte daquelas lideranças. Tal atitude teria provocado uma ínfima participação dos movimentos negros no dinâmico processo político ocorrido no país, nos anos 50. Consequentemente, para Andrews, nenhum grupo teria apresentado um programa de ação ou mesmo organizado alguma atividade de cunho político, como forma de reivindicação de direitos individuais ou coletivos.

Noto, então, que Andrews segue o mesmo itinerário analítico de Fernandes. Com essa conclusão, o autor reforça a ideia da ausência de uma efetiva participação política do movimento negro na década de 50. Andrews fala da realização de várias atividades da ACN (SP) em parceria com o TEN e o TPB, ambos do Rio de Janeiro. A rápida menção desses dois grupos é empregada pelo autor, para fortalecer a ideia de que as atividades eram apenas de cunho cultural, o que é especialmente ressaltado pelos nomes das citadas organizações. Como observado aqui, nem o Teatro Experimental do Negro (TEN) nem o Teatro Popular Brasileiro (TPB) limitaram suas iniciativas a uma linha mais culturalista de atuação.

Andrews estabelece duas causas principais a proporcionar a ausência do movimento negro do cenário político daquele período. A primeira seria o resultado da experiência de fracasso da Frente Negra Brasileira. Um sentimento de desestímulo teria sido experimentado naquelas lideranças, acarretado pelo epílogo. Assim eles não se sentiriam sugestionados a arrebanhar uma massa negra em torno das suas reivindicações. A segunda razão – para o que o autor considerou uma pequena participação do movimento negro nas mobilizações dos anos pós-II Guerra – seria a política adotada pelos sindicatos e pelos partidos populistas. Ou seja, a cooptação daquelas lideranças por essas duas instâncias as teria afastado da participação direta no movimento social negro.

O autor exemplifica essa estreita relação, a partir dos muitos anúncios sindicais constantes nos jornais negros. O uso da rede dos sindicatos para a realização de diversas atividades organizadas pelo movimento de São Paulo é também utilizado para reforçar a tese de Andrews[417]. Quanto aos

---

[417] ANDREWS, 1991. O TEN no Rio de Janeiro, durante vários anos, fez uso da sede da UNE, sem, contudo, transformar-se num braço daquela organização. Esse uso se dava, principalmente, pela falta de uma rede própria para as diferentes organizações negras. No caso do Rio de Janeiro, dentre as muitas organizações surgidas no pós-Estado Novo, somente o Renascença Clube pôde adquirir uma sede própria, quase dez anos após sua fundação no final dos anos 50.

partidos, no momento em que abriram lugar para candidatos negros, estes teriam preterido o caminho da militância, em torno da identidade racial negra. Ou seja, de acordo com Andrews (1991), os líderes teriam se deixado cooptar pela militância partidária.

Pudemos observar, em capítulos anteriores, a intensa participação das lideranças negras nas campanhas de 50, em diferentes regiões do país. A meu ver, aqueles líderes se utilizaram das candidaturas para, uma vez mais, dar visibilidade às suas demandas por direitos para os afro-brasileiros. Nesse sentido, podemos pensar que escapa a Andrews aquela estratégia, ao interpretar como abandono do ativismo o ingresso nos partidos. Minha leitura das propagandas dos candidatos egressos do movimento social negro me leva a concluir que longe estavam de diminuir sua lide ativista. Ao contrário, ela se amplia, ao levarem para o interior das diversas siglas uma temática antes ignorada.

Outro autor cujo trabalho também se detém a estudar as organizações negras no período pós-Estado Novo é Hanchard. Enquanto Andrews se propõe a refazer os passos de Florestan Fernandes no Projeto Unesco, Hanchard está pesquisando os estados de São Paulo e Rio de Janeiro, entre 1945 e 1988. Também este autor seguiu boa parte das pistas deixadas pelos teóricos do Projeto Unesco, representados por Bastide, Florestan e Costa Pinto. No capítulo intitulado "Movimentos e Momentos", Hanchard inicia uma análise que o vê como um movimento tão diversificado que se torna sem direção. Ou seja, seu perfil de congregar diversos grupos e cada qual com prioridades e estratégias diversas impediria que uma força central fosse carreada. Uma definição mais clara de objetivos e estratégias, de forma a construir uma coalizão, não teria se operado. Como consequência essa desarticulação teria provocado o distanciamento do movimento negro de uma tática que se empenhasse nas lutas contemporâneas, adotadas por outros movimentos sociais. A partir dessas ausências estruturais, o movimento negro torna-se um ajuntamento de organizações e sem uma meta organizativa. Consequentemente, de acordo com o autor, passa a recorrer a protestos de natureza apenas simbólica, em que a cultura afro-brasileira passou a ter papel preponderante.

Ainda nesse capítulo, o autor dedica-se a uma análise histórica sobre a instalação do movimento negro brasileiro, seus dilemas e limitações. O autor esclarece ser necessário que a análise seja iniciada pela relação – segundo ele limitada – entre a direita e a esquerda brasileiras, no que se refere ao movimento. Voltando-se para o período entre as ditaduras, a civil e a militar, Hanchard demarca como aqueles em que há uma mudança de estilo do movimento do Rio de Janeiro e São Paulo. Seria uma consequência direta da ascensão social (o autor emprega a expressão classe média) de um grupo de negros, ocasionada pelo dinamismo do mercado de café e das indústrias diversas, em ambos os estados. Surgem, assim, profissionais liberais negros. Ao classificar esses novos atores sociais como partícipes de uma classe média, o autor faz o seguinte reparo:

> *É preciso ter cautela, no entanto, ao descrever esses indivíduos como sendo de classe média nos termos de Adam Smith ou Max, mas talvez num sentido weberiano, uma vez que, a partir de seus papéis sociais, adquiriram um certo status que os distinguiu de seus equivalentes na classe trabalhadora*[418].

Dessa forma Hanchard reforça a opinião de Costa Pinto e Fernandes[419]. Como tive oportunidade de ressaltar no primeiro capítulo, referem-se às dificuldades de diálogo e ao distanciamento entre esse pequeno grupo ascendente e a maioria da população negra da época. Ainda assim, reconhece Hanchard que os anos pós-1945 testemunham a criação de várias organizações negras, bem como de jornais com o mesmo espírito, nos dois estados. Todos, no entanto, a cargo de um pequeno grupo de negros de *"classe média"* que objetivavam a ascensão social, que se daria por meio da inclusão no mercado competitivo. Aquele grupo pretendia, assim, retirar da marginalidade econômica – na qual haviam sido localizados – um contingente expressivo de trabalhadores negros.

Seguindo nessa linha de análise, Hanchard chega ao TEN e refere-se ao seu objetivo inicial como tendo sido criado com preocupações estéticas e culturais, pautadas por uma identidade afro-brasileira. No entanto, logo depois de sua fundação, tratou de diversificar suas ações. Após citar algumas das peças representadas pelo TEN e transcrever fragmentos de seu estatuto, o autor compara esses dois momentos do TEN e ressalta que seriam contradições entre o grupo e a maioria da população negra. Ocorreria, também, contradições entre este e os demais negros em ascensão. O mesmo no que se refere a uma elite branca. Do ponto de vista ideológico, o TEN apresentaria conflitos importantes, uma visão do autor. Exemplo disso é que a maioria dos intelectuais que tomaram parte nas atividades organizadas pelo TEN era de brancos. Tal fato contribuiria para um caráter menos popular e mais elitista daqueles encontros.

---

[418] HANCHARD, 1988, p. 128.
[419] COSTA PINTO, 1980; FERNANDES, 1971.

Apesar dessas contradições – ressalta o autor – aqueles movimentos do Rio e de São Paulo, fundados no âmbito do pós-II Guerra, foram importantes por alicerçarem uma luta a ser consolidada na década de 70. Hanchard os destaca, também, por terem atingido um maior poder contestatório valorizando, assim, as culturas de matriz africana. Visto dessa forma, o TEN assume um papel transitório entre *"as ideologias de embranquecimento e negritude"*[420].

Há na obra uma breve referência ao Renascença Clube no Rio de Janeiro e a outro clube em São Paulo. Ambos seriam resultado do conflito da elite dominante diante de um grupo de negros emergentes. Impedidos de participar em locais de congraçamento e de lazer, tradicionalmente pertencentes aos não negros, fundaram a agremiação Dentro dessa chave de análise, os clubes são vistos pelo autor apenas como um lugar de resposta à exclusão social, quase um gueto de diversão. Sua dinâmica social deixa de ser apresentada no trabalho.

Voltando-se para o estado de São Paulo, Hanchard credita como organizações negras – excetuando-se os clubes sociais e alguns jornais – apenas a Associação do Negro Brasileiro e a Associação Cultural do Negro Brasileiro (ACN). Estas guardariam em si semelhanças com o TEN no que se refere aos seus objetivos. Em síntese, são assim definidas pelo autor como sustentadas em um tripé principal: a ascensão social, a constituição de uma elite e o *"clamor pela igualdade de direitos"*[421]. Nesse sentido, o autor deixa de fora toda uma gama de grupos e atividades desenvolvidas, sobretudo em São Paulo.

Também Winnant[422] não reconhece a ocorrência de movimentos sociais organizados no período pós-Estado Novo. Ele refere-se ao surgimento do MNU nos anos 70, como uma retomada do movimento negro brasileiro, em 50 anos. Assim, para Winnant, após a Frente Negra, que foi fechada nos anos 30, teria havido o Congresso do Negro Brasileiro (dos anos 50). Como movimento propriamente, só durante o segundo período do governo militar os negros brasileiros teriam se reorganizado. A periodização da história social do movimento social negro, no momento abrangente entre as ditaduras, ressalta apenas a trajetória do TEN. O que leva à invisibilidade outros grupos da época.

---

[420] HANCHARD, 1988, p. 131.
[421] *Ibidem*, p. 131.
[422] WINNANT, 1994.

No tocante aos anos 50, a citação única e exclusiva do TEN (Teatro Experimental do Negro) também alija daquele pulsante momento diversos outros grupos. Constitui-se, assim, um *gap* de quase 50 anos. Pois só volta a reconhecer como o próximo momento de organização social dos negros a fundação do Movimento Negro Unificado (MNU), em 1978, em São Paulo. Nesse sentido, essa periodização acaba por excluir desse elenco histórico importantes entidades existentes no país.

Joel Rufino dos Santos, por sua vez, observa uma dicotomia de opiniões no interior do movimento negro a respeito de sua autoidentificação, no que se refere ao seu caráter de abrangência[423]. Ou seja, para um setor do movimento, só poderiam ser considerados como tais aquelas organizações criadas após o advento da Frente Negra (nos anos 30). E mesmo quando suas ações são voltadas para a luta contra o racismo. Entendido dessa forma, o movimento não abrangeria, segundo Santos, as lutas ocorridas no período pré-Abolição. A outra autodefinição do movimento incluiria *"todas as entidades de qualquer natureza, e todas as ações de qualquer tempo (aí compreendidas mesmo aquelas que visavam auto-defesa física e cultural dos negros)"*[424].

Muito mais do que definir o movimento, Santos[425] fala das *"controvérsias no seu interior"*, a partir das quais os ativistas dividiriam o movimento negro em abrangente e em um outro que seria o seu oposto. Santos[426], que escreveu sobre as diferentes formas de definir o movimento negro, o fez no momento mesmo em que aquelas influências apontadas por Cardoso estavam se operando nos estudos acadêmicos e nos movimentos sociais. Poderíamos, então, nos perguntar: estariam os ativistas do movimento negro influenciados pelas classificações de movimentos sociais urbanos correntes na época?

Colocados nessa chave de análise se poderia entender o ponto de partida daqueles para os quais o movimento negro seria apenas aquele surgido a partir dos anos 70, uma vez que conteriam em si os elementos necessários a serem classificados como tal. Ou seja, necessitariam questionar diretamente o Estado e demandar mudanças estruturais, a fim de eliminar as desigualdades raciais e sociais. Assim, o olhar daqueles ativistas para os seus antecessores talvez estivesse balizado pelas categorias de um movimento social do seu tempo. Categorias em que o novo e o velho se contrapunham, enquanto classificação imediata. Essa interpretação dá mar-

---

[423] SANTOS, 1985.
[424] *Ibidem*, p. 287.
[425] *Ibidem*.
[426] *Ibidem*.

gem a que os clubes negros ou mesmo os capoeiristas da virada do século, o Teatro Popular Brasileiro, de Solano Trindade, a Orquestra Afro-Brasileira e Associação José do Patrocínio – só para citar alguns – não fossem vistos como integrantes do movimento social negro.

Conclusão

Se nos reportamos às análises de Cardoso e de Mellucci[427] poderemos fazer uso dos textos de ambos para pensar os movimentos negros brasileiros no período pós-Estado-Novo. Cardoso falava da fragilidade dos estudos sobre movimentos sociais no Brasil, no que se refere a analisar o que Mellucci denomina de *"Novos Movimentos Sociais"*, que seriam o feminista, o étnico e o ambientalista. Ambos os autores criticam os estudiosos que os antecederam por usar uma base marxista interpretativa mais adequada para analisar os movimentos que lidam com a dicotomia capital-trabalho. Que – segundo eles – não se aplicaria como paradigma para os movimentos que tratam dos temas afeitos à identidade social. Gonh[428] contribui com uma reflexão na mesma direção. Ela nos informa que – principalmente nos anos 50 – a questão da luta de classes sempre permeou a conceituação daqueles movimentos. Dito de outra forma, a partir do conceito de classe é que se constituiria a categoria movimentos sociais.

Mellucci e Santos[429] então afirmam que o grande diferencial daqueles novos movimentos em relação aos anteriores são a descentralização, a fluidez e a não institucionalização. Tendo, principalmente nos meios de comunicação, uma ferramenta de uso alentado. Ambos os autores também veem no protesto e na mobilização – atividades pontuais, portanto – os grandes marcos diferenciais e por meio dos quais esses movimentos dialogam, não apenas com o estado, mas sobretudo com a sociedade. Cardoso é enfática ao afirmar que a anteposição de novos e velhos como adjetivação para os movimentos sociais no Brasil era carregada de pré-conceituações. A partir daí, atribuíam aos movimentos que não seguissem uma cartilha determinada pelo diálogo direto com o estado a categorização de não pertencentes ao mundo das demandas sociais.

Retornando aos estudiosos do Projeto Unesco (Fernandez, Costa Pinto e Azevedo) e às pistas que nos são dadas por Scherer-Warren[430],

---

[427] CARDOSO, 1987; DE MELLUCCI, 1996.
[428] GONH, 1997.
[429] MELLUCCI, 1996; SANTOS, 1999.
[430] SCHERER-WARREN, 1987.

poderíamos nos perguntar: teriam aqueles teóricos partido de um modelo pré-estabelecido de movimento social? Estariam eles influenciados por uma sociologia de viés marxista da época? Os estudos Unesco ocorrem num período sócio-histórico que antecede às transformações mundiais. Nos anos 50 o modelo de movimentos sociais que se poderia perceber era aquele que Santos[431] denomina de período de *"emergência da cidadania social"*, como uma conquista de classes. Nisto, voltados aos trabalhadores dos países centrais. Havia, portanto, um modelo de organização vigente. Naquele quadro, a busca por direitos pautados numa organização identitária não era ainda reconhecida pelos cientistas sociais. Soma-se a isso outro fator relevante, quando abordamos a experiência brasileira. Ou seja, o *quantum* de embevecimento da sociedade, diante das teorias referentes à democracia racial.

Por outro lado, os chamados *novos movimentos* têm como uma de suas grandes "novidades" o caráter "segmentado" "reticular" e multifacetado[432]. Constituem-se de forma autônoma e diversificada empregando muito de seu tempo e recursos num constante trabalho de tecer e manter a solidariedade interna. Tal atividade não propõe, contudo, dirimir o lado autônomo de cada unidade. Dessa forma, não se dará uma liderança única, todo o tempo. A rotatividade de atores sociais em postos de liderança, no entanto, não destitui a perenidade do tema que os reúne, de acordo com Melluci. Ou seja, passam os atores, mas as demandas e as ações permanecem, já que as lideranças são conectadas a situações e momentos pontuais, podendo ou não continuar sendo. Tal característica, embora possa contribuir para o que Mellucci chama de *"disfuncionalidade"*, termina por "proteger" o movimento em caso de repressão contra determinado setor. A dificuldade em identificar uma liderança geral específica resguarda o movimento como um todo.

Lembremos que das principais características dos grupos do movimento social negro destacam-se a pluralidade e diversidade de ações e formas de realizá-las. Tanto Santos quanto Mellucci[433] apresentam uma unanimidade analítica ao definir que o grande diferencial dos *Novos Movimentos* para com os que os antecederam é o fato de não serem uniformes e focalizados numa liderança única. As reflexões de Mellucci nos ajudam a observar a característica de descentralidade no comando e nas direções também que distinguem os *Novos Movimentos Sociais*.

---

[431] SANTOS, 1999.
[432] MELLUCCI, 1996.
[433] SANTOS, 1999; MELLUCCI, 1996.

Vimos anteriormente que só a partir dos anos 70[434] os assim chamados *novos movimentos sociais*, nos países centrais e posteriormente na América Latina, passaram a ter em suas agendas temas diversos daqueles do eixo capital-trabalho. O espaço conquistado para a transformação de temas, até então, considerados como da seara privada só foi possível com a crise dos modelos de produção capitalista. Ali, o estado era visto como o oposto imediato da sociedade civil, que por sua vez só era reconhecida quando inclusa no âmbito da classe trabalhadora. Só a partir de então, agendas considerados como concernentes à seara da subjetividade puderam ser associadas à busca por cidadania e direitos.

Assim sendo, apresento aqui o seguinte argumento: que razão teria levado a que os pesquisadores Unesco deixassem de perceber aquela latente força organizativa acontecendo durante o momento de suas pesquisas? Suas conclusões influenciaram fortemente autores contemporâneos como Andrews, Hanchard e Winnant, por exemplo. Costa Pinto e Fernandes detectaram aquela pluralidade de expressões e discursos nas organizações negras de ambas as cidades. Diferentemente do que apontam alguns dos autores abordados aqui[435], viram nisso não um aspecto comum aos movimentos sociais. Caracterizaram, isso sim, como o ponto de dissenso. Ou seja, era uma questão de "fraqueza" dos movimentos sociais negros. Ao recorrer a categorias analíticas fortemente direcionadas por uma teoria marxista, tanto Fernandes como Costa Pinto colocaram as organizações negras como não sendo exitosas nos seus objetivos. Elas não teriam alcançado a *"transformação da sociedade de classes"*, na visão daqueles autores.

Poderíamos afirmar, então, que a chave analítica/interpretativa utilizada por aqueles autores levou-os a procurar um movimento diferenciado do que estava ocorrendo. Ou seja, esperava-se um movimento que se assemelhasse àqueles considerados como "verdadeiros" movimentos sociais. Em que pese o seu grande número e as diversas ações implementadas, as organizações negras dos anos pós-Vargas não foram vistas como movimentos sociais, na sua totalidade. Uma das respostas para sua exclusão se dá porque se distanciariam do modelo de movimentos sociais urbanos teoricamente idealizados. Ou seja, não estariam em conformidade com os pressupostos teóricos que definiam movimentos sociais urbanos, naquele momento das ciências sociais brasileiras. Assim sendo, sua trajetória passou a ser invisibilizada para a historiografia sobre os movimentos sociais no Brasil.

---

[434] CARDOSO, 1987; MELLUCCI, 1996.
[435] MELLUCCI, 1996; GIDENS, 1991.

PENSARES CONCLUSIVOS

> *Essas recordações são um fragmento de uma história subterrânea, ou como disse o poeta Carlos de Assumpção, é uma história do "porão da sociedade". Mas, ela mostra que o negro, ou uma minoria, depois de 1888, não ficou omisso à luta para resolver os problemas do mais grave erro da lei chamada "Áurea"*[436].

Essa citação dá uma grande pista do que esta pesquisa pretendeu desenvolver. Queria poder trazer de volta ao debate – agora com novos contornos e recortes – as observações, falas, reflexões e denúncias elaboradas por lideranças negras no período pós-Estado Novo. Parte significativa das vozes reproduzidas aqui já havia sido publicada em outros lugares, mas quase sempre ficaram subsumidas nas pequenas letras das notas de rodapé ou dos finais dos inúmeros capítulos, sob a rubrica da categoria "imprensa negra". Por outro lado, muitas dessas informações têm estado por décadas em prateleiras recônditas e guardadas nos fundos das estantes das bibliotecas públicas, cartórios, gavetas domésticas, pastas de papelão, envelopes, arquivos de ferro e microfilmagens de coleções pessoais. Mas, acima de tudo, repousam nas memórias dos remanescentes da época, ou de seus filhos políticos e consanguíneos.

Incontáveis foram as vezes que cheguei às bibliotecas, à procura de publicações específicas sobre a época. Após explicar a respeito do objetivo da pesquisa, fui encaminhada a uma determinada pessoa que era a responsável pela *"pasta dos negros"*. Eram sempre recortes de jornais, colados em folhas em branco. Muitas vezes estavam amarelecidas e mantidas numa abarrotada pasta de papelão guarnecida por um elástico, em vias de ceder ao peso de sua tarefa e ao tempo.

Em outras ocasiões, mesmo deixando claro que meu interesse se voltava para o período pós-45, a bibliografia que me apresentavam era relacionada ao tempo da escravatura. A relação entre estudos sobre negros e escravidão era muito presente no comportamento de quem me atendia. Informações sobre a história social, de parte da população negra e suas organizações, que muitas vezes só existem por terem sido entregues aos cuidados de profissionais, nem sempre tecnicamente preparados. Pessoas

---
[436] José Correia Leite *in* CUTI, 1992, p. 35.

que de maneira abnegada e por iniciativa pessoal decidiram que era importante possuir "alguma coisa" para apresentar aos estudantes que para lá acorressem. Estes últimos o fazem em atendimento à exigência de um ou mais professores, também abnegados.

Deparei-me também com arquivos domésticos materiais ou pedaços de memória. Todos estavam quanto mais intactos quanto maiores fossem as relações de envolvimento pessoal dos herdeiros com a "causa da raça negra", desenvolvida por seus entes queridos. Alguns se recusaram a guardar nas gavetas dos armários ou nos *"quadros da memória"* situações exitosas, no âmbito da luta antirracista. Momentos que puderam representar perdas e ausências de compartilhamento no âmbito das relações familiares. Filhos que antes de relatar – quando o faziam – a trajetória de liderança dos pais (homens na maioria) aludiam ao pouco contato com seus afazeres, no seio do movimento social negro. As lembranças da atividade política misturavam-se com os esquecimentos recebidos de seus "mais velhos". Lado a lado, encontramos relatos tão vívidos que davam a impressão de compartilhamento direto e ininterrupto, naqueles acontecimentos. Nesse sentido, este livro representa um ressoar de vozes que ao mesmo tempo que repercutem deixam-nos ouvir grandes momentos de total quietude. Estou discorrendo sobre caladas familiares e silêncios acadêmicos.

É nesse caminhar, que se materializa entre o relembrar e o esquecer; entre extensa visibilidade (sobretudo na imprensa) e a invisibilidade quase total (de algumas ações), que este trabalho se tornou possível. Um *patchwork* cujos retalhos iniciais foram costurados por uma parte dos teóricos do Projeto Unesco. Como expresso diversas vezes aqui, a primazia daquele grupo de pesquisadores, em seu olhar sobre os negros brasileiros organizados, é que me permitiu assentar os primeiros tijolos desta pesquisa. Embora discordando da forma como aqueles construtores de pensamento desenharam o telhado e os acabamentos, sua estrutura me guiou no projeto arquitetônico inicial.

Nesse sentido, o primeiro capítulo voltou-se para fazer um recorte de três dos trabalhos pertencentes ao grupo de publicações resultantes do chamado Projeto Unesco. Analisei os olhares registrados nos livros respectivamente produzidos por Costa Pinto, Roger Bastide, Florestan Fernandes e Thales de Azevedo. Essas produções acadêmicas estudaram diferentes aspectos do movimento social negro das cidades do Rio de Janeiro, São Paulo e Salvador. Puderam, a partir daí, estabelecer um paradigma ao perceber os afro-brasileiros como agentes de um movimento social organizado. Ao diálogo – nem sempre ameno – que procurei travar com aqueles autores, denominei de "O movimento social negro na visão de Fernandes, Costa Pinto e Azevedo". Essa leitura possibilitou perceber uma discrepância entre o que era dito por aqueles autores sobre o movimento social negro e o que diziam os ativistas, a respeito de si mesmos. Tal constatação me deu a certeza de que havia muito mais do movimento negro do que pode ser analisado pelos trabalhos aqui abordados.

Por um lado, com diferentes nuances, aqueles teóricos viam o movimento negro brasileiro como datado e fadado a um fim, diante da inserção do negro na sociedade de classes. Os ativistas, por sua vez, viam exatamente aí a sua longevidade. Ou seja, o espaço destinado à inserção do negro, longe de se ampliar com a maior urbanização e industrialização do país, ao contrário, produzia barreiras cada vez mais intransponíveis. Os militantes percebiam e se rebelavam contra a dificuldade de acesso ao mercado de trabalho, à educação formal e ao cerceamento aos direitos básicos como saúde e moradia. Os afro-brasileiros denunciavam a ação do racismo no desenvolvimento de sua vida cotidiana. Numa tentativa de trazer à luz uma parte daquele novo fazer ativista retratado nas obras e memórias dos afro-brasileiros organizados de então foi que me propus a redigir o segundo capítulo deste trabalho, intitulado "Movimento social negro após o estado novo: um sobrevoo por algumas cidades". Procurei apresentar diferentes aspectos de uma articulação nacional, que se comunicava entre os estados e municípios, com olhares e diálogos de amplitude nacional.

As conferências de âmbito nacional, os jornais produzidos pelos afro-brasileiros, organizações negras nas cidades estudadas e fora delas eram, ao meu juízo, um espelho do dinamismo das forças estabelecidas e atuantes na época. O fazer político retratado nas diversas iniciativas daqueles grupos bem como a política institucionalizada praticada nos partidos políticos são outra vertente daquele afã de insurgência. Com atuação em parcerias ou de forma individual, os diversos grupos e os ativistas vinham a público para externar suas reivindicações. Todos se inseriam numa ambiência de constituição da luta antirracista. Numa viva lide denunciativa, os afro-brasileiros se organizavam, das mais diversas maneiras. Propunham-se a fazer ver à sociedade brasileira que as construções sobre a existência de uma democracia racial não se aplicavam à nossa realidade. Inúmeras ações eram desenvolvidas por aqueles grupos do movimento social negro.

Os debates e lutas pautados pelo antirracismo se faziam presentes em algumas partes do mundo moderno. Novas e antigas lideranças e grupos com o mesmo histórico faziam coro às denúncias contra discriminação racial corrente em diversos setores da sociedade brasileira. Foram organizadas três conferências de âmbito nacional, num período de cinco anos. Inúmeros jornais foram publicados pelas organizações negras. Diversos grupos, que lutaram contra o racismo, surgiram no país. Muitas daquelas ações podiam ser surpreendidas na mídia nacional e nas atividades realizadas por um insurgente movimento social negro brasileiro.

Esse quadro se transformou num solo fértil para o franco desenvolvimento da UHC. É embalada por essas transformações que a UHC se fez possível. Não por acaso sua ramificação foi tão subitamente efetivada. Em cinco anos, a UHC transformou-se numa rede estruturada. Fazendo-se atuante em 11 estados da federação – no final dos anos 40 – poucos anos depois de sua constituição em 1943. A estrutura da rede UHC era uma teia que podia ser encontrada em pequenas, médias e grandes cidades das cinco regiões. Ela se articulava numa interlocução com os poderes constituídos do estado-nação brasileiro, com alcance em diversas esferas.

A União dos Homens de Cor conquistava lideranças já consolidadas e contribuía para o surgimento de outras tantas. Parceria era a palavra-chave para aquele grupo de ativistas. Cada pequeno grupo de coordenadores (nos diversos níveis) buscava desenvolver ações que pudessem ter apoio de autoridades, políticos e setores representativos da sociedade. Uma rede de mulheres e homens bem-sucedidos, em suas profissões e locais de origem. A UHC fazia política com os políticos, cultura com os culturalistas, notícia com os jornalistas, debates com os intelectuais, e doava alimentos aos necessitados. Uma rede de múltiplas faces, que por essa razão atraía a muitos em diferentes lugares.

Uma rede que produziu frutos e inspirou iniciativas semelhantes, como as que denomino *os filhos da UHC*. Isto é, organizações criadas à sua imagem e semelhança, conservando até nomes próximos. É o caso da União Cultural dos Homens de Cor, do Rio de Janeiro (RJ), União Cultural Brasileira dos Homens de Cor, de Duque de Caxias (RJ), e a União Catarinense dos Homens de Cor (UCHC), de Blumenau (SC). Seus frutos se estenderam até pelo menos a década de 80.

No último capítulo deste trabalho procurei trazer para debate algumas das reflexões alicerçadas nos trabalhos de autores que tentaram conceituar os movimentos sociais[437]. Queria, a partir deles, entender a ausência da UHC dos trabalhos no âmbito do Projeto Unesco. Aqueles autores nos informam sobre a pluralidade dos movimentos sociais. Falam também da grande dificuldade em se tentar caracterizá-los dentro de uma única chave analítica. Pude, também, surpreender uma longa tradição dentro das ciências sociais que tem nas teorias marxistas a sua fonte de elaboração para analisar os movimentos sociais.

De posse dessas ferramentas teóricas nos foi possível procurar explicar a distância entre os autores do Projeto Unesco e o que era testemunhado pelos ativistas da época. Ou seja, as ciências sociais dos anos 50 operavam com uma estrutura analítica, em que os movimentos sociais "verdadeiros" eram os que se preocupavam com as reivindicações da classe trabalhadora. As demandas oriundas da contradição capital/trabalho é que geravam os movimentos capazes de proporcionar uma modificação na sociedade que pudesse ser vista, sentida e mensurada. Temas como direitos das mulheres, direitos aos negros ou as questões ambientalistas ainda não estavam na ordem do dia, como algo a ser visto enquanto um movimento social. No interior das fronteiras brasileiras, um outro fator contribuía para aquela dificuldade analítica. Ou seja, as reflexões sobre a democracia racial impediam que denúncias sobre racismo e suas consequências fossem interpretadas como oriundas de um movimento social. Nesse sentido, um movimento negro que fosse descentralizado em termos de liderança e amorfo, no que se refere às ações implementadas, estava muito distante das características estabelecidas, até então, para a definição de um movimento social.

Os vários encontros que tivemos com a UHC – nos locais por onde passou e nas notícias que veiculou – nos levaram a concluir que aquela rede se constituiu a partir de um sonho (em 1943) que foi perseguido por seus idealizadores e pelos que se somaram posteriormente a eles. Uma aspiração de grandeza geográfica nacional que se concretizou. Ou seja, cada regional (municipal ou estadual) congregava inúmeros outras sedes. O sonho UHC era de tal monta que me leva a outro: prosseguir esta pesquisa em trabalhos próximos, no sentido de refazer os passos de sua teia, em pequenos e recônditos municípios do país. Um ideia magnífica (no sentido de proporções), mas que se inspira nos sonhos do Dr. João Cabral Alves, Sr. Aristides José Pereira, Dr. Armando Hipólito dos Santos, Dr. João Pereira de Almeida, Sr.ª Bianca Maria Papay, Dr. Cesário Coimbra e o Sr. Euclides Padilha, os fundadores da UHC.

---

[437] Autores como GONH, 1997; SCHERER-WAREN, 1987; SANTOS, 1999; MELUCCI, 1996; CARDOSO, 1987; GUIDENS, 1991.

REFERÊNCIAS

ANDERSON, Benedict. *Nação e consciência nacional.* São Paulo: Ática, 1989.

ANDREWS, George Reid, *Blacks and Whites in São Paulo, Brasil.* 1988 –1988. Wisconsin: The University of Wisconsin Press, 1992.

AZEVEDO, Thales. *As Elites de Cor:* Um estudo de ascensão social. São Paulo: Nacional, 1955.

AZEVEDO, Thales. *Democracia Racial:* ideologia e realidade. Petrópolis: Vozes, 1975.

BACELAR, Jefferson. *Identidade Étnica dos negros em Salvador.* Etnicidade: ser negro em Salvador. Salvador: Ianamá, 1992.

BANTON, Michael. *A idéia de raça.* São Paulo: Edições 70, 1977.

BARBOSA, Irene Maria Ferreira. *Socialização e relações raciais*: um estudo de famílias negras em Campinas. São Paulo: FFLCH/USP, 1983.

BARBOSA, Márcio (org.). *Frente Negra Brasileira:* Depoimentos / entrevistas e textos. São Paulo: Quilomboje, 1998.

BARCELOS, Luis Claudio. *Raça e Realização Educacional no Brasil.* Dissertação (Mestrado em Sociologia) – IUPERJ, Rio de Janeiro, 1992. (mimeo).

BARTH, Frederick. *Ethinic Groups and Boundaries.* The Social Organization of Culture Difference. Illinois: Waveland Press, 1998.

BASTIDE, Roger. *As Religiões Africanas no Brasil.* São Paulo: Biblioteca Pioneira de Ciências Sociais, 1971.

BASTIDE, Roger. *Estudos Afro-Brasileiros.* São Paulo: Perspectiva, 1973.

BASTIDE, Roger; FERNANDES, F. *Brancos e Negros em São Paulo.* 3. ed. São Paulo: Nacional, 1971.

BAVA, Silvio Caccia. O terceiro Setor e os desafios do Estado de São Paulo para o século XXI. *Cadernos Abong*, São Paulo, n. 1, 1991.

BERNASCONI, Robert. *Race.* Massachusetts: Blackwell, 2001.

BERRIEL, Maria Maia de Oliveira. *Identidade Fragmentada.* As Muitas Maneiras de Ser Negro. Tese (Doutorado em Ciências Sociais) – Departamento de Ciências Sociais da FFLCH/USP, Antropologia Social, São Paulo, 1988. (mimeo).

BOAS, Franz. Race and Progress e The aims of Antropological Research. *Race, Language and Culture*. New York: The Free Press, 1940.

BORGES, Dain. The Recognition of Afro-Brazilian Symbols and Ideas, 1890-1940. *Luso-Brazilian Review, XXXII*. Wisconsin: University of Wisconsin, 1995.

BOSCHI, Raul Renato (org.). *Movimentos Coletivos no Brasil Urbano*. Rio de Janeiro: Zahar Editores, 1982.

BOSI, Ecléa. *Memória e Sociedade*: Lembranças de Velhos. São Paulo: T.A. Queiroz Editor, 1987.

BRATZEL, Jonh F. O Exemplo: Afro-Brasilian Protest in Porto Alegre. *The Americas*, v. XXXIII, n. 4, 1977.

BUTLER, Judith. *Gender trouble*. Feminism and the subversion of identity. New York: Routledge, 1990.

CADERNOS BRASILEIROS. *80 anos de abolição*. Rio de Janeiro: Cadernos Brasileiros, 1968.

CALHOUN, Craig. *Social Theory and the politics of identity*. Nova Jersey: Blackwell, 1994.

CAMARGO, Ana Maria de Almeida. *A imprensa periódica como objeto e instrumento de trabalho:* Catálogo da Hemeroteca Julho Mesquita do Inst. São Paulo: Histórico e Geográfico de São Paulo, 1975. v. 1.

CAMARGO, Aspásia. Os usos da História Oral e da História de Vida: Trabalhando com Elites Políticas. *Dados – Revista de Ciências Sociais IUPERJ*, Rio de Janeiro, v. 27, n. 1, p. 17, 1984.

CAMPEDELLI, Samira Youssef. *Teatro Brasileiro do século XX*. Curitiba: Editora Scipione, 1995. (Coleção Margens de Texto).

CARDOSO, Marcos Antonio. *O Movimento Negro em Belo Horizonte: 1978 – 1998*. Belo Horizonte: Mazza Edições, 2002.

CARDOSO, Ruth Caria Leite. *Movimentos Sociais na América Latina*. São Paulo: Cadernos Cebrap, 1987. n. 3.

CARNEIRO, Édson. *Candomblés da Bahia*. Rio de Janeiro: Andes, 1954.

CARVALHO, José Murilo de. Brasil: nações imaginadas e Brasil: outra América. *Pontos e Bordados*. Escritos de História Política. Belo Horizonte: Editora UFMG, 1998. p. 202-233.

CASTELS, M. *Cidade, democracia e socialismo*. Rio de Janeiro: Paz e Terra, 1980.

CÉSAIRE, Aimé. *Discourse on Colonialism*. New York: Monthly Review Press, 1972.

CHAGAS, Conceição Corrêa das. *Negro – Uma identidade em Construção*. Rio de Janeiro: Vozes, 1996.

CHASE, Allan. *The Legacy of Malthus. The Social Costs of the New Scientific Racism*. New York: Alfred A. Knopf, 1975.

COHEN, Colleen Ballerino (org.). *Beauty Queens on the Global Stage*. New York: Routledge, 1996.

CONZEN, Kathleen Neils. *The invention of ethnicity:* a perspective from the USA. Altreitalie: Fondazione Giovani Agnelli, 1990.

CORRÊA, Mariza. *As ilusões da Liberdade*: a escola Nina Rodrigues e a antropologia no Brasil. Bragança Paulista: Edusp, 1998.

COSTA, Sérgio. A Construção Sociológica de Raça no Brasil. *Estudos Afro-Asiáticos*, ano 24, n. 1 esp., jan./abr. 2002.

CUNHA, Euclides da. *Os Sertões*. 9. ed. Rio de Janeiro: F. Francisco Alves, 1926.

CUNHA, Olívia. Depois da Festa: Movimentos negros e "políticas de identidades" no Brasil. *Cultura e Política nos movimentos sociais latino-americanos*. Novas Leituras. Belo Horizonte: Editora UFMG, 2000.

CUTI, Leite; CORREIA, José. ... *E disse o Velho Militante*. São Paulo: Secretaria Municipal de Cultura, 1992.

D'ADESKY, Jacques. *Pluralismo étnico e Multiculturalismo Racismos e Anti-Racismos no Brasil*. Tese (Doutorado em Ciências Sociais) – Departamento de Ciências Sociais da FFLCH/USP, Antropologia Social, São Paulo, 1997. (mimeo).

DA MATTA, Roberto A. *Carnavais, Malandros e Heróis*. Rio de Janeiro: Zahar Editores, 1979.

DAGLER, Carl N. *Neither Black nor White*. Wisconsin: University of Wisconsin Press, 1986.

DANTAS, Beatriz Góes. *Vovô Nagô e Papai Branco*: usos e abusos da África no Brasil. Rio de Janeiro: Editora Graal, 1988.

DOIMO, Ana Maria. *Movimento Social e Igreja no Brasil.* Petrópolis: Vozes, 1984.

DU BOIS, W. E. B. *As almas da gente negra.* Tradução de Heloisa Toller Gomes. Rio de Janeiro: Nova Aguiar, 1999.

EDWARDS, Brent Hayes. *The Practice of Diaspora*: Literature, Translation, and the rise of Black internationalism. Massachusetts: Harvard University Press, 2003.

FAUSTO, Boris. *História Concisa do Brasil.* São Paulo: EDUSP / Imprensa Oficial do Estado, 2001.

FERNANDES, Florestan. *A integração do negro na sociedade de classe.* São Paulo: EDUSP, 1965.

FERRARA, Mirian Nicolau. *A imprensa negra paulista (1915-1963).* São Paulo: PFCLCH / USP, 1986.

FONSECA FILHO, Eduardo Cratinguy. *Verde, Amarelo, Azul e Negro.* Introdução à crítica ao estudo das relações entre negros e brancos no Brasil. Dissertação (Mestrado em Ciências Sociais) – Instituto de Filosofia e Ciências Sociais da UFRJ, RJ IFCS/UFRJ, 1989.

FRANCISCO, Dalmir. *Negro:* Afirmação Política e hegemonia burguesa no Brasil. Dissertação (Mestrado em Filosofia) – Faculdade de Filosofia e Ciências Humanas, Universidade Federal de Minas Gerias (BH), 1992.

FREDRICKSON, George M. *A comparative History of Black Ideologies in the United States and South Africa.* New York: Oxford University Press, 1995.

FREDRICKSON, George M. *The comparative Imagination* – On the History of racism, Nationalism and Social Movements. California: University of California Press, 1997.

FREDRICKSON, George M. *White Supremacy.* New York: Oxford University Press, 1981.

FREIRE, Gilberto. *Casa Grande e Senzala.* 18. ed. Rio de Janeiro: José Olympio, 1977.

GILROY, Paul. *The Black Atlantic:* Modernity and Double Consciousness. Cambridge: Harvard University Press, 1994.

GOHN, Glória. *História dos Movimentos e lutas sociais*. A construção da cidadania dos brasileiros. São Paulo: Edições Loyola, 1995.

GOHN, Glória. *Teoria dos Movimentos Sociais*. Paradigmas Clássicos e contemporâneos. São Paulo: Edições Loyola, 1997.

GONZALES, Lélia. *Lugar de Negro*. Rio de Janeiro: Marco Zero, 1982.

GUIMARÃES, Antonio Sérgio Alfredo. Raça e os estudos de relações raciais no Brasil. *Novos Estudos Cebrap,* n. 54, jul. 1999.

GUIMARÃES, Antonio Sérgio Alfredo. Raça, Cultura e identidade negra: São Paulo e Rio de Janeiro, entre 1925 e 1950. Paris: CAPES, 2003. (mimeo).

GUIMARÃES, Antonio Sérgio Alfredo. *Racismo e anti-racismo no Brasil*. São Paulo: Ed. 34, 1999.

GUIMARÃES, Antonio Sérgio Alfredo; HUNLEY, Lynn (org.). *Tirando a Máscara:* ensaios sobre o racismo no Brasil. São Paulo: Paz e Terra, 2000.

HALBWACHS, Maurice. *A Memória Coletiva*. São Paulo: Edições Vértice, 1990.

HALL, Stuart. *A identidade cultural na pós-modernidade*. Rio de Janeiro: DP&A, 1999.

HANCHARD, Michael George (org.). *Racial Politics in contemporary Brazil*. Duham and London: Duke University Press, 1999.

HANCHARD, Michael George. *Orpheus and Power*. The Movimento Negro of Rio de Janeiro and São Paulo, Brasil 1945-1988. Princeton: Prinception University Press, 1988.

HASENBALG, Carlos Alberto. *Discriminação e desigualdades Raciais no Brasil*. Rio de Janeiro: Graal, 1979.

HASENBALG, Carlos Alberto. Entre o mito e os fatos: racismo e relações racias no Brasil. *In*: MAIO, Marcos C.; SANTOS, Ricardo V. (org.). *Raça Ciência e Sociedade*. Rio de Janeiro: Fiocruz; Centro Cultural Banco do Brasil, 1996. p. 39-51.

HASENBALG, Carlos Alberto. *Estrutura Social, Mobilidade e Raça*. Rio de Janeiro: IUPERJ, 1988.

HELLWIG, David J. (ed.). *African-American Reflections on Brazil's Racial Paradise*. Philadelphia: Temple University Press, 1992.

HOOKS, Bell. A call for militant resistance. *Yearning:* race, gender and cultural politics. Toronto: Between the Lines, 1990.

HOOKS, Bell. *Art on may mind*: visual politics. New York: The New Press, 1995.

IANNI, Otavio. *Raças e Classes Sociais no Brasil*. Rio de Janeiro: Civilização Brasileira, 1966.

KELLAS, James G. *The politics of Nationalism and Ethnicity*. London: Macmillan Education, 1991.

LANDES, Rute. *A cidade das mulheres*. 2. ed. rev. Rio de Janeiro: Editora UFRJ, 2002.

LANDIN, Leilah. Múltiplas identidades das ONGs. *ONGs e Universidades. Desafios para a cooperação na América Latina*. São Paulo: ABONG, 2002.

LEMOS, Silbert dos Santos. *Os donos da cidade*. Caxias: Recortes, 1980.

LODY, Raul Giovanni. *Campanha de Defesa do Folclore Brasileiro*. Rio de Janeiro: Caderno de Folclore, 1976. (Nova Série; v. 7).

LORDE, Audre. *Sister Outsider.* Califórnia: The Crossing Press Feminist Series; Freedom, 1984.

MACDERMONT, Mail. The role of the NGOs in Human Rights Standard – Setting in Associations Transnationales. *Juilliet*, General, n. 4, 1992.

MAGALDI, Sábato. *Panorama do teatro brasileiro*. 3. ed. São Paulo: Global, 1997.

MAIO, Marcos Chor. *A História do Projeto UNESCO:* Estudos Raciais e Ciências Sociais no Brasil. Tese (Doutorado em Ciências Políticas) – Instituto Universitário de Pesquisas do RJ, 1997.

MALIK, Kenan. *The meaning of race*. London: Tavistock, 1996.

MALTHUS, Thomas Robert. *Princípios de economia política*: considerações sobre sua aplicação prática. Ensaio sobre a população. São Paulo: Abril Cultural, 1983.

MARTINEZ-ECHAZÁBAL, Lourdes. O culturalismo dos anos 30 no Brasil e na América Latina: Deslocamento retórico ou mudança conceitual? *In*: MONTEIRO, Marcos Chor; SANTOS, Ricardo Ventura (org.). *Raça Ciência e Sociedade*. Rio de Janeiro: FIOCRUZ/CCBB, 1996. p. 107-124.

MAUSS, Marcel. *Lá Nación*. Oeuvres, v. 3. Paris: Minuit, 1969.

MC ADAM, By Doug (ed.). *The organizational structure of new social movements in a comparative perspectives on social movements*: political opportunities, mobilizing structures, and cultural framings. Cambridge: Cambridge Univesity Press, 1996.

MÉIER, August; RUDWICK, Elliot; BRODERICK, Francis L. (org.). *Black Protest Thought in the Twentieth Century*. New York: Second Edition, 1971.

MELLUCCI Alberto. *Challenging codes*: Collective Action in The Information Age. Cambridge: Cambridge University Press, 1996.

MELO NETO, João Batista de. *Projeto cultural. O povo negro no Sul*. Porto Alegre: Associação Rio Grandense de Imprensa, 2001.

MENDES, Miriam Garcia. *O Negro e o Teatro Brasileiro*. São Paulo: Hucitec, 1993.

MITCHEL, Michael. *Racial Consciousness and the political attitudes and behavior of blacks in São Paulo, Brasil*. Submitted to the faculty of the Graduate School in partial fulfillment of the requirements for the degree Doctor of Philosophy in the Department of Political Science, Indiana University, 1977.

MONTIEL, Martinez Maria Luz. *Negros na América*. Madrid: Editorial Mapfre, 1992.

MOURA, Clóvis. *Dialética Radical do Negro Brasileiro* (1889 e 1982). São Paulo: Anita, 1994.

MOURA, Clóvis. *História do Negro brasileiro*. São Paulo: Ática, 1988.

MOURA, Clóvis. *Sociologia do negro brasileiro*. São Paulo: Ática, 1978.

MULLER, R. G. (org.). Dionysos. *Revista da FUNDACEN/MINC*, Brasília, n. 28, 1998.

NASCIMENTO, Abdias do. *O Negro Revoltado*. 2. ed. Rio de Janeiro: Nova Fronteira, 1982.

NASCIMENTO, Abdias do. *O Quilombismo*. Brasília: Fundação Palmares, 2002.

NASCIMENTO, Elisa Larkin. *O Sortilégio da Cor*: identidade raça e gênero no Brasil. São Paulo: Summus, 2003.

NASCIMENTO, Elisa Larkin. *Pan-Africanismo na América do Sul:* Emergência de uma Rebelião Negra. Petrópolis: Vozes, 1981.

NINA RODRIGUES, Raimundo. *Os africanos no Brasil*. 5. ed. São Paulo: Cia Ed. Nacional, 1977.

OLIVEIRA VIANA, F. J. *Populações Meridionais do Brasil*. 5. ed. v. I. Rio de Janeiro: José Olympio, 1952.

OLIVEIRA VIANA, F. J. *Raça e assimilação*. 5. ed. v. I. Rio de Janeiro: José Olympio, 1952.

OLIVEIRA, Eduardo. *Quem é quem na Negritude Brasileira*. Brasília: Secretaria Nacional de Direitos Humanos do Ministério da Justiça, 1998.

OLIVEIRA, Paulo Roberto Correia de. *Aspectos do Teatro Brasileiro*. Curitiba: Juruá, 1999.

ORTIZ, Renato. *Cultura brasileira e Identidade nacional*. São Paulo: Cia das Letras, 1985.

PARANHOS, Adalbeto. *O roubo da fala*. Origens da ideologia do trabalhismo o Brasil. São Paulo: Boitempo Editorial, 1999.

PEIXOTO, Fernanda Arêas. *Diálogos Brasileiros:* Uma análise da obra de Roger Bastide. São Paulo: EDUSP, 2000.

PEREIRA, Amaury Mendes. *Emergência e Ruptura*. Uma abordagem do Movimento Negro na Sociedade Brasileira. Tese (Doutorado em História da África) – CEAA/UCAM, 1988.

PEREIRA, José Maria Nunes. Colonialismo, Racismo e Descolonizaçã. *Revista Estudos Afro Asiáticos,* ano 1, n. 2, maio/ago. 1978.

PIERSON, Donald. *Brancos e Pretos na Bahia*. 2. ed. São Paulo: Nacional, 1971.

PINHO, Osmundo de Araújo. Corações e Mentes do Movimento Negro Brasileiro. *Revista Estudos Afro-Asiáticos*, Rio de Janeiro, v. 24, n. 2, 2002.

PINTO, L. A. Costa. *O negro no Rio de Janeiro*. São Paulo: Nacional, 1952.

PINTO, L. A. Costa. *Sociologia do desenvolvimento*. 8. ed. Rio de Janeiro: Civilização Brasileira, 1980.

POUTIGNAT, Philippe. *Teorias da etnicidade*. Seguida de Grupos étnicos e suas Fronteiras, de Frederick Barth. São Paulo: Fundação Editora UNESP, 1998.

PRADO, Décio de Almeida. A evolução da literatura dramática. *In*: COUTINHO, Afrânio (org.). *A literatura no Brasil*. Rio de Janeiro: Sul Americana, 1993.

QUEIROZ, Maria Isaura Pereira de. Coletividades negras. Ascensão sócio-econômica dos negros no Brasil e em São Paulo. *Revista Ciência e Cultura*, 29 jan. 1977.

RENAN, Ernest. What's a Nation? *In*: BHABA, H. K. (ed.). *Nation and Narration*. London: Ruledge, 1990.

ROBINSON, Cedric J. *Black Marxism*. The making of a radical tradition. North Carolina: The University of North Carolina Press, 2000.

RODRIGUES, José Honório. *O Jornal:* fonte da história. São Paulo: Universidade de São Paulo; Escola de Comunicações e Artes, 1970. (mimeo).

ROMERO, Sílvio. *História da Literatura Brasileira*. 4. ed. v. I. Rio de Janeiro: José Olympio, 1949.

RUDVICK, Elliott; MÉIER, August; BRODERICK, Francis L. *Black protest thought in the twentieth century*. 2. ed. Indianápolis: Bobbs-Merril Company, 1971.

SANTOS, Boaventura de Souza. *Pela Mão de Alice:* O social e o político na pós-modernidade. 5. ed. São Paulo: Cortez, 1999.

SANTOS, Joel Rufino dos. O Movimento Negro e a Crise Brasileira. *Revista de Política e Administração,* Rio de Janeiro, v. 2, n. 2, p. 287-307, jul./set. 1985.

SCHERER-WARREN, Ilse. *Movimentos Sociais*: um ensaio de interpretação Sociológica. 2. ed. Florianópolis: Ed. da UFSC, 1987.

SCHWARTZ, Lília Moritz. *O Espetáculo das raças*. São Paulo: Cia das Letras, 1993.

SCHWARTZ, Lília Moritz; QUEIROZ, Renato da Silveira (org.). *Raça e Diversidade*. São Paulo: Estação Ciência; Edusp, 1996.

SEYFERT, Giralda. Construindo a Nação: Hierarquias raciais e o papel do racismo na política de imigração e colonização. *In:* MONTEIRO, Marcos Chor; SANTOS, Ricardo Ventura (org.). *Raça Ciência e Sociedade*. Rio de Janeiro: FIOCRUZ; CCBB, 1996. p. 41-58.

SILVA, Joselina. A Cidade das Mulheres de Ruth Landes. Resenha. *Revista Democracia Viva Revista do IBASE* – Instituto Brasileiro de Análises Sociais e Econômicas, Rio de Janeiro, 2003.

SILVA, Joselina. Alberto Torres e o Pensamento Racial no Brasil. *[Syn]Thesis*: Cadernos do Centro de Ciências Sociais, Rio de Janeiro: UERJ, CCS, v. I, n. 1, 1996.

SILVA, Joselina. O clube dos negros. *Interseções*: revista de estudos interdisciplinares, Rio de Janeiro: UERJ, NAPE, ano 1, n. 1, 1999.

SILVA, Joselina. ONGs e Estado: atuando no conc(s)erto das nações. *Cadernos Ceris*, Rio de Janeiro: Centro de Estatística Religiosa e Investigações Sociais, ano 1, n. 1, 2004.

SILVA, Joselina. *Renascença, lugar de negros no plural*. Construções identitárias em um clube social de negros no Rio de Janeiro. Dissertação (Mestrado em Ciências Sociais) – Universidade do Estado do Rio de Janeiro, UERJ, 2000.

SILVA, Jr. Hédio. *Anti-Racismo*. Coletânea de Leis Brasileiras. Federais, Estaduais, Municipais. São Paulo: Editora Oliveira Mendes Ltda, 1998.

SILVA, Maria Auxiliadora Gonçalves da. *Encontros e Desencontros de um Movimento Negro*. Brasília: Fundação Cultural Palmares, 1994.

SILVA, Nelson do Vale; HASENBALG, Carlos Alberto. *Relações Raciais no Brasil Contemporâneo*. Rio de Janeiro: Rio Fundo, 1992.

SILVA, Wagner Gonçalves (org.). *Caminhos da Alma*: memória afro-brasileira. São Paulo: Summus, 2002.

SILVEIRA, Maria Helena Vargas da. *Negrada*. Porto Alegre: Grupo Editorial Rainha Ginga, 1995.

SKIDMORE, Thomas E. *Brasil:* De Getúlio a Castelo – 1930-1964. 10. ed. São Paulo: Paz e Terra, 1982.

SKIDMORE, Thomas E. *Preto no Branco:* Raça e Nacionalidade no Pensamento Brasileiro. Rio de Janeiro: Paz e Terra, 1976.

SODRÉ, Muniz. *Claros e escuros:* identidade, povo e mídia no Brasil. Petrópolis: Vozes, 1999.

SODRÉ, Muniz. *O social irradiado:* violência urbana, neogrotesco e mídia. São Paulo: Cortez, 1992. (Biblioteca da Educação; Série 5; Estudos da linguagem; v. 6).

SODRE, Muniz. *O terreiro e a cidade* – a forma social negro-brasileira. Rio de Janeiro: Vozes, 1988.

SODRÉ, Nelson Werneck. *História da Imprensa no Brasil*. Rio de Janeiro: Graal, 1977.

SOUZA, Amaury de. Raça e política no Brasil Urbano. *Revista de Administração de empresas*, Rio de Janeiro: Fundação Getúlio Vargas, v. 11, n. 4, out./dez. 1971.

SOUZA, Marilúcia dos Santos. O Debate Énico e a União dos Homens de Cor de D. de Caxias. *Revista Pilares da História*, Duque de Caxias, 2004.

SOUZA, Neusa Santos. *Tornar-se Negro*. Rio de Janeiro: Graal, 1983.

STEPHAN, Nancy Leys. *The hour of Eugenics:* Race, Gender and Nation in Latin America. Ithaca: Cornel University Press, 1991.

STOCKING, George W. Jr. *Race, Culture and Evolution*. New York: The Free Press, 1968.

TABAK, Fanny. *Autoritarismo e participação política da mulher.* Rio de Janeiro: Edições Graal, 1983.

TRINDADE, Solano. *Antologia Poética* – Tem gente com Fome. Rio de Janeiro: Programa Nacional do Centenário da Abolição – Sindicato dos Escritores do Rio de Janeiro, 1988.

TURRAINE, Alain. *Em defesa da Sociologia*. Tradução de Luis Fernando Dias Duarte. Rio de Janeiro: Zahar Editores, 1976.

VERNO, J. Jr. Williams. *Rethinking race:* Franz Boas and his contemporaries. Kentucky: University Press of Kentucky, 2003.

WAGLEY, Charles. *Race and Class in Rural Brazil*. 2. ed. Paris: UNESCO, 1963.

WEBER, Max. A Objetividade do conhecimento na Ciência Social e na Ciência Política. *Metodologia das Ciências Sociais*. São Paulo: Cortez; Campinas Ed. da UNICAMP, 1992.

WEFFORT, Francisco Correia. *O populismo na política brasileira*. Rio de Janeiro: Paz e Terra, 1980.

WINANT, Howard. *Racial Conditions:* politic, theory, comparisions. Minnesota: University of Minnesota Press, 1994.

Jornais consultados

ARCO ÍRIS, ano II, n. 19-20, jan./fev. 1949.

O COLORED, Blumenau, ano 2, n. 3, 13 fev. 1963.

O COLORED, Blumenau, ano 1, n. 1, 13 set. 1962.

CORREIO DA MANHÃ, Rio de Janeiro, Caderno 2, 18 jun. 1964.

CORREIO DA MANHÃ, Rio de Janeiro, 25 jun. 1964.

O CORUJA, Feira de Santana, ano II, n. 46, 22 jul. 1956.

A CRUZ, Rio de Janeiro, ano XXVII, n. 37, 12 set. 1948.

DIÁRIO DA BAHIA, Salvador, ano 101, n. 362, 2 abr. 1957.

DIÁRIO DA BAHIA, Salvador, ano 101, n. 403, 22 maio 1957.

DIÁRIO DA BAHIA, Salvador, ano 101, n. 406, 25 maio 1957.

DIÁRIO DE NOTÍCIAS, ano XXXIII, n. 17.888, 13 maio 1958.

DIÁRIO TRABALHISTA, Rio de Janeiro, ano IV, n. 1100, 23 set. 1949.

DIÁRIO TRABALHISTA, Rio de Janeiro, ano IV, n. 1157, 1 dez. 1949.

DIÁRIO TRABALHISTA, Rio de Janeiro, n. 1385, 30 ago. 1950.

DIÁRIO TRABALHISTA, Rio de Janeiro, ano VI, n. 1626, 20 jun. 1951.

ESTADO DA BAHIA, ano XXVI, n. 3307, 13 maio 1959.

O GLOBO, ano XXVII, n. 7741, 1 ago. 1951.

O GLOBO, ano XXVII, n. 7742, 2 ago. 1951.

O GLOBO, ano XXVII, n. 7743, 3 ago. 1951.

O GLOBO, ano XXVII, n. 7744, 4 ago. 1951.

O GLOBO, ano XXVII, n. 7745, 6 ago. 1951.

O GLOBO, ano XXVII, n. 7746, 7 ago. 1951.

O GLOBO, ano XXVII, n. 7747, 8 ago. 1951.

O GLOBO, ano XXVII, n. 7749, 10 ago. 1951.

O GLOBO, ano XXVII, n. 7762, 27 ago. 1951.

O GRITO, Bahia, ano 2, n. 23, mar. 1954.

O GRITO, Nazaré, ano 20, n. 39, 23 mar. 1954.

JORNAL ALVORADA, São Paulo, maio 1945.

JORNAL ALVORADA, São Paulo, abr. 1946.

JORNAL ALVORADA, São Paulo, jul. 1946.

JORNAL ALVORADA, São Paulo, ano II, n. 14, nov. 1946.

JORNAL ALVORADA, São Paulo, ano II, n. 15, dez. 1946.

JORNAL ALVORADA, São Paulo, ano II, n. 17, fev. 1947.

JORNAL ALVORADA, São Paulo, ano II, n. 19, abr. 1947.

JORNAL ALVORADA, São Paulo, ano II, n. 20, 13 maio 1947.

JORNAL ALVORADA, São Paulo, ano II, n. 24, jun. 1947.

JORNAL ALVORADA, São Paulo, ano III, n. 27, dez. 1947.

JORNAL ALVORADA, São Paulo, ano III, n. 28, jan. 1948.

JORNAL ALVORADA, São Paulo, ano III, n. 29, jun. 1948.

JORNAL ALVORADA, São Paulo, ano III, n. 33, jun. 1948.

JORNAL DA BAHIA, Salvador, ano I, n. 155, 1 abr. 1959.

JORNAL DO CENTRO JESUS DO HIMALAIA, Rio de Janeiro, maio 1962.

JORNAL MINAS GERAIS, ano XXII, 7 maio 1988.

JORNAL REDENÇÃO, Rio de Janeiro, ano I, n. 1, 9 dez. 1950.

JORNAL REDENÇÃO, Rio de Janeiro, ano I, n. 2, 30 dez. 1950.

JORNAL DE SANTA CATARINA, 27 ago. 1988.

O LIBERAL, Órgão do Partido Social democrático, Seção Pará, ano II, n. 341, 7 jan. 1948.

MAIORIA FALANTE, Rio de Janeiro, ano IV, n. 19 jun./jul. 1987.

MOMENTO FEMININO, ano III, 20 set. 1950.

O MUTIRÃO, São Paulo, ano I, n. 2, jun. 1958.

O NOVO HORIZONTE, São Paulo, ano I, n. 3, jul. 1946.

O NOVO HORIZONTE, São Paulo, ano II, n. 12, jul. 1947.

O NOVO HORIZONTE, São Paulo, ano VIII, set. 1954.

O NOVO HORIZONTE, São Paulo, ano VIII, n. 65, out. 1954.

PARATODOS, Rio de Janeiro, maio 1958.

QUILOMBO: vida, problemas e aspirações do negro. Edição fac-similar do jornal dirigido por Abdias do Nascimento. São Paulo: Ed. 34, 2003.

O RADICAL, Rio de Janeiro, ano XVII, n. 5238, 27 set. 1947.

O RADICAL, Rio de Janeiro, ano XVII, n. 5236, 25 set. 1947.

O RADICAL, Rio de Janeiro, ano XVII, n. 5295, 3 dez. 1947.

O RADICAL, Rio de Janeiro, ano XVII, n. 5313, 24 dez. 1947.

O RADICAL, Rio de Janeiro, ano XVII, n. 5310, 20 dez. 1947.

A TARDE, Bahia, 6 dez. 1932.

A TARDE, Bahia, 26/27 out. 1943.

A TARDE, Bahia, 18 maio 1949.

A TARDE, Bahia, 24 jul. 1950.

A TARDE, Bahia, 21 out. 1950.

A TARDE, Bahia, 18 jan. 1951.

A TARDE, Bahia, ano XXXIX, n. 132/22, 8 fev. 1951.

A TARDE, Bahia, 22 fev. 1951.

A TARDE, Bahia, 13 set. 1951.

A TARDE, Bahia, 13 nov. 1951.

TRIBUNA DE CANDEIAS, Bahia, ano I, n. 1, set. 1956.

TRIBUNA GRÁFICA, maio 1956.

TRIBUNA SINDICAL, Rio de Janeiro, ano II, n. 14, jul. 1956.

ÚLTIMA HORA, Rio de Janeiro, ano I, n. 1, 12 jun. 1951.

ÚLTIMA HORA, Rio de Janeiro, ano I, n. 2, 13 jun. 1951.

ÚLTIMA HORA, Rio de Janeiro, ano I, n. 3, 14 jun. 1951.

ÚLTIMA HORA, Rio de Janeiro, ano I, n. 4, 15 jun. 1951.

ÚLTIMA HORA, Rio de Janeiro, ano I, n. 5, 16 jun. 1951.

ÚLTIMA HORA, Rio de Janeiro, ano I, n. 7, 19 jun. 1951.

ÚLTIMA HORA, Rio de Janeiro, ano I, n. 8, 20 jun. 1951.

ÚLTIMA HORA, Rio de Janeiro, ano I, n. 25, 10 jul. 1951.

UNIÃO, Curitiba, ano II, n. 75, 1948.

UNIÃO, Curitiba, ano IV, dez. 1950.

A VOZ DA NEGRITUDE, Niterói, Sup. Esp.

VOZ DE ITABUNA, Bahia, ano I, n. 7, 29 jul. 1949.

Revistas consultadas

REVISTA CIVILIZAÇÃO BRASILEIRA, Rio de Janeiro, cad. esp., n. 2, 1968.

REVISTA MANCHETE, Rio de Janeiro, ano 11, n. 597, 17 jul. 1963.

REVISTA MANCHETE, Rio de Janeiro, ano 13, n. 690, 10 jul. 1965.

REVISTA O CRUZEIRO, Rio de Janeiro, ano XXXVI, n. 47, 29 ago. 1964.

REVISTA O CRUZEIRO, Rio de Janeiro, ano XXXVI, n. 48, 5 set. 1964.

REVISTA O CRUZEIRO, Rio de Janeiro, ano XXXVI, n. 43, 1 ago. 1964.

REVISTA FÓRUM, Bahia, v. 9, fasc. 21. 1945.

REVISTA DA SEMANA, Rio de Janeiro, ano XLVII, n. 36, 7 set. 1946.

REVISTA SENZALA: Revista mensal para o negro, São Paulo, ano I, n. 1, jan. 1946.

REVISTA THOTH, Brasília: Gabinete do Senador Abdias do Nascimento, n. 1, 1997.

REVISTA THOTH, Brasília: Gabinete do Senador Abdias do Nascimento, n. 2, maio/ago. 1997.

REVISTA THOTH, Brasília: Gabinete do Senador Abdias do Nascimento, n. 3, set./dez. 1997.

REVISTA THOTH, Brasília: Gabinete do Senador Abdias do Nascimento, n. 4, jan./abr. 1998.

REVISTA THOTH, Brasília: Gabinete do Senador Abdias do Nascimento, n. 5, maio/ago. 1998.

REVISTA THOTH, Brasília: Gabinete do Senador Abdias do Nascimento, n. 6, set./dez. 1998.